« C'EST TOUJOURS MOI QUI FAIS LE SALE BOULOT »

Des mêmes auteurs

Charlie Hebdo, le jour d'après. L'histoire interdite, Fayard, 2017.

Marie Bordet
Laurent Telo

« C'est toujours moi qui fais le sale boulot »

Fayard

Couverture : Le Petit Atelier
Illustration : Olivier Roller/Divergence

ISBN : 978-2-213-70559-0

Dépôt légal : août 2019

Prologue

« Bon anniversaire Juju ! »

« Bon anniversaire Juju ! Ne change pas, continue les combats. Garde l'enthousiasme… Et tout le reste ! Nous serons là. Nous t'embrassons bien fort. »

Brigitte et Emmanuel

« Cher Julien, je n'imaginais pas venir fêter tes 60 ans. Je pensais que l'on aurait toujours l'âge de notre première rencontre. Et que l'on ne serait jamais vieux même en ayant l'air jeune ! Amitié fidèle. »

François Hollande

Cartes d'anniversaire rédigées à l'attention de Julien Dray, 5 mars 2015

« Emmanuel ! Un discours ! Emmanuel ! Un discours ! » Tout le monde est un peu pompette. C'est la fin de la ronde traditionnelle des discours et presque celle du dîner d'anniversaire. Julien Dray, le personnage principal de cette histoire, fête ses 60 ans dans son grand loft de l'Est parisien, ce 5 mars 2015. Mais ce n'est pas une soirée d'anniversaire comme les autres : parmi la vingtaine de convives présents, il y a deux présidents de la République. Un qui est à l'Élysée, François Hollande. Un qui va bientôt prendre sa place, Emmanuel Macron.

« Emmanuel ! Un discours ! » Puisqu'on le lui réclame avec tant d'insistance, Emmanuel Macron, ministre de l'Économie, de l'Industrie et du Numérique, finit par se lever et demande à François Hollande la permission de s'exprimer après lui, la tradition républicaine voulant qu'on ne prenne jamais la parole à la suite du Président. François Hollande acquiesce d'un hochement de tête bienveillant, et même assez paternaliste. Mais quand même, en son for intérieur, il trouve ça curieux que les convives, au demeurant bien sympathiques – il les connaît tous –, désirent tellement une intervention de son jeune ministre de l'Économie. François Hollande n'a pas encore renoncé à l'espoir d'un second mandat. Il n'a pas non plus pris la mesure de l'enthousiasme qu'Emmanuel Macron suscite déjà. Un sentiment d'admiration inattendu, béat et diffus qui va bientôt, à son grand désarroi, devenir contagieux, puis très à la mode dans une partie formellement majoritaire du pays. Macron n'est pas encore, et même pas du tout, l'étrange créature politique que Hollande a contribué à faire naître mais qui va le dévorer, au terme d'un scénario tragique assez classique. Un homme dans l'assemblée pressent cette folle destinée : c'est notre héros, c'est Julien Dray.

Emmanuel Macron n'a rien préparé, mais il ne paraît pas pris au dépourvu pour autant. Personne ne se souvient dans le détail de ce que le jeune ministre a improvisé – l'alcool n'aide pas toujours –, mais tout le monde se souvient que le discours fut terrible et même, pour tout dire, absolument exceptionnel. Ceux qui ne l'ont encore jamais aperçu ailleurs qu'à la télévision se demandent à cet instant de quelle étoile très brillante ce jeune ministre peut bien descendre. Il faut dire que Macron est d'une éloquence rare et qu'il observe l'assemblée avec son fameux regard, celui qui est profond et magnétique. Le regard mitterrandien. Celui qui, même face à une assistance nombreuse et anonyme, vous donne l'impression qu'il ne s'adresse qu'à vous. Dans le discours qu'il invente au fur et à mesure, Emmanuel Macron délivre un message subtil qui répond au discours du Président, lequel a raconté, quelques minutes auparavant : « Voilà comment j'ai rencontré Julien. C'était en 1983, et Jean-Louis Bianco, secrétaire général de l'Élysée, m'a dit : "Le Président Mitterrand a repéré un jeune type qui vient d'arriver au PS, un trotskiste. Il a une idée, SOS Racisme…" Et Bianco m'a demandé : "Tu vas un peu le surveiller. Tu vas regarder un peu ce qu'il fait. Tu vas être son agent traitant." Et le jeune type, c'était Julien. »

Emmanuel Macron fait mine de s'interroger devant les convives. L'anecdote de François Hollande ne renforce-t-elle pas une thèse toute personnelle et beaucoup plus contemporaine ? « Car, depuis quelques mois, Julien s'occupe beaucoup de moi. Il me conseille. Et je me demande si quelqu'un ne lui a pas demandé de me surveiller… » Il n'a pas besoin de regarder François Hollande, chacun comprend qu'Emmanuel Macron songe évidemment au président de la République, qui rigole beaucoup à cette blague qui n'en est pas vraiment une. Et puis il se rassoit, en posant sa main sur la main de sa femme qui, une nouvelle fois, paraît très fière de lui.

Brigitte Macron arrive quasiment la première au domicile des Dray. Cela fait plusieurs jours qu'elle essaye de maîtriser son appréhension en appelant à répétition Nathalie Fortis, qui assiste Dray en toutes circonstances depuis de longues années, afin de glaner le plus d'informations possible. Sur le nom des invités, sur l'éventuel plan de table, sur le menu, etc. Elle a demandé des tuyaux sur le *dress code*, l'heure à laquelle elle devait arriver pour ne pas se retrouver trop seule, sachant qu'Emmanuel débarquera sûrement très tard. C'est sa première sortie dans le grand monde de la politique, son premier dîner privé avec un président de la République. Oui, tout cela se passe il y a très longtemps, avant la Rotonde, le macronisme triomphant, les quatre cent dix-sept couvertures de *Paris Match*, les Gilets jaunes, etc. Or, avec Brigitte, tout doit être cadré ; elle n'apprécie pas l'imprévu, surtout quand il s'agit de moments solennels et importants.

Brigitte Macron aime bien Julien Dray. Elle le trouve vrai et authentique. Sensible et attachant. Dray se montre tellement utile à Emmanuel. À cette époque, Dray et son mari se parlent tous les jours ; environ seize heures sur vingt-quatre. Elle lui sait gré d'aider autant son mari. Son pif, sa formidable capacité d'analyse des situations politiques, sa compréhension intime du Parti socialiste (PS) et de ses rapports de force internes : Dray a apporté tout ça à Macron sur un plateau.

Quand Brigitte Macron sonne chez Dray, Paul Boury est déjà là. Il la repère tout de suite et il la regarde rapidement avec des yeux langoureux. Paul Boury, qui a un air de Jack Nicholson en plus bronzé et moins menaçant, est ce qu'on appelle un lobbyiste. Il met en rapport des industriels et des politiques. Boury est un copain de Dray et surtout un vieil ami de François Hollande. Un jour, dans les années 1990, à l'arrière d'un taxi new-yorkais, Boury a lancé à Hollande : « Un jour, tu deviendras président de la République. » Puis, Boury a connu Dray, qu'il a trouvé sympa et iconoclaste, et l'a fait bosser quand il est arrivé à Dray d'être au creux de la vague – des petites missions de conseil pour des entreprises qui avaient besoin d'entrer en contact avec des politiques. C'était l'époque bénie où mélanger politique et business était encore toléré, où un député pouvait se faire du beurre sans que cela soit considéré comme un vilain conflit d'intérêts. Ce soir, à l'anniversaire de « Juju », Paul Boury trouve Brigitte Macron à son goût et l'entreprend discrètement avant que Dray ne le tire par la manche. « Arrête tes conneries, Paul, c'est l'épouse d'Emmanuel Macron ! » « Et alors ? », pense Boury. Mais il n'insiste pas.

Quand Jacques Driencourt tourne au coin de la rue, il est surpris de voir tous ces flics postés devant chez « Juju ». Cela lui rappelle de très mauvais souvenirs : quand la police est venue perquisitionner le domicile de son meilleur ami, en décembre 2008. Mais ce soir, l'explication est plus simple : l'anniversaire de « Juju » a lieu deux mois après l'attentat de *Charlie Hebdo* et la sécurité autour du président de la République est sacrément renforcée.

La protection rapprochée du Président a inspecté les lieux avant le début de la soirée. C'est assez facile, le rez-de-chaussée est vaste comme un atelier d'artiste. Il y a la place pour un baby-foot, un cheval de manège offert par Marcel Campion, le roi des forains, un buste de Lénine et une très grande télévision sur laquelle Dray aime regarder des séries et le Tour de France. Depuis 1985, Dray habite dans le XXe arrondissement, un quartier qui n'est pas le plus huppé de la capitale. Il y a emménagé alors qu'il venait de fonder SOS Racisme.

Driencourt est producteur de cinéma. Ce type adorable à l'air candide suit Dray partout depuis qu'ils sont devenus copains à la fac de Villetaneuse en 1973. À cette époque reculée, Dray le trotskiste ressemblait à Alain Chabat ; il organisait déjà des événements variés et impromptus, et avait réussi à faire venir le groupe Téléphone, encore inconnu, à l'occasion d'une énième grève qu'il avait fomentée. Plus tard dans la soirée, Driencourt serre la main de Macron, ce type dont Dray lui rebat les oreilles depuis des semaines. Mais, pendant le discours, Driencourt écarquille les yeux. À tel point que le lendemain, il appelle « Juju » pour lui faire part de son impression : « Juju, tu sais ce qui m'a le plus épaté à ta soirée ? C'est Macron. Ce type, il ira loin. » Trois ans plus tard, Driencourt est très fier, car il a gardé quelques photos de la soirée, même s'il n'était pas conseillé d'en prendre. Il ne fallait pas trop que la réunion vespérale de tout ce beau monde s'ébruite. Car c'est la première escapade publique du couple Julie Gayet-François Hollande. La soirée a quand même fuité dans *Closer*. Personne ne sait qui a balancé.

Sûrement pas Pierre Bergé, malade, affaibli, assis dans sa chaise roulante au milieu du salon. Pierre Bergé est l'ancien PDG d'Yves Saint Laurent et le grand argentier de SOS Racisme, le parrain de la fille aînée de Dray. Jacques Driencourt ne l'a jamais aimé. Son amitié avec « Juju » l'a toujours laissé perplexe. Dray, qui fut un temps très révolutionnaire, a toujours été très copain avec Pierre Bergé, qui est très riche. Ce dernier a toujours été présent pour Dray lors des coups durs. Ce soir, Pierre Bergé est content d'être là, mais il est fatigué.

Le correspondant mystérieux de *Closer*, c'est peut-être Éric Ghebali. Parmi les convives, ils sont nombreux à le soupçonner sans la moindre preuve. Ghebali, un type assez singulier. Il est venu avec sa compagne, Daniela Lumbroso, l'animatrice-productrice. Ghebali est un dirigeant originel de SOS Racisme au titre de sa présidence, à l'époque, de l'Union des étudiants juifs de France. Depuis, il sautille dans tous les mondes qui scintillent à Paris : la politique, le cinéma, le business, le show-business… Il fait des *dîners de têtes*, comme dans *Paroles* de Jacques Prévert, où se bouscule toute la bonne société. Ghebali était aux premières loges quand Dray était le chouchou de Mitterrand.

Le lendemain de l'anniversaire, Ghebali a appelé Dray, non pas pour se pâmer sur Macron – il savait déjà qui c'était puisqu'il connaît tout le monde –, mais pour parler de Hollande. « Dis-moi, Julien… C'était vachement sympa hier soir, mais Hollande… j'ai bien entendu ce qu'il a dit ?

Que si tu avais touché des à-valoir sur chaque type que tu as formé et qui est devenu député, sénateur ou ministre, tu serais riche ? Donc, si je comprends bien, le jour de ton anniversaire, Hollande vient chez toi pour te dire que si tu as révélé plein de monde en politique, toi, tu resteras sur la touche, parce que comme tu n'as jamais rien demandé pour toi, tu n'auras jamais rien ? C'est Moïse qui mène le peuple juif en Terre promise, mais toi, tu n'as pas le droit de rentrer. Dis-moi, Julien, c'était pas très bizarre comme développement ? »

François Hollande connaît bien le chemin pour venir chez Dray. Il y a quelques années, il débarquait parfois à l'improviste avec un sac plastique contenant quelques affaires, quand ses incartades sentimentales provoquaient la fureur de Ségolène Royal. Ce soir, il est venu avec un bouquet de fleurs et de très bonnes bouteilles de vin. Certains se moquent même, sous cape : Hollande a sûrement piqué ces bouteilles dans les caves de l'Élysée. Il arrive pour le dessert, après un dîner d'État. Chez Dray, il en a donc profité pour dîner une seconde fois. Il n'est plus au régime, la campagne présidentielle est déjà loin. Julie Gayet a rejoint la fête encore plus tard. En partant, elle glisse à Dray : « Tu sais, je n'ai pas oublié que c'est toi qui m'as présenté François. » Dray ne voyait pas d'un mauvais œil que Hollande puisse tomber amoureux d'une autre et qu'il se décolle de Valérie Trierweiler qui l'avait coupé de son ami, puis banni de l'Élysée alors que son meilleur copain politique était devenu président de la République. Trierweiler n'aimait pas Dray, car lui aimait bien Ségolène Royal et qu'il avait tenté de rabibocher Ségolène avec François. Il n'y a pas d'âge pour les enfantillages.

Nathalie Fortis, le discours de François Hollande, ça la laisse de marbre. Elle le trouve même d'un cynisme absolu. Nathalie Fortis est la fidèle assistante parlementaire-attachée de presse-femme de confiance de Dray. Fidèle, ça veut dire que dans les périodes de déprime de Dray ou quand il avait besoin de réfléchir, elle l'emmenait dans sa voiture faire le tour du périphérique aussi longtemps que nécessaire. C'est aussi elle qui, un jour d'été 2008, à la demande de Dray, a retiré tellement d'argent liquide au distributeur automatique qu'elle a contribué à déclencher l'« affaire des montres de Julien Dray ». Ce soir, elle a aussi fait un discours dont voici un extrait : « Je rentre au PS à cause de Juju. Et depuis que vous êtes président de la République, je suis de droite. » Un peu plus tard, François Hollande, qui est tout sauf rancunier, est venu la voir : « C'est bien de t'occuper de Julien. » Fortis a rétorqué qu'en réalité elle n'était « pas sa mère. Vous, vous devriez vous en occuper. Ce que vous n'avez jamais fait. Pourquoi n'avez-vous jamais rien donné à Julien ? ». Le Président est un peu penaud, mais pas trop, parce qu'il a l'habitude, c'est presque devenu un réflexe professionnel depuis qu'il connaît Dray. De tout prendre et de ne rien donner.

Michel Boujenah, lui, ce qu'il a trouvé de plus drôle dans le discours de Macron, c'est quand le futur président de la République a dit, à la fin : « OK, Julien va me surveiller. Mais alors… qui va surveiller Julien ? » Michel adore ce genre d'humour absurde. Ce soir-là, il sort de scène, il joue, au théâtre Marigny, une pièce de Woody Allen. Dray a toujours aimé faire de la propagande politico-culturelle. Rapprocher les politiques et les artistes. C'est comme ça qu'il est devenu copain avec Boujenah, l'un des tout premiers à épingler la petite main « Touche pas à mon pote » sur le revers de sa veste. Boujenah est assis à côté de Hollande et ils se tutoient.

À cet instant, Robert Zarader se souvient qu'à la remise de sa propre Légion d'honneur Hollande a aussi lancé une vacherie sur Dray : « Et cette année-là, vous rencontrez Julien Dray. On ne sait jamais avec Julien si c'est une bonne ou une mauvaise nouvelle… » Zarader a une tête de nounours et un sourire sympathique. Il faisait déjà partie de la « bande à Juju », à la fac de Villetaneuse avec Driencourt et aussi Philippe Grangeon, qui n'est pas présent ce soir. Si Dray avait été effectivement nommé ministre en 1988, comme c'était prévu, Zarader aurait dû être son directeur de cabinet. À la place, il est devenu l'un des consultants les plus courus de Paris. Un an après cette soirée d'anniversaire, il a trahi Hollande pour Macron, mais personne ne le sait encore. Même pas lui. Ce soir, Zarader se dit plutôt que Dray et lui ont quand même eu des vies incroyables. Deux Juifs pieds-noirs de la banlieue nord-est destinés à tout sauf à dîner avec un président de la République. Alors, avec deux…

Fodé Sylla, lui, est né à Tours. L'ancien président de SOS Racisme est aussi l'ambassadeur itinérant du Sénégal. Avant le dîner, il a un aparté avec Emmanuel Macron qui lui a dit : « Ah ! Fodé, vous savez… je connais l'Afrique. » Et Fodé Sylla de soupirer intérieurement, s'attendant au récit de ses vacances-cocktails-piscine à Djerba. Mais pas du tout. Macron lui raconte qu'à la fin de sa scolarité à l'ENA il s'est installé à Lagos, au Nigeria, pendant six mois. Du coup, Fodé Sylla, lui aussi, a trouvé Macron tout à fait formidable.

Ce soir, il y a aussi Jacky Benazerah, l'avocat de Dray, chez qui il a mangé des tonnes de bananes, des nuits entières, pendant l'« affaire », en 2009, quand il fallait réfléchir à la meilleure manière de se défendre. Il y a aussi Djamel

Bensalah, le réalisateur de *Neuilly sa mère* devenu copain avec Dray quand celui-ci était le vice-président à la Région Île-de-France, chargé des affaires culturelles.

Dray est particulièrement heureux. La soirée est réussie. C'est Gaston qui a fait le casting. Gaston, c'est sa femme. Catherine Gaston. Gaston, c'était son pseudo à la Ligue communiste révolutionnaire. Tout le monde l'appelle ainsi. Elle a été terrorisée par l'affaire des montres, il y a six ans déjà. Mais Julien n'est plus radioactif. La preuve, à part Harlem Désir, il n'y a eu aucun désistement. Tout le monde était content de venir fêter les 60 ans de « Juju ». Parce que Dray, c'est le type le plus attachant au monde. Dray, ce n'est que de la politique, mais avec de l'humain tout autour. C'est ce qu'il faut comprendre. Peut-être.

Ce dîner d'anniversaire est évidemment comme un long plan-séquence de la vie de Dray. Se côtoient des bons, des méchants, des sincères, des hypocrites et, au centre de cette foule, un homme qui porte sur lui un infini tissu de complexité. Qui a été de toutes les combinaisons politiques, officielles ou clandestines – surtout clandestines – depuis les années 1980. Un type plein de culot et d'aplomb, de mauvaise foi et de naïveté, fragile, candide, complexé et manipulateur. Un homme de l'ancien monde qui a participé à l'accouchement du nouveau.

Dans les histoires qui vont suivre, il sera question de beaucoup de présidents de la République, de droite comme de gauche, et d'un caméléon, d'un intrus dans un monde de convenances, de loopings, de firmaments et d'abysses, d'un homme de ruptures et de décalages, de démons, d'un gourou nourri à la lutte des classes et aux romans d'espionnage, à la révolution permanente et à la collection de montres de luxe. D'un homme qui a pesé de tout son poids sur la vie politique française. À 15 ans, Dray est trotskiste. À 30 ans, il fonde SOS Racisme. À 40 ans, il est un député frondeur avant l'heure, le leader de la Gauche socialiste avec Jean-Luc Mélenchon. À 50 ans, il est le porte-parole de François Hollande, Premier secrétaire du PS. Il a aussi été conseiller régional, conseiller occulte d'un tas de gens très importants au sommet de l'État, jamais ministre, politiquement mort, toujours ressuscité. À 60 ans, Dray est même devenu pour de faux un héros de série politique, Philippe Rickwaert, joué par Kad Merad, un député du Nord qui séjourne en prison avant de faire élire une présidente de la République.

Dray, c'est le *Baron noir*, pour de vrai.

Chaque matin, Dray se réveille avec une idée politique bien à lui et l'envie de la mettre en pratique. Cela peut donner de curieux résultats. Gagnants, historiques, ou bien grotesques. L'autre jour, en septembre 2018, Dray était, comme toujours, présent au bureau national du Parti socialiste ; il a pris la parole, il voulait être tête de liste aux prochaines élections européennes, il s'est fait chahuter, mais il ne s'est pas démonté. Il a regardé l'assistance avec un petit sourire et il a dit : « Hé ho ! J'en ai ras le bol de votre campagne de calomnie. Vous allez pas me refaire le coup des montres, ça suffit, les gens, ils en rigolent, maintenant. Et ne me faites pas le coup de l'âge du capitaine non plus, ni du Baron noir… D'ailleurs, je vous ferais remarquer que, contrairement à ce que vous pensez, le Baron noir est très populaire dans l'opinion. Vous pouvez me dire ce que vous voulez… mais est-ce qu'il y en a un seul, ici, à part moi, qui a inspiré une série télé qui a fait un million de téléspectateurs par épisode et a été distribuée dans quatre-vingt-cinq pays ? Hein ? Qui a une série sur lui, ici ? Qui ? » Ben non, il n'avait pas vraiment tort, il n'y avait personne. En fait, le jour où il n'y aura plus de personnage politique comme Dray, les bonnes mœurs auront peut-être gagné, mais la réalité sera ennuyeuse à mourir.

SAISON I

Le pygmalion de Macron

« Julien a coaché Macron, il l'a managé politiquement. Julien n'est pas sorti des écoles de formation trotskistes pour rien. »
Robert Zarader, consultant en communication[1].

1. Voir les remerciements, p. 269.

Macron en prime time

« Au plus fort de nos relations, on se parle un soir sur deux. La nuit. Brigitte, plusieurs fois, m'a dit que je faisais chier. En général, on se parle de 2 à 3 heures. À l'époque, il se couchait vers 3 heures-3 h 30. Il a raison. Pour travailler, la nuit, c'est idéal. Il dort quatre heures. J'avais calculé. Je raconte assez vite à François Hollande que je vois Emmanuel Macron. Je lui dis : "Il est bien ton jeune, là." François me regarde un peu de travers… Parce que je le vois sans lui… » Julien Dray.

Ses deux mains s'abattent violemment sur la table du ministre. Dray avance brusquement son corps volumineux, comme s'il voulait mettre un coup de boule à Emmanuel Macron. Dray se met à vibrer, il s'adresse à Macron comme à Mohamed Ali avant le combat du siècle. Tu dois t'approcher de lui, TU VOIS ? Tu dois lui faire comprendre que tu vas lui CASSER la gueule. Il faut que Philippot, en face, il devienne aussi craintif qu'un animal blessé, qu'il glapisse, qu'il PANIQUE, qu'il demande grâce. Il va chercher à t'endormir, tu dois le FRACASSER. Tu dois ABSOLUMENT prendre l'avantage… Tes arguments, Philippot, il les connaît par cœur, il va les démonter un à un, c'est PHYSIQUEMENT que tu dois lui foutre les jetons. TU COMPRENDS ?

Dray est déchaîné. Mais Dray n'est pas frappadingue. À ce moment précis, il fait juste de la politique. Dray a une grande habitude de ce genre d'entraînement perturbant qui vous fait sortir de vous-même. Il a fait ça toute sa vie. Dray fait toujours de la politique mais sans jamais en avoir une approche technocratique. Il est plutôt dans l'étude permanente des rapports de force, il sait que la politique n'est pas faite que de discours rationnels, mais aussi d'émotions qui, quelquefois, ne se maîtrisent plus. C'est la faille qu'il traque chez l'adversaire.

Ils sont trois sur le ring virtuel, c'est-à-dire dans le bureau du ministre de l'Économie, de l'Industrie et du Numérique, à Bercy. Il y a le prochain champion poids lourd, le ministre Emmanuel Macron, et un duo de coachs de première : Dray et Philippe Grangeon, directeur de la communication de Capgemini, un groupe multinational de conseil en numérique.

Dray et Grangeon. Le feu et la glace. Dray parle beaucoup et occupe l'espace. Grangeon reste en retrait, il s'occupe de la vision stratégique avec un temps de recul ; son hochement de tête vaut un long discours.

Dray et Grangeon sont réunis parce que leur futur crack va bientôt subir son dépucelage médiatique. Il est possible qu'il n'y ait pas vraiment de deuxième chance. Qu'en cas de crash à l'antenne, l'histoire s'arrête là. Le 12 mars 2015, Emmanuel Macron est pour la première fois invité de l'émission politique phare « Des paroles et des actes », sur France 2. C'est aussi sa première longue intervention en *prime time.* Macron s'apprête à débattre avec Philippe Martinez, le leader de la CGT, et avec Florian Philippot, le numéro 2 du Front national. Sa prestation est attendue, tout le monde veut voir saigner sa bobine de jeune premier, savoir si l'ex-banquier de chez Rothschild, le sémillant représentant du grand capital, peut se révéler être un plébéien. S'il peut s'en sortir, même quand ça devient sale.

Dray et Grangeon se sont rencontrés sur les bancs de la fac de Villetaneuse, Paris XIII, au début des années 1970. Sur les bancs, c'est beaucoup dire. Grangeon faisait plutôt la révolution debout au sein de la Ligue communiste révolutionnaire (LCR) sous les ordres de « Juju de Villetaneuse », le surnom de Dray. Philippe Grangeon fut bouleversé par la « révolution des œillets » au Portugal. Beaucoup plus tard, il fut conseiller de Nicole Notat à la CFDT. Au fil du temps, Grangeon donne beaucoup de coups de main. À Bertrand Delanoë d'abord, pour qu'il devienne maire de Paris en 2001. Il affine sa stratégie de communication pendant la campagne. Plus tard, il récidive avec Anne Hidalgo. Puis, quasiment chaque samedi sous François Hollande, il visite l'Élysée. Encore après, il devient délégué général par intérim de La République en marche et refuse longtemps un poste de conseiller spécial auprès d'Emmanuel Macron, à l'Élysée, avant de l'accepter. Il est aujourd'hui l'un des deux ou trois interlocuteurs que Macron écoute encore sans se poser de questions.

Ce jour-là, Dray et Grangeon se retrouvent autour d'un homme jeune et prometteur, pas sans qualités, au contraire, mais qui n'est pas encore un politicien diplomate et avisé. Macron transgresse, c'est bien, mais il est dépourvu de mécanismes filtrants. Il dit naturellement ce qu'il pense, il fait exploser des petites bombes, à intervalles réguliers. Dans *Le Point*, il remet en cause les 35 heures et le statut des fonctionnaires. Au micro d'une matinale, il considère que les ouvrières des abattoirs Gad sont « illettrées ». Dans *Les Échos*, il expose son souhait de voir les jeunes rêver d'être millionnaires. *Et cetera*.

Au commencement de l'entraînement, Macron est très sûr de lui, il pense tout maîtriser ; il va tordre le bras de Martinez et de Philippot sans forcer son talent avec des arguments évidemment brillants et ses œillades de jeune premier. Dray lance : « Non, ça ne va pas, ton truc. Martinez va te prendre comme un bourgeois avec une cuillère d'argent et blablabla, tu dois casser ça tout de suite. Martinez va vouloir se détacher mais, toi, Emmanuel, tu dois le coller dans les cordes, tu vas lui dire : "On est de la même famille, la gauche. On a des désaccords, mais je suis dans une optique progressiste comme vous." Et ça marchera comme sur des roulettes. » Macron fait copain-copain avec Martinez, il fait Mohamed Ali avec Philippot. Philippe Grangeon s'en souvient parfaitement : « Emmanuel Macron a suivi la recommandation de Julien. Si vous regardez le débat aujourd'hui, vous verrez que son adversaire est désarçonné, surpris par le jeune ministre. Dray, c'est aussi ça. Pas seulement des conseils sur le fond, mais aussi des cours de théâtre. »

À la fin du débat, Florian Philippot a sorti de sa poche un flacon et a proposé à Emmanuel Macron de prendre des tranquillisants. Mais il y avait beaucoup de dépit dans les yeux du conseiller de Marine Le Pen.

Le coup de foudre

« Julien était fasciné par Macron… Mais alors… Fasciné par le côté brillant du personnage. Il se dit aussi que Macron est un personnage atypique qui peut jouer un rôle et pense : “Je vais lui servir d'éminence grise politique.” » Marie-Noëlle Lienemann, sénatrice.

Quand « Emmanuel Macron » s'affiche, une fois de plus, une fois de trop, sur l'écran du téléphone portable de Dray, Jacky Benazerah fait une tête de six pieds de long. Et pourtant, il n'est pas très grand. Cela fait maintenant un mois, voire deux, que le manège a commencé. Ce soir de février 2014, Dray et Benazerah, l'avocat, son copain le plus proche, dînent, comme souvent, chez Leonardo, leur restaurant italien préféré, rue du Dragon, à Saint-Germain-des-Prés, et ça ne loupe pas : à 22 h 30, « Emmanuel Macron » s'affiche ; le nom a l'air aussi excitant que la poitrine de Gina Lollobrigida, car l'attention de Dray pour son camarade de tablée fond à vue d'œil. Dray est tellement concentré sur son « appel entrant » que plus rien d'autre n'a d'importance. Il ne remarque pas le nuage gris de contrariété se poser sur le front de Benazerah qui, résigné, s'essuie la bouche avec sa serviette, la plie soigneusement et la met sur la table. Il se lève, enfile sa veste, paye sa part de l'addition, salue Dray de la main droite, mécaniquement, comme la reine d'Angleterre dans son carrosse, sort dans le silence de la rue et rentre chez lui, à Montparnasse, tandis que Dray bougonne un vague « Au revoir ».

À force, Jacky Benazerah a compris. Inutile que Dray s'explique ou se justifie. Il sait pertinemment qu'il n'a pas les moyens de lutter. Et donc, comme d'habitude, depuis deux mois, Dray et Macron, cramponnés à leurs téléphones, perpétuent une conversation qui dure un peu plus longtemps que l'éternité, voire une bonne partie de la nuit. Emmanuel Macron, 36 ans, est secrétaire général adjoint de l'Élysée. Dray, lui, en a 59, et, s'il n'est plus député, il est encore conseiller régional d'Île-de-France et membre du bureau national du Parti socialiste. Il est l'un des hommes les plus proches de François Hollande, mais il n'est pas non plus ministre.

Pour être tout à fait honnête, il n'est pas certain que notre héros se soit douté au premier regard de l'incroyable destinée d'Emmanuel Macron. Encore que… Dray se rend vite compte que, malgré son jeune âge, Macron a une manière très personnelle de poser les yeux sur les gens et sur le monde, et de les tenir à distance tout en se montrant extrêmement séduisant. En réalité, Macron suscite cela depuis toujours. Surtout auprès des « hommes d'expérience », des seniors qui éprouvent pour lui une inclination naturelle irrésistible, comme un ravissement enfantin, comme un reflet fugace et nostalgique dans un miroir.

Pour être tout à fait honnête, quand Dray rencontre Macron pour la première fois, à l'automne 2012, son copain François Hollande lui a déjà beaucoup parlé de lui. La logique aurait même voulu que Hollande présente Macron à Dray. Mais rien n'est alors simple pour Dray à l'Élysée. Valérie Trierweiler ne peut pas voir le Baron noir, que ce soit en peinture ou en série télé.

Dray rencontre donc Macron par hasard. Sur le trottoir de la rue de Marigny qui longe le jardin de l'Élysée, les deux hommes s'entrechoquent en douceur. Les rencontres accidentelles sont quelquefois les plus prolifiques.

C'est l'après-midi, Dray se balade autour de l'Élysée, il ne sait d'ailleurs pas ce qu'il fait là. La force de l'habitude ? Trente ans auparavant, il y était reçu par François Mitterrand, pour la première fois, en tant que fondateur de SOS Racisme – on y reviendra. Quoi qu'il en soit, il tombe d'abord nez à nez avec Aquilino Morelle, le conseiller politique du Président Hollande, aux chaussures très bien cirées. Morelle est accompagné.

Julien Dray : « Morelle me le présente. Je lui serre la main et je lui dis que j'ai beaucoup entendu parler de lui. On plaisante deux minutes. Puis, on se quitte et Emmanuel Macron me lance : "Appelez-moi !" Je l'ai appelé. On prend un café ensemble. Et on a commencé à se voir. De fil en aiguille, on devient assez proches. Potes. En pleine nuit : "Tu dors ? — Non. — Appelle-moi." »

Coach « Juju »

« Julien apporte à Macron des choses que personne ne lui apporte. Ni ses techniciens ni ses politiques. Il a un regard oblique, différent. À travers ses lunettes, il voit autre chose. Avec lui, il se passe autre chose. Évidemment, beaucoup les sépare idéologiquement. Mais ils ont un point commun : ce sont tous les deux des *Mister disruption*. » Philippe Grangeon, conseiller spécial d'Emmanuel Macron.

Dray fréquente beaucoup – il n'est pas le seul, bien sûr – ce petit bureau situé au quatrième étage de l'aile droite du palais, dévolu au secrétaire général adjoint de l'Élysée. Macron a toujours du plaisir et de la curiosité à accueillir

Dray. Dans ce petit bureau, tous deux voyagent beaucoup. Dans l'espace et le temps. Dray transporte Macron en première classe en Mitterrandie, en Jospinie, en Hollandie, en Vallsie…

Dray est un conteur formidable. Il décrypte pour lui le PS, ses rivalités, ses clans idéologiques, ses inimitiés. Un papa en politique doublé d'un décodeur de « stratégie », toujours à portée de téléphone, une hot-line au service exclusif de Macron vingt-quatre heures sur vingt-quatre. Macron prononce un nom, Dray lui livre une notice biographique, assortie d'une analyse psychologique, d'un récit des coulisses des défaites et des victoires et de quelques éléments pertinents de vie privée. A comme Aubry ? Voici comment cette ex-dirigeante de Pechiney s'est gauchisée en vieillissant et comment elle a pris la Mairie de Lille. C comme Cazeneuve ? Ne pas se fier à son air bien élevé ni à son sourire urbain, il faut s'en méfier. H comme Hamon ? Son parcours au Mouvement des jeunes socialistes (MJS), son fonctionnement quelque peu sectaire et très apparatchik, etc. Ce qui est bien avec Dray, c'est qu'il y a la version officielle et puis toutes les officieuses. Dray en démêle toutes les subtilités.

Macron est encore un type sans histoire et il ne sait rien de celle de la gauche. Certes, ses aventures présidentielles n'ont pas encore commencé. Mais il travaille à l'Élysée, alors il en profite pour acquérir un savoir, s'inventer une connexion avec l'Histoire. Avec Dray, Macron prend tout ce qu'il y a à prendre. Avec Macron, Dray s'offre un retour vers le temps de l'innocence et vers un futur politiquement et hypothétiquement prospère, mais aussi une nouvelle utopie et un bain de jouvence. Avec Macron, tout est possible, de nouveau. Dray a vieilli mais n'a rien perdu de son flair. Depuis trente ans, il a repéré, formé et éduqué des cohortes de petits jeunes prometteurs ; celui-là est hors normes.

Macron n'a pas besoin de trop battre des cils pour séduire le Baron noir. Ce dernier a beau être un expert en coups politiques, c'est aussi un éternel sentimental. Et le petit « Manu », ce fleuron brillant, presque caricatural, de cette élite jeune, décomplexée, entreprenante, ne la ramène pas autant que d'autres, premiers de la classe repus d'eux-mêmes. Il n'a pas ce petit éclair de supériorité dans l'œil que Dray connaît par cœur, pour en avoir été foudroyé au moins une fois par les Jospin, Fabius, Aubry, Hollande, Sapin ou Moscovici. Non, Macron ne montre aucun dédain pour Dray, qui fait pourtant des fautes d'orthographe dans ses SMS, ponctue ses phrases de « euh » et parle anglais comme un élève de 4e. Pour de nombreux jeunes loups, Dray est un *has been*, rescapé de la vieille Mitterrandie. Pas pour Macron, fasciné par le récit de sa vie. Dray se sent remis au goût du jour, il en pleurerait.

Dray et Macron n'ont rien en commun et tellement de choses à se dire. Vingt-deux ans d'écart, une culture politique aux antipodes. Le premier a grandi sur un terreau turbulent, militant et activiste, hante les couloirs du Parti socialiste depuis trente ans, peut réciter les scores de chaque motion de chaque congrès à la décimale près. Le second a poussé dans un jardin bien ordonné où la politique n'était même pas un hobby. Il n'a jamais milité, jamais chanté dans une manif, jamais cassé du flic ou du facho. Il peut se repérer les yeux fermés dans la forteresse de Bercy mais s'égare, désemparé, dans le labyrinthe de Solférino, le siège du PS, plus habitué aux fauteuils club du CAC 40 qu'aux réunions tardives d'un local de section socialiste éclairé par un néon blafard.

Les deux hommes parlent vraiment de tout. Le 10 janvier 2014, le magazine *Closer* dévoile des photos de François Hollande et de Julie Gayet. Chape de plomb sur l'Élysée.

Julien Dray : « Quand la crise avec Valérie Trierweiler éclate, on en parle avec Emmanuel. Moi, c'est très tendu avec elle, et lui ne s'entend pas très bien avec elle non plus. Mais ils n'avaient pas spécialement de contacts. Il me dit : “Je vais me tenir à l'écart de tout ça. Je ne veux pas m'en mêler. Je veux montrer à François Hollande que je ne suis pas un mec insensible, que je suis là s'il a besoin de moi, mais je ne veux pas m'en mêler...” Il fait cela avec beaucoup d'intelligence. Je lui dis : “Tu as raison de faire comme ça. Je le sais par expérience...” »

Courte échelle pour Bercy

« Je veux bien qu'on vienne me hurler dessus, maintenant... Mais Macron, au départ, il n'est pas plus à droite que bien des dirigeants du PS. » Julien Dray.

Depuis quelque temps, il se passe des choses curieuses et guère rassurantes au sommet de l'État. Le hollandisme est perturbé par une intense période de flottement. Les élections municipales, qui se tiennent les 23 et 30 mars 2014, défaite significative pour Hollande, ont définitivement changé la donne d'un quinquennat déjà en instance de capilotade. Jean-Marc Ayrault n'est presque plus Premier ministre. Manuel Valls est presque Premier ministre.

Valérie Trierweiler a fait ses valises et songe à écrire un livre. Dray profite de l'aubaine, il remet les deux pieds dans la porte élyséenne. Il se rend souvent au quatrième étage, où Emmanuel Macron estime avoir fait le tour du job de secrétaire général adjoint de la présidence de la République. Dray est tout à fait d'accord. Il est temps pour Emmanuel de faire autre chose, de faire beaucoup mieux. Pourquoi pas ministre ? Son protégé le mérite amplement.

Dray en est tellement persuadé qu'il fait le siège de Hollande pour que celui-ci le nomme, au moins, secrétaire d'État au Budget. Dray serine à Hollande : « Mets Emmanuel à Bercy. C'est fort politiquement, ce sera interprété comme un signal de rupture pour relancer le quinquennat. » Manuel Valls est également favorable à la nomination de Macron. Il aime encore beaucoup celui qui semble tant lui ressembler. Jean-Pierre Jouyet, qui devient secrétaire général de la présidence en avril 2014, est aussi et depuis toujours un grand fan et un grand protecteur de Macron. Les deux hommes sont issus de l'inspection des Finances, l'élite de l'élite de la haute fonction publique, une reconnaissance de caste. Alors, Jouyet participe au lobbying intensif de Dray. Mais, sur ce coup-là, en dépit de son affection pour Macron, Hollande se montre intraitable. C'est non. Hollande a un principe : un conseiller ne doit pas être nommé ministre. Les portefeuilles sont réservés à ceux ou celles qui ont mis, au préalable, leur tête sur une affiche électorale. Pour Fleur Pellerin, nommée ministre déléguée en charge de l'Économie numérique en mai 2012, il avait néanmoins fait une exception à sa loi d'airain. Pas pour Macron, qui est brutalement renvoyé à son statut de « techno » et de simple collaborateur de l'Élysée. Macron encaisse, fait bonne figure. Il organise un pot de départ, en fin d'après-midi, le 15 juillet 2014 sous la verrière du jardin d'hiver de l'Élysée. Dray est invité, mais il ne vient pas. Ils sont une quarantaine, les ministres Arnaud Montebourg et Michel Sapin, des membres de cabinet et le Président, bien sûr. Hollande qui le taquine : « À l'étranger, je me suis souvent présenté comme l'homme qui travaille avec Emmanuel Macron. » Macron fait mine de quitter la scène politique. Il en a assez vu.

Julien Dray : « Emmanuel est vexé. Il ne devient pas ministre et n'obtient pas non plus le poste de secrétaire général, puisque c'est Jouyet qui entre à l'Élysée. Il en tire les conséquences. Il se barre pour fonder sa boîte de conseil. Il veut l'appeler Macron Partners. Il me dit même : "On en discutera en septembre mais si tu veux, tu viendras travailler avec moi." Ce qui prouve que, au départ, il n'est pas dans une trajectoire de devenir un politique en tant que tel. Je ne crois pas que Macron soit un cynique, qu'il ait tout calculé dès le départ. Mais les circonstances font que… »

Le rejoindre ? Dray y pense quoi… cinq minutes ? Pourquoi pas ? Il part en vacances dans sa résidence secondaire, à Vallauris, et remet sa décision à la rentrée. Macron part avec Brigitte un mois en Californie. Dray est au bord de sa piscine avec Fodé Sylla, l'ancien président de SOS Racisme. Une piscine dans laquelle Dray ne se baigne jamais, parce qu'il réfléchit à la politique tout le temps. Macron, rentré en France, est souvent au bout du fil. Il est beaucoup question de Macron Partners. Oui, mais Macron au gouvernement, Dray n'a pas totalement enterré l'affaire. Ça devient même une idée fixe. Macron ne doit pas retourner pantoufler dans le privé.

Lundi 25 août 2014. Le ministre de l'Économie et du Redressement productif Arnaud Montebourg est démissionné *manu militari* du gouvernement. Dray appelle Macron qui séjourne au Touquet. « Tu as appelé François ? » Non, Macron n'appellera pas François. « S'il me veut, il m'appelle. » Dray lui intime gentiment l'ordre d'appeler François pour lui proposer ses services. Dray argumente : « Je sais ce que c'est de composer un gouvernement. Ils sont dans une *war room*. Ça part de tous les côtés. Ils peuvent se rendre compte qu'ils t'ont oublié. » Dans le même temps, Dray harcèle Hollande par SMS : « Je crois vraiment que c'est une bonne idée de nommer Macron au gouvernement. » Hollande fait comme d'habitude, il ne répond rien, ou pas grand-chose, le temps que le poisson se noie tout seul. Mais ils ne l'ont pas oublié. Jean-Pierre Jouyet, en particulier. Mardi 26 août 2014, à 17 h 15, Jean-Pierre Jouyet sort sur le perron de l'Élysée et égrène la liste des ministres. Au nom de son protégé, Jouyet sourit très fort, ce qui est inhabituel dans ce genre de circonstances. Emmanuel Macron a 36 ans, et il est le nouveau ministre de l'Économie, de l'Industrie et du Numérique.

« Juju » à Bercy

« François ne me dit pas : "Cornaque le petit." Il ne le dit pas comme ça… Il me dit : "Aide-le dans ses premiers pas de ministre. Parle-lui, explique-lui, donne-lui les codes, évite qu'il fasse des bêtises. Sois attentif." J'ai accepté, parce que j'aime bien Emmanuel. Emmanuel, je ne dirais pas que j'ai été son formateur. Mais je débriefe avec lui, ouais, c'est vrai. Il faut comprendre qu'au début, quand il devient ministre, il n'a pas grand monde, dans la sphère politique tradition-

nelle, sur lequel il peut s'appuyer, il n'a pas d'équipe, il n'a pas d'expérience. Personne ne va l'aider. Dans un premier temps, avec moi, il trouve quelqu'un qui lui explique les choses, qui lui démine le terrain. » Julien Dray.

Un jour de septembre 2014, Dray, de mauvais poil, rend visite à Emmanuel Macron, à Bercy. Le ministre de l'Économie occupe le troisième étage, juste au-dessus de Michel Sapin, le ministre des Finances et des Comptes publics. Bercy, c'est bien pratique pour Dray, c'est assez près de chez lui, à l'orée du XIIe arrondissement. Il passe régulièrement dans le grand bureau vitré du ministre, avec un bout de vue sur la Seine. Il s'assoit dans le canapé ou prend place autour de la table de réunion. Dray est un grand gamin, il aime bien manipuler les gadgets high-tech, toucher les enceintes Devialet, essayer les écouteurs connectés, exposés dans l'antichambre du ministre.

En fait, dès la nomination de Macron à Bercy, Dray est omniprésent. Le ministre est demandeur. Hollande aussi, pour exercer une surveillance rapprochée et – encore – bienveillante. Dray doit le couver de son ombre épaisse pour mieux le formater. La frontière entre ces deux missions est ténue. Mais le double jeu, chez Dray, est une seconde nature. C'est à Dray que Macron propose un poste de conseiller dans son cabinet. Offre refusée. Dray songe plutôt à propulser Bernard Pignerol, son vieux copain de SOS Racisme, énarque, conseiller d'État, ancien conseiller diplomatique de Delanoë à la Mairie de Paris, au poste de directeur de cabinet de Macron. Douche glaciale. L'intéressé, Pignerol, refuse. Ce proche de Jean-Luc Mélenchon ne se voit pas du tout diriger le cabinet du jeune ministre social-libéral. Sinon, Dray a pensé à

Stéphane Séjourné, un jeune qui travaille au sein du cabinet du président de la Région Île-de-France, Jean-Paul Huchon. L'ancien strauss-kahnien de 29 ans lui a tapé dans l'œil. Il a du pif politique. Dray en parle à Macron, Séjourné devient conseiller ministériel chargé des relations avec les élus.

Julien Dray : « Séjourné, c'était un petit malin de la Région. Il n'a pas un gramme de fond idéologique, mais une lecture intelligente des événements. »

Dray fait la connaissance des autres membres du cabinet, il sympathise avec Ismaël Emelien, conseiller chargé de la stratégie et de la communication, et Julien Denormandie, directeur adjoint du cabinet du ministre, qui joueront bientôt un rôle décisif dans la campagne présidentielle.

Dray aide sincèrement Macron, car il aime avoir de l'influence, mais il n'est pas interdit d'être retors. Alors, Dray fait un peu de stratégie quand même. Il est toujours utile de voir loin devant. Il se dit déjà que si le produit Macron marche, ce sera une arme létale anti-Valls, et que s'il est bien arrimé à Hollande, cela aboutira à la mise en orbite finale d'un ticket gagnant à tous les coups. Dray n'est pas seul. Autour de la nouvelle pépite gouvernementale, les « coaches » affluent, dont Zarader et Grangeon, proches de Hollande eux aussi. Mais Dray a le bénéfice de l'antériorité et, surtout, celui de connaître sur le bout des doigts la tambouille politique – il nage dedans depuis trente-cinq ans. À cette époque, donc, « SOS Juju amitié » carbure à plein régime. Macron se sert ; contacts, conseils, talents de négociations. *Open bar*.

Julien Dray : « On peut se dire : "Sapin, quel enc… T'as vu le mec, il a essayé de me faire un truc !" Emmanuel me dit : "Camba, je l'ai pas rencontré, je dois le rencontrer..." Et comme je connais "Camba" depuis quarante ans... On parle de la vie politique... Untel a dit ça, qu'est-ce que t'en penses... La droite va faire quoi ? "À l'Assemblée nationale, j'ai dit ça, ça s'est bien passé, j'ai rencontré machin... Il est sympa..." On parle de tout. »

Déjà, Macron teste sur Dray les éléments clés de la loi qui portera bientôt son nom et qui va défrayer la chronique. Les réformes économiques, les visions les plus iconoclastes. Avec lui, Macron éprouve ses idées, tâtonne, cherche la ligne rose à ne pas dépasser pour ne pas se mettre tout le Parti socialiste à dos. Ils échangent sur le travail le dimanche, la libéralisation du transport en autocars, la réinterprétation de la notion d'entreprise. À Dray d'assurer le service après-vente auprès des caciques du PS.

Donc, ce jour de septembre 2014, Dray rend visite à Macron et il est de très mauvais poil. Il vient de se fâcher avec son fils cadet. Samuel Dray, inscrit en fac de droit, doit se trouver un stage, mais ne bouge pas le petit doigt. Le paternel est hystérique. « Si tu veux, on le prend en stage au cabinet. » Samuel Dray intègre le cabinet de Macron en octobre 2014. Son maître de stage est Ismaël Emelien. Il travaille notamment sur des études d'opinion au moment de l'élaboration de la loi Macron et sur un profilage des électeurs par Région et catégories socioprofessionnelles. Un Dray est dans la place chez Macron... Brigitte Macron se sent également investie d'une mission : attentive et chaleureuse, elle veille sur Samuel et sur son bien-être pendant son stage. Le fils restera dix mois à Bercy.

Pour le reste, Macron ne doit s'inquiéter de rien, Dray s'occupe de tout. Il s'affaire même à devancer les besoins et les désirs de son nouveau protégé. Pour accompagner au mieux les premiers pas du ministre, Dray a convoqué ses deux « papys » préférés. À l'automne 2014, Pierre Bergé, Pierre Mazeaud, l'ancien député et ancien président du Conseil constitutionnel, vieux routier de la politique, et l'entremetteur Dray sont invités à dîner par le couple Macron au troisième étage de l'hôtel des ministres de Bercy, dans la salle à manger privée. Une initiative opportune, car Macron a beau paraître surdoué, il est tout de même un peu anxieux. Devenir ministre, waouh ! Terrible ! Mais... concrètement... comment ça fonctionne ? L'épreuve du feu des questions au gouvernement ? Quelles relations entretenir avec les parlementaires ? Pas de panique, « coach Juju » a la solution : une bonne séance gratuite délivrée par le grand expert ès tambouilles d'Assemblée, Pierre Mazeaud, assisté du très malin et non moins influent Pierre Bergé. Le briefing se déroule comme prévu, à bâtons rompus et à merveille, entre l'apéro et le dessert. Pierre Mazeaud tient le crachoir pendant une bonne partie de la soirée, devant Emmanuel et Brigitte, à la fois souriants et très concentrés. « On a surtout parlé du fonctionnement de l'Assemblée nationale, raconte Pierre Mazeaud, qui avait beaucoup apprécié le dîner. Je lui ai donné quelques petits tuyaux, notamment pour les questions au gouvernement. Emmanuel craignait un peu cela. Je lui ai dit qu'il fallait juste répondre sans notes. Qu'ainsi, il était assuré de s'imposer naturellement auprès des parlementaires. Tous ces cons de ministres qui ont le papier en dessous du micro... Merde ! On parle sans notes... Les ministres ont les questions à l'avance, les réponses sont faites par leurs collaborateurs, mais eux les lisent souvent dans la voiture en allant à l'Assemblée nationale ou parfois les découvrent même en direct... Ce n'est pas sérieux ! »

Mazeaud lui conseille encore quantité de choses. Qu'il doit se construire un réseau de parlementaires amis au Parti socialiste, qu'il doit les inviter à déjeuner, les « traiter ». Il lui dit aussi qu'il sera apprécié par ces mêmes élus, de gauche comme de droite, s'il descend lui-même dans l'arène, au moment du passage de sa loi en commission, pour discuter des amendements un par un. Pierre Bergé ne parle pas beaucoup pendant le dîner. Il écoute et observe. Lui aussi tombe sous le charme d'Emmanuel Macron. Quelques heures ont suffi à transformer les deux « papys » en fans transis. Ça fonctionne à tous les coups. Après tout, peut-être que Macron est un jeune avec une cervelle de vieux. Au moment des remerciements et de la séparation, ils saluent leur hôte en lui glissant à l'oreille à peu près la même chose : « Continuez comme ça, travaillez, vous avez un destin. »

Le bouclier Dray

> « Julien a protégé Macron au sein du Parti socialiste. Si on touche à Macron, on touche à Dray. » Éric Ghebali, cofondateur de SOS Racisme.

Emmanuel Macron a piqué un tic de langage à Dray, qui fonctionne essentiellement en tout début de conversation avec un interlocuteur un peu au fait de l'actualité politique du pays.

« Alors ? Comment tu vois les choses ? »

C'est un truc hérité des écoles de formation trotskistes. Ça apprenait aux jeunes à réfléchir vite et à avoir de la repartie.

Macron appelle Dray : « Alors ? Comment tu vois les choses ? — Ça va être compliqué. Pas impossible. Mais compliqué. »

Macron ne parle pas de la préparation du casse du siècle, la future élection présidentielle, on n'en est pas du tout là, Macron parle de sa future loi qui doit passer devant l'Assemblée nationale. Mais l'issue du vote est incertaine. L'instauration légale du travail le dimanche crispe les rangs les plus à gauche du PS. Martine Aubry est partie en guerre et les frondeurs sont l'arme au pied. Michel Sapin ne lui fait que des croche-pattes à Bercy. Valls aimait bien Macron, c'est vrai. Mais il le soutient mollement, car il le considère de plus en plus comme un adversaire politique. Bientôt, il ne le soutiendra plus du tout. Dray, lui, pense que la première loi Macron n'est pas si mauvaise que ça pour les salariés. Il y a quand même des embauches et des heures sup… Et surtout, le ministre essaye de casser le monopole des huissiers et des notaires, pas des archétypes prolétariens… Dray a sa propre analyse de la détestation des socialistes : ils sont tous jaloux de Macron.

Pour sa première bataille parlementaire, Macron fait plus que le job. Il suit à la lettre les préceptes du vieux sage Mazeaud.

Julien Dray : « Il séduit les députés. Il y passe un temps… Il s'épuise… Quelquefois, je m'énerve. "Putain, mais t'es où ?" Il fait bien le travail, je suis assez fier. Il ne fait pas le droitier. Même François est fier. Il a bien travaillé. De mon côté, je le défends à mort. Sur le travail le dimanche notamment… Sur les radios, les télés. Et il n'y a que moi qui le fais. Ça me fait marrer quand j'entends Castaner et Ferrand aujourd'hui… Je suis en baston à l'intérieur du PS. Mais je suis vraiment convaincu par le travail le dimanche. Pour lui donner un coup de main, je fais Elkabbach. Macron les avait pris trop sur la droite, moi je vais les chercher à gauche en disant : "Depuis quand, le jour du Seigneur, on ne peut pas travailler ?" »

Mille six-cents amendements déposés, cent six adoptés.

Julien Dray : « C'est au moment où il se prépare pour aller défendre le texte de sa loi à l'Assemblée que ça commence à cogner. On fait une réunion et je lui dis : "Il faut s'attendre à ce qu'ils essayent de nous déstabiliser sur d'autres trucs." Et j'ajoute : "Est-ce qu'ils ne vont pas nous sortir une connerie ?" Il dit : "Quoi ? — Ben, je sais pas, moi… Tu es au courant de la rumeur dans tout Paris selon laquelle tu es avec Mathieu Gallet [P-DG de Radio France] ?" Il rit et dit : "Non, je ne suis pas homosexuel, sinon je te l'aurais dit." »

Finalement, personne n'attaque Macron sur sa vie privée, mais quand même, les choses ne se passent pas comme prévu. Cécile Duflot se fend d'une tribune bricolée à l'acide contre la loi Macron dans *Le JDD*, Martine Aubry ne désarme pas, mais c'est Benoît Hamon qui le crucifie. Macron croit en effet avoir passé un accord avec le frondeur… qui annonce finalement le dimanche 15 février, alors qu'il est invité du Grand Jury RTL-*Le Monde* : « Je ne voterai pas la loi Macron. » Panique à bord. On fait et on refait les comptes pour le vote qui aura lieu deux jours plus tard. C'est mort, certifie Jean-Christophe Cambadélis, la loi ne passera pas sans 49.3.

Julien Dray : « Emmanuel me demande : "Comment on fait maintenant ?" Je lui réponds que rien n'est perdu, qu'il faut juste aller voir chaque député un par un, qu'il faut leur promettre des bretelles d'autoroutes. On sait que la majorité va se jouer à rien, à cinq voix peut-être. Il faudrait que Jean-Marie Le Guen, secrétaire d'État chargé des Relations avec le Parlement, fasse le travail… Mais Le Guen le fait pas parce qu'il veut planter le "petit". Ça aurait été très emmerdant pour Valls que sa loi soit votée sans 49.3. Ça aurait été un énorme triomphe pour Macron à ce moment-là. Il serait entré, dès ce moment, dans la cour des grands et, en vérité, il aurait pu très vite prendre sa place. »

Le mardi 17 février, l'histoire se termine donc par un 49.3. C'est la première fois au cours du quinquennat Hollande. Emmanuel Macron est humilié. En son for intérieur, il se promet qu'il leur fera payer très cher cet affront.

Huit mois plus tard… Dray est au micro du « Grand rendez-vous » d'Europe 1, le dimanche 25 octobre 2015, interviewé par Françoise Fressoz et Jean-Pierre Elkabbach.

« Françoise Fressoz : Macron, c'est votre chouchou ?

« Julien Dray : J'ai pas de chouchou. Mais j'ai appris une chose de François Mitterrand, c'est qu'il fallait toujours dialoguer, discuter, et avoir une attention par rapport aux jeunes générations. Emmanuel Macron, c'est pas ma génération, mais mon travail à moi c'est de transmettre, c'est ça aussi le rôle de continuité dans l'histoire.

« Jean-Pierre Elkabbach : Il ne cherche pas à brûler les étapes ?

« Julien Dray : C'est là qu'on va voir s'il a de la densité ou non… S'il n'est pas grisé par la situation, par l'euphorie du pouvoir.

« Jean-Pierre Elkabbach : Carlos da Silva, proche de Manuel Valls, a dit : "Macron, c'est du vent." Qu'est-ce que vous en pensez ?

« Julien Dray : Il y a du vent qui est parfois fort et devient une tornade… »

Macron humilié

« Macron est vexé. Il n'arrête pas de me dire : "J'en ai marre, j'en peux plus. Je vais me barrer. Il me fait chier. Hollande m'humilie." » Julien Dray.

Automne 2015. Sa loi promulguée, Macron a l'impression d'être au chômage technique. Il s'ennuie ferme à Bercy. Il aimerait passer à autre chose ou aller beaucoup plus loin. Il faut un assouplissement du Code du travail, il faut fluidifier davantage, simplifier. Encore et toujours… La solution : mettre en chantier une seconde loi Macron. En réalité, le ministre travaille depuis quelques semaines déjà sur un nouveau projet de loi dit Noé, pour « nouvelles opportunités économiques ». Le 9 novembre, il présente même le projet à la presse, en prenant de court l'Élysée et Matignon. Un chantier législatif lourd qu'il aimerait amorcer dès le début du mois de janvier 2016. Il a hâte de repartir au combat parlementaire. Sauf que le Premier ministre Manuel Valls refuse catégoriquement l'élaboration d'une loi Macron 2. Et puis quoi encore ? Une nouvelle Piste aux étoiles pour son nouveau rival ? Valls fait une crise à Hollande, déjà affaibli par le débat sur la déchéance de nationalité, qui n'a qu'une crainte, majuscule, que son Premier ministre démissionne pour préparer la présidentielle. Hollande sacrifie Macron pour ne pas avoir la guerre avec Valls et confie le projet de loi à Myriam El Khomri qui n'y connaît pas grand-chose. Macron voulait être l'homme qui allait porter la dernière grande réforme du quinquennat, on le renvoie violemment à ses chères études.

Julien Dray : « En représailles, Macron met des bâtons dans les roues de la loi El Khomri. Pour l'emmerder, il laisse filer le premier texte dans la presse… Une première mouture qui fait hurler tout le monde. En parallèle, j'attire l'attention de Hollande à plusieurs reprises : "Attention, il faut que tu t'en occupes, que tu le voies, que tu parles avec lui." »

Laurent Fabius quitte le ministère des Affaires étrangères pour la présidence du Conseil constitutionnel. Hollande est contraint d'effectuer un remaniement. « Et pourquoi pas Emmanuel à Matignon ? », tente Dray, par texto, auprès de Hollande. Fin de non-recevoir assez catégorique. Il faut alors que Macron ait *a minima* une belle promotion, qu'il devienne le seul maître de Bercy, qu'il se débarrasse de Michel Sapin, son alter ego aux Finances, une bonne fois pour toutes… Au lieu de ça, le 11 février 2016, le ministre de l'Économie est rétrogradé, il passe de la 11e à la 14e place dans l'ordre protocolaire.

À la journaliste Patricia Loison, qui l'interroge sur ce thème quatre jours plus tard, sur le plateau du « Grand Soir 3 », Macron ne cache plus son ressentiment : « Je n'avais pas à être surpris puisque je n'attendais rien. » Macron a déjà des envies d'ailleurs, il s'autorise de grosses bouffées de liberté inédites. Il sort de son domaine de compétence, se positionne sur tous les sujets. Il n'y a plus de tabou. Il évoque même son « inconfort philosophique » concernant la déchéance de nationalité. Il se laisse aller à disserter doctement sur les causes sociales du djihadisme, pomme de discorde majeure avec Valls. Au désœuvrement existentiel de Macron, Hollande prête peu d'attention. Il n'a qu'une cible en vue : Manuel Valls. Dans sa tête, Emmanuel Macron est déjà parti. La suite est juste une question de timing.

Le séminaire

« Comme il avait tenté de rapprocher François Hollande et Ségolène Royal en 2007, Julien Dray a tenté de rapprocher Emmanuel Macron et François Hollande en 2016. Julien s'était préposé aux raccommodements impossibles. » Jean-Pierre Mignard, avocat, proche d'Emmanuel Macron.

Du billard à plusieurs bandes. La partie du Baron noir. Un séminaire comme prétexte. Un séminaire à l'Élysée, artifice ingénieux pour une opération subtilement périlleuse. Dray veut faire les choses correctement, persuader Macron de ne pas abandonner Hollande en vue de la présidentielle et, en même temps, convaincre Hollande de laisser à Macron une place un peu plus méritoire que celle, forcément subalterne, de l'épouvantail destiné à effrayer Valls. Au passage, Dray se dit qu'il réussira bien à gauchiser sur les bords son copain Emmanuel pour le rendre compatible avec Martine Aubry et les frondeurs. Combinaison hautement complexe… Même pour un Baron noir.

Pour concilier tous ces beaux et vastes projets, Dray a donc l'idée d'un séminaire. La première pierre pour échafauder collectivement la candidature de Hollande à sa succession. Avec l'assentiment de Hollande évidemment, Dray est à la manœuvre. Ce samedi 2 avril 2016, un tout petit comité se réunit à l'Élysée, pour une réunion supposée rester confidentielle. Invités : seulement deux ministres, Ségolène Royal et Emmanuel Macron ; le numéro 2 du Parti socialiste Guillaume Bachelay, le conseiller politique de Hollande, Vincent Feltesse, et son chargé de communication, Gaspard Gantzer ; les communicants Philippe Grangeon et Robert Zarader ainsi que Daniel Vaillant, ancien ministre de l'Intérieur. Dray, comme prévu, veut faire de Macron un personnage principal : le directeur de campagne et le futur Premier ministre.

Julien Dray : « Il y a une matinée de travail et un déjeuner. Macron est assis à côté de Daniel Vaillant. Vaillant, c'est moi qui l'ai ramené parce que c'est un super organisateur dans une campagne électorale. Je me suis battu pour que ce séminaire ait lieu et Macron ne vient que pour le déjeuner… Je ne suis pas content. D'autant que cette réunion est faite, en partie, pour le mettre en selle. Je voulais qu'il devienne un élément clé de la campagne, j'avais besoin de le montrer. C'est là qu'il me dit : “De toute façon, tu verras, François Hollande ne sera pas candidat.” Puis, il flingue le séminaire en balançant son existence à la presse et en donnant le nom des participants… J'ai su après qu'il avait annoncé à Hollande, ce jour-là, le lancement de son mouvement politique En Marche !. Donc, le minimum d'honnêteté aurait été qu'il ne participe pas à cette séance de travail… »

S'il y a la duplicité de Macron vis-à-vis de Hollande, il y a, aussi et surtout, la duplicité de Macron vis-à-vis de Dray, qui n'a pas été prévenu du lancement d'En Marche !.

Il s'aperçoit qu'il a même été tenu à l'écart de son élaboration. Dray paye cash son côté pipelette, Dray n'aurait pas su garder un secret qui n'était partagé que par quelques personnes, toutes aux ordres de Macron. Et puis, Macron prend ce qu'il y a à prendre chez Dray, mais la confiance reste limitée. Dray est tellement proche de Hollande, il y a forcément un risque de double jeu. « Emmanuel Macron n'a pas mis Julien au courant du lancement d'En Marche !, car il le savait très attaché au Parti socialiste, analyse Philippe Grangeon. Et puis, c'est vrai que Julien est un bavard... Quand on prépare quelque chose comme ça, l'effet de surprise est important. »

Le 6 avril 2014, à Amiens, Macron lance son mouvement. L'amorce d'une autre histoire.

Julien Dray : « Macron a des informations par Gaspard Gantzer – conseiller chargé de la communication de la présidence de la République – et Jean-Pierre Jouyet comme quoi Hollande est très hésitant sur le fait de se représenter. C'est pour ça qu'il accélère, Macron. Mais, au début, c'est petit, son truc. La conférence de presse à Amiens, c'est ridicule. Ils ratent complètement leur effet. En plus, ils font une vidéo en piquant des images et ça se sait... »

Pour Dray, c'est quand même très vexant et puis c'est un peu fort de café tellement En Marche ! rappelle, par le menu, le Désirs d'avenir de Ségolène Royal de 2007, si bien produit par Dray dix ans auparavant : sortir de la logique du Parti socialiste, inventer une démocratie participative avec des « marcheurs » de leur temps, l'usage du digital, etc.

Dernier acte. François Hollande est l'invité de l'émission « Dialogues citoyens » sur France 2, le 14 avril 2016. Au sujet de ses rapports avec Emmanuel Macron, le président de la République assène : « C'est, entre nous, non pas simplement une question de hiérarchie – il sait ce qu'il me doit –, mais une question de loyauté personnelle et politique. » Une vexation de plus... Si Macron avait besoin d'une étincelle pour prendre sa décision de partir au combat, la voilà.

Julien Dray : « Pour moi, la rupture entre Hollande et Macron est due à Hollande. Hollande aurait dû lui dire : “Tu es mon chouchou, tu es le meilleur, mais je suis dans la merde avec Valls.” Le tournant définitif est cette phrase lâchée sur France 2. Hollande m'appelle le soir même et me dit : “T'as vu, t'as vu ?” Je lui réponds : “Mais tu es malade. Moi, tu me fais ça, je ne te parle plus jamais de ma vie... Tu te rends compte, le mec est brillantissime, il a fait de super études et tu dis devant tout le monde qu'il n'est rien ! C'est une humiliation insupportable.” Hollande réplique qu'il fallait bien qu'il le remette à sa place... OK, peut-être, mais pas comme ça. »

Rupture à la Mutualité

« Julien a toujours essayé d'arrondir les angles entre François Hollande et Emmanuel Macron. Même quand c'était difficile. Après, il a pris fait et cause pour François Hollande. Bon... Estimant qu'Emmanuel Macron avait trahi. Bon... On s'est un peu engueulé sur ce coup-là. Il considérait que j'avais trahi aussi. » Robert Zarader.

Dray pressent que tout lui échappe. Il est même désarçonné par la tournure des événements. Il faut qu'il empêche coûte que coûte Macron de faire la bêtise, de s'émanciper tout à fait et d'aller lui-même au combat présidentiel. Une bêtise, car, pour être honnête, il n'y croit pas. Mais… il y a quand même, en préparation, ce meeting de Macron à la Mutualité, à Paris, prévu mi-juillet. Dangereux. Dray estime que, pour enrayer cette combine qui le dépasse, il lui reste une dernière carte, celle de l'intimidation. Dray prend un café avec Ismaël Emelien, le super conseiller de Macron qui est là depuis le tout début de l'aventure. Dray sort le grand jeu, il prend sa grosse voix : « Mais vous êtes complètement fous ! Vous croyez quoi exactement ? Vous pensez vraiment qu'une bande de petits jeunes comme vous peut défier des partis historiques et l'emporter ? » Le stratège Emelien, pourtant si calme et sûr de lui d'ordinaire, est ébranlé, en plein doute. Sonné ? C'est le Baron noir, tout de même, qui a parlé…

Cette grosse soufflante ne changera pas le cours de l'histoire. Le destin est en marche et même le Baron noir ne peut plus rien y faire. Macron, toujours ministre de l'Économie, organise son premier raout politique parisien, le 12 juillet 2016. Un test grandeur nature pour un épilogue qui s'annonce désormais inéluctable. Il ne déclare pas sa candidature à la présidentielle, pas la peine, trois mille militants énamourés le font à sa place : « Macron président ! Macron président ! »

Julien Dray : « Macron se bat pour que je vienne à la Mutualité. Il me propose même de prendre la parole. Je demande à François Hollande si je peux y aller. Il me dit non. Il m'interdit d'y aller, il me met une pression d'enfer.

Comme je suis un de ses proches, il pense que si je bouge, tout le monde pensera que Hollande bouge aussi. Robert Zarader décide d'y aller, lui, en dépit de la consigne de Hollande. J'hésite mais je n'y vais pas. Mais pour être honnête, même au moment du meeting, je suis incrédule. Je pense que Macron et Hollande vont finir par s'entendre… Je ne pense pas qu'Emmanuel va avoir le culot d'y aller. »

Et pourtant, Dray pouvait suivre Macron jusqu'au bout… Son destin, assurément, en aurait été changé. « En août 2016, je suis en vacances chez Julien à Vallauris, relate Fodé Sylla. J'appelle Macron : “Alors ça va ?” Il me répond : “Oui, très bien. Mais tu peux dire à ton pote d'arrêter de me faire la gueule ?” Ils se parlent, finalement, pendant cet été-là. Je dis à Julien de se barrer à En Marche !. Il aurait pu le faire mais il ne pouvait pas… Il est fondamentalement attaché à l'histoire du parti, du mouvement social. Il ne voulait pas sortir de ce schéma. »

Le mercredi 30 août, en début d'après-midi, Emmanuel Macron emprunte pour la dernière fois la petite navette fluviale réservée aux ministres de Bercy. Il s'amarre près de l'Élysée. À l'issue d'un entretien d'une quarantaine de minutes, François Hollande accepte sa démission. Dray n'a, encore une fois, pas été mis dans la confidence. Le soir, Macron est l'invité du journal de 20 heures de TF1.

Julien Dray : « Je suis en colère. Je suis scandalisé qu'il parte et je comprends bien, aussi, que c'est la merde… Trois jours après, je vais à Europe 1, chez Elkabbach, gueuler contre son départ. Je le traite de déserteur, d'homme fasciné par une seule chose : lui-même. Et puis, après l'émission, je m'en veux… C'est toujours moi qui fais le sale boulot. »

La créature Macron, devenue incontrôlable, a échappé à ses maîtres. Le 16 novembre 2016, il est candidat. Dray ne l'a pas revu depuis l'été. Ils ont échangé quelques textos. Et basta. Courant mars 2017, Macron lui fait signe, le convie en son QG, rue de l'Abbé-Groult dans le XVe arrondissement de Paris. Dray ne s'éternise pas, reste le temps d'un café. Macron fait du Dray.

« Alors, comment tu vois les choses ? » Dray lui répond qu'il pense que le trou est fait. Oui, tu vas gagner. Brigitte Macron passe une tête à la fin de l'entrevue. Puis, Dray évoque le débat qui précède le premier tour de l'élection. Il ne peut pas s'en empêcher, il lui souffle un petit conseil en passant, en partant : « Essaye de ne pas te droitiser, et n'oublie pas que Mélenchon n'est pas ton ennemi. S'il ne t'agresse pas, tu ne l'agresses pas. Ne fais pas cette erreur. » Le 20 mars, lors de ce « Grand Débat » réunissant les onze candidats du premier tour, à l'antenne comme en coulisses, Mélenchon et Macron affichent une certaine complicité, multipliant les petits apartés et les commentaires aimables.

Julien Dray : « Macron, je l'ai vu une seule fois à l'Élysée. En revanche, j'ai revu plusieurs fois Ismaël Emelien, dans des cafés, amicalement. J'avais un très bon contact avec lui. Il est intelligent, agréable. Mais, après, il est devenu chiant. Il arrivait avec trois téléphones, il faisait d'autres choses en même temps, alors je lui disais : “Mais si tu veux pas me voir, me vois pas.” J'ai aussi beaucoup d'amitié pour Brigitte, d'affection. Une fois Macron président, j'ai échangé deux, trois SMS, et puis ça s'est arrêté. Elle a dû recevoir des ordres. C'est le choix de Macron. »

Été 2017. Dray déprime sec, comme s'il s'était pris une pluie d'enclumes sur le paletot. Tu parles d'un Baron noir…

Baron, c'est noir, oui... Un Baron bon pour la retraite... Qui n'a rien compris au film séminal d'un « Nouveau Monde » balbutiant. Certes, il n'a pas perdu ses dons de chien truffier, en étant capable de déceler les talents politiques comme personne... Ça lui fait une belle jambe. Il faut voir où ça mène. Car pour ce qui est de déceler les ambitions dissimulées et présidentielles de sa nouvelle créature ? Rien anticipé du tout. C'était de la pure politique. Son rayon. Et pourtant... Planté sur toute la ligne. Politiquement, plus Macron prenait de l'envergure politique, plus il gagnait en popularité, plus Dray voyait en lui une planche de salut pour la seconde victoire de Hollande à la présidentielle. Quel échec ! Dray refait dans sa tête le match qui n'a presque pas eu lieu... Comprendre comment les choses ont dérapé... Pourquoi elles ont dérapé... Car, jusqu'à la première année de Macron à Bercy, tout allait bien. Macron, c'était Oui-Oui au ministère de l'Économie. Une période idyllique où le ministre plébiscité, la pépite scintillante du gouvernement est parfaitement sous contrôle. Dray tient les leviers intellectuel et politique du jeune homme, lâche juste du lest quand il faut mordre les mollets du Premier ministre. Tout fonctionnait à merveille...

Julien Dray : « Au départ, Macron devient d'abord ministre un peu par hasard. Il tâtonne, il ne sait pas bien s'il veut vraiment se lancer dans une carrière politique. Quand il travaille sur sa première loi, il se dit : "La politique, ça m'intéresse." Et là, il pense à s'implanter en vue des prochaines législatives. Il a des vues sur le Sud-Ouest et contacte Jean Glavany. Ça ne fonctionne pas. Il se tourne alors vers le Pas-de-Calais. La fédération locale est favorable, mais Cambadélis, Premier secrétaire du PS, ne veut pas faire de peine à Martine Aubry, qui n'aime pas Macron qu'elle juge trop libéral. Donc, c'est non. C'est un moment décisif, c'est là que la gauche porte une responsabilité dans la trajectoire de Macron. Du temps de Mitterrand, ça ne se serait jamais passé comme ça. Mitterrand, si Macron avait exigé : "Je veux aller dans le Pas-de-Calais", il lui aurait dit : "Évidemment ! Très bonne idée !" et Mitterrand aurait passé un seul coup de fil au président de la fédération PS du Nord : "Allô, Percheron ? Vous prenez le petit jeune là et puis, vous l'encadrez bien." Et Mitterrand aurait dit à Macron : "Bon, Emmanuel, maintenant il faut connaître tous les trottoirs de votre circonscription." Imaginez que le PS l'envoie se présenter dans le Pas-de-Calais… Il se serait juste concentré pour se faire élire dans le Pas-de-Calais. Il aurait pris son train tous les week-ends, serré des mains, fait des réunions… Jamais, il n'aurait songé à être candidat à la présidentielle. Hollande devait prendre son téléphone et dire à Cambadélis : "Donc, t'as compris, hein ? Tu viens pas m'emmerder. Macron, il va dans le Pas-de-Calais chez Percheron. Point à la ligne." Mais Hollande ne fait rien. Il rigole, mais il ne fait rien. D'où la défiance qui se crée dans la tête de Macron et les ambitions qui germent. »

SAISON 2

Le Baron noir de Mitterrand

« En 1988, "Génération Mitterrand", c'est Dray. Au-delà du slogan concocté par Dray et Jacques Pilhan, le publicitaire de Mitterrand. Dray a mis une génération entière derrière Mitterrand. » Laurence Rossignol, sénatrice socialiste.

À l'Élysée, sans cravate

« Le Président Mitterrand avait conscience que le lien qu'il avait avec la jeunesse quand il était Premier secrétaire du Parti socialiste s'était distendu. Il avait aussi conscience que SOS Racisme, par la masse mobilisée, par les acteurs culturels que l'association pouvait réunir, pouvait être une forme de renouvellement de sa relation avec cette génération. » François Hollande, ancien président de la République.

« Vous venez voir le Président sans cravate, vous ? »

Dray aime les chemisettes et les blousons de cuir – portés ample, avec des épaulettes, nous sommes en plein dans les années 1980 –, mais il a horreur de porter une cravate. C'est la première chose que Jacques Attali a remarquée : « Vous venez voir le Président sans cravate, vous ? » Dray est déjà passablement stressé – à l'époque, Dray est souvent stressé ou, du moins, toujours très concentré – par le rendez-vous présidentiel ; l'émoi d'une première fois avec quelqu'un qui n'est pas n'importe qui. Alors, il rougit comme un petit garçon.

François Mitterrand a tenu à inscrire cette entrevue à l'agenda officiel de la présidence de la République de ce mois d'avril 1986 : « Entretien avec MM. Harlem Désir et Julien Dray, représentants de l'association SOS Racisme. » C'est un rendez-vous éminemment politique. En cette inédite période de cohabitation, après trois ans de rigueur et d'espoirs déçus, le Président entend hisser de nouveau le pavillon de la gauche et se démarquer au maximum de son Premier ministre Jacques Chirac qui, lui, barre à droite toute. Il n'y a pas grand-chose de plus symbolique que de recevoir à l'Élysée les inventeurs du mouvement de masse le plus populaire de l'époque.

Donc, en fait, de la cravate, François Mitterrand s'en moque. D'Harlem Désir, aussi, un peu. Non, ce qui l'intéresse, c'est d'entrer, enfin, en contact direct et visuel avec cet homme de 31 ans, un oiseau rare à la tessiture indéfinissable, un peu mystérieux, qui se cache tout entier derrière la réussite fulgurante de SOS. Fin manœuvrier politique, paraît-il, malin comme un singe, lui dit-on, amateur d'aucune aventure politique technocratique mais canaille, culotté, chamboule-tout. Capable de déployer ses troupes, la jeunesse militante de gauche, en un claquement de doigts. Depuis quelques mois qu'ils le fréquentent, Jean-Louis Bianco, le secrétaire général de l'Élysée, et Jacques Pilhan, le communicant spécial du Président, sont sous le charme.

Mitterrand raffole de ces personnages marginaux, qui écrivent le roman de leur vie et de leur carrière politique hors les normes, en dehors des concours des grandes écoles, et culbutent les codes de la bienséance politique. Dray n'est pas Laurent Fabius, l'aristocrate socialiste bien né ; il n'est pas non plus Lionel Jospin, représentant de l'énarchie la plus condescendante. Impeccables, mais ennuyeux un peu, aussi. Parce que tellement prévisibles, finalement. Dray, lui, sort d'une fac de banlieue.

Julien Dray : « L'entrevue est très formelle. Mitterrand est même assez froid, distant. Je le sens perturbé. Je me dis qu'il a du mal prendre le fait que je n'ai pas mis de cravate. Mais, en fait, il est assez pudique avec les gens qu'il ne connaît pas. Il est comme ça, il te fait pas la bise en te demandant : "Alors, Juju, ça va ?" On parle de la cohabitation et de la réforme du Code de la nationalité. Il y a quand même le duo Charles Pasqua-Robert Pandraud à l'Intérieur… C'est sûr, ça va se bagarrer fort. On lui demande comment on peut l'aider, Mitterrand nous répond : "Continuez à faire comme vous faites." »

Dray est fasciné, mitterrandolâtre au premier regard. Subjugué par un machiavélisme assumé et l'incarnation du pouvoir absolu… Les compromissions politiques, les rumeurs sur la francisque remise par le maréchal Pétain, la cour et les courtisans, la fin de l'espoir à gauche toute, l'amorce d'une Mitterrandie minée par les traîtres et les profiteurs… Dray s'en fiche comme de sa première cravate.

D'autres entrevues élyséennes suivront. À mesure que l'échéance électorale suprême se rapproche. Car, à deux ans de la présidentielle et de son duel annoncé avec Jacques Chirac, Mitterrand a besoin de la jeunesse et de celui qui sait si bien la manier. Le tournant de la rigueur a anesthésié la gauche. La rue est tenue par la droite. Mitterrand a encore, imprimées sur la rétine, les images vivaces de la foule, le peuple de droite, qui a investi en masse Paris, le 24 juin 1984, contre le projet de loi Savary, défendant « l'école libre ». Il doit reprendre la main. Dray peut l'aider.

Mitterrand sait. Mitterrand sait que Dray est un trotskiste défroqué ; figure de proue, avec Michel Field ou Edwy Plenel, des mouvements étudiants tapageurs des années 1970. Il sait que Dray fut membre du bureau politique de la Ligue communiste révolutionnaire (LCR), mais qu'Alain Krivine, son chef, ne l'a jamais totalement pris au sérieux, qu'il le prenait plutôt pour un trotskiste tendance showbiz. Il n'en est pas contrarié, il s'en amuse. « Ce qui est étonnant chez Dray ou Mélenchon, chez ces anciens trotskistes, c'est cette attitude si révérencieuse vis-à-vis de Mitterrand, remarque Jean-Pierre Mignard. Quand on sait le rôle qu'il a joué dans la première partie de la guerre d'Algérie… Où il a mis la main à la répression… Cette alliance entre ce bourgeois conservateur de province, devenu socialiste, et ces deux anciens trotskistes était énigmatique. »

À cet instant précis, pour comprendre à la fois toute la suite et sa genèse, il faut revenir un peu en arrière, naviguer un instant dans le temps et l'espace.

« *Juju de Villetaneuse* »

> « On faisait de grandes randonnées dans Paris. Un soir, Harlem Désir fait part de ses remords et de ses états d'âme d'adhérer aux sociotraîtres. On est devant chez Maxim's. Dray s'énerve : "Tu fais chier bamboula. Tu veux faire quoi de ta vie ? De la politique, non ? Alors ferme ta gueule, on va au Parti socialiste." » Serge Faubert, journaliste à Le Média.

Robert Zarader et Jacques Driencourt sont étudiants en éco à la fac de Villetaneuse, ils ne sont pas gauchistes pour un sou, plutôt anars tendance Groucho, parce qu'à cette époque où tout est politique, il faut bien être quelque chose. Mais en cette rentrée 1974, quand ils voient débarquer « Juju », alias Julien Dray, alias la star étudiante de la LCR, ils sont quand même très impressionnés.

La fac de Villetaneuse est une fac nouvelle post-68, une fac d'étudiants salariés, pas une fac de fils à papa. C'est sale, à moitié ravagé. Un endroit nul et déprimant. « Mais elle était peuplée d'individus étranges, raconte Jacques Driencourt, ami de Dray. Des excités. Et le plus excité de tous, c'était Julien. » Il a une voix éraillée qui domine les autres : « Grève ! » Juste avant le début des examens, il arrive dans l'amphi et il fait sauter l'épreuve.

Zarader, d'Aulnay-sous-Bois, un père imprimeur prospère, et Driencourt, du Raincy, rejeton sage d'une famille bourgeoise, ont envie de le suivre partout. Le truculent chef de bande les adopte volontiers, d'autant qu'ils lui sont très utiles. Quand il faut déclencher une grève, leur réputation et leur carnet de notes impeccables servent de leviers à Dray pour convaincre un maximum d'étudiants indécis. Si les bons élèves Zarader et Driencourt débrayent, on peut débrayer aussi.

Villetaneuse est le nouveau phare de la révolution mondiale. Dray est son prophète. Ses troupes grossissent à vue d'œil. Pourtant, au siège de la LCR, les choses prennent une mauvaise tournure pour « Juju de Villetaneuse ». Il est devenu une vedette. Et chez les gauchistes, une vedette, c'est toujours suspect. Ses copains de la LCR se mettent à le regarder de travers : « Tu finiras mal, Dray : député ou ministre. » Dray ne répond pas, il sourit. Heureusement, il y en a un qui l'a à la bonne.

C'est François Sabado, membre du bureau politique de la LCR : « Durant le dernier trimestre 1975, trois mois avant le grand mouvement contre la loi Saunier-Seïté, Julien n'arrêtait pas de nous dire aux réunions : "Ça va péter !!! Ça va péter !!!" On lui disait : "Ça va, Juju, calme-toi." Il exagérait tout le temps, mais quand même... Il sentait déjà tellement les trucs... Nous, à la Ligue, on faisait de la grande politique, de la propagande révolutionnaire... Mais lui, il avait travaillé, il avait décortiqué la réforme Saunier-Seïté dans le détail. Il n'avait rien laissé au hasard. Tout de suite, évidemment, ça m'a intéressé un type pareil ! »

Dray a une mission : réinvestir le syndicalisme étudiant laissé en jachère par la LCR depuis Mai 68. Dray prend du galon. En octobre 1977, il prend la tête du MAS – le Mouvement d'action syndicale. Secrétaire général. Mais au hit-parade des jeunes agitateurs professionnels, « Juju de Villetaneuse » a un sérieux concurrent. Il sévit de l'autre côté de Paris, à Nanterre, moins puncheur que Dray, mais avec un port de tête plus mystérieux et plus « aristocratique ». Beau gosse. Les cheveux noirs tirés en arrière. Un grand manteau ciré. Jean-Christophe Cambadélis, alias « Costas ». Dray et Cambadélis sont camarades rivaux depuis les années lycée. Tous deux trotskistes, mais de chapelles très concurrentes. La LCR pour Dray, autogestionnaire et activiste, l'OCI lambertiste pour « Camba », davantage portée sur les stratégies d'appareils et d'entrisme au sein des partis traditionnels. « La première fois que Julien apparaît dans mon champ de vision politique, se souvient Jean-Christophe Cambadélis, on est en 1973, en pleine bataille contre la loi Debré. Il est leader lycéen. Tous les morphotypes de Dray sont déjà présents : c'est celui qui définit la stratégie, qui rassemble les troupes, qui fait la majorité dans les coordinations, mais ce n'est pas le chef qui se présente dans les médias. Il est l'homme de l'arrière. » C'est Costas qui va parvenir à unifier l'aile gauche du syndicalisme étudiant, qui crée l'Unef-Id, et chipe le leadership à Dray.

Julien Dray : « Puis, arrive le soir du 10 mai 1981. Ce jour-là, Jean-Marie Le Guen, le responsable du syndicat étudiant proche de Mitterrand, m'appelle pour me dire qu'il va avoir besoin de moi pour faire le service d'ordre de la fête à la Bastille. J'appelle Krivine parce que j'étais membre du bureau politique : "Est-ce que tu es d'accord pour que je mobilise notre SO ? — Pas de problème", répond-il. Sauf qu'à 18 heures, à Bastille, il n'y a personne. Je téléphone au local de la Ligue. "Vous déconnez ou quoi ?" On me rétorque : "Il y a du changement... On est en bureau politique, viens de toute urgence." Je prends le métro jusqu'à Nation. La réunion a lieu dans l'impasse. C'est lunaire. Le service d'ordre est sur le côté, il y a trois cents mecs casqués qui attendent les instructions. Et là, j'assiste à un débat de dingues : ils discutent pour savoir s'il faut aller ou pas à la Bastille. Krivine et la majorité gauchiste disent que la fête à la Bastille, c'est déjà symbolique de la capitulation des socialistes. Ils veulent aller manifester contre le capitalisme sur les Champs-Élysées ! Il y a un vote à main levée dans la rue. La décision est prise. Le service d'ordre ne bougera pas. Se rendre au rassemblement des socialistes est un acte constitutif d'une trahison. »

Dray se dit que s'il reste à la Ligue, pour grandir un peu, ça va lui prendre au moins trois vies.

Alors, il pactise clandestinement avec Jean-Marie Le Guen qui l'a invité, dans les tout premiers jours de septembre 1981, à un rassemblement des jeunes socialistes. Au centre de vacances Léo-Lagrange du Vieux-Boucau, il a croisé Manuel Valls et ses copains Alain Bauer et Stéphane Fouks, Arnaud Montebourg, tous 20 ans à peine, et puis Patrick Mennucci ou Olivier Spithakis. Son escapade fait du foin à la LCR. Dray a été vu en maillot de bain en compagnie de bourgeois socialistes. Inexcusable.

À la Ligue, Gérard Filoche a un alias : « Matti », le nom du valet dans une pièce de Brecht, qui se révèle toujours plus malin que son maître : « Dray est viré du bureau politique à cause du Vieux-Boucau. Il s'effondre. On le cache parce qu'il pleure. Quelques semaines plus tard, j'apprends qu'il a adhéré au Parti socialiste… » Il pleure, Dray. De tristesse, mais de soulagement sûrement aussi, car, mine de rien, il a soigneusement préparé les conditions de sa disgrâce. Il est fatigué de regarder passer les trains. Dray a choisi d'être un transfuge. Le PS. Il passe un deal avec Le Guen. Dray récupère la tendance PS du syndicat étudiant Unef-Id. En contrepartie, Dray doit aider Le Guen à conquérir le pouvoir à la fédération socialiste de Paris.

Dray a 27 ans. Nous sommes début 1982. Dray adhère à la section PS du Xe arrondissement de Paris. Il vient d'épouser Catherine Gaston, militante de la Ligue comme lui. Il est bourré de contradictions. Derrière un manque de confiance en lui et un désir pas assez assouvi de reconnaissance, il est ambitieux. Entré au Parti socialiste, Dray n'entend pas ahaner sur le parcours du combattant comme n'importe quelle limace militante. Il veut bousculer le parti, et après, il se voit bien député et pourquoi pas ministre.

« On se réunissait souvent chez Dray, près du canal Saint-Martin, intervient Serge Faubert. Un pote lui avait rapporté un connard de perroquet qui bouffait les câbles électriques et nos lacets de chaussures. Rossignol et Pignerol s'engueulaient souvent. Donc, à l'époque, une fois par semaine, dans l'appart de Dray, il y avait le perroquet qui faisait chier dans le salon, les deux qui s'engueulaient dans la cuisine et les autres qui essayaient de préparer la révolution mondiale. » Ils sont au Parti socialiste, d'accord, mais restent dans une perspective historique. Ils ont le Chili comme modèle, et une obsession : être les aiguillons qui feront basculer le PS dans une logique révolutionnaire. Dray fonde Question socialiste, laboratoire d'idées à la mode trotskiste. Il édite un petit bulletin et organise des séminaires de formation. Mais s'il était une vedette à la Ligue, Dray n'est personne au PS, qui s'est très bien passé de lui avant, et, depuis que Mitterrand est président, peut s'en passer encore plus. « On pense qu'on est vachement bons, qu'on est jeunes, qu'on a plein d'idées. Julien imaginait qu'il serait accueilli avec un tapis rouge, sourit Laurence Rossignol. Mais cela ne se passe pas du tout ainsi. Au PS, on a de vraies années de galère. On ne touche pas une bille, on n'existe pas. » En réalité, en débarquant au Parti socialiste avec ses gros sabots, Dray a sous-estimé un obstacle majeur. Qui a un surnom : le « Frisé » ; il dirige le parti d'une pogne de fer par la volonté de Mitterrand.

Julien Dray : « Un jour, je sympathise avec un type. Il s'appelle Jacques Martinet. Il est intéressé par mon petit groupe, il veut m'aider à créer une tendance de gauche dans le parti. Poperéniste, il avait été important dans les années 1970. Il connaissait bien Lambert, le fondateur de l'OCI. Et quand Lambert décide de préparer des mecs pour infiltrer le Parti socialiste, il s'appuie beaucoup sur Martinet. Martinet me raconte toute l'aventure de Jospin. Il me donne tous les détails. Je suis très emmerdé. Je sais désormais que Jospin est un agent de l'OCI… Personne n'est au courant. Je lui dis : "Mais, Jacques, qu'est-ce que je vais faire de cette information ?" »

Jospin sait que Dray fricote avec Martinet. Jospin « sait » que Martinet sait. Jospin sait que Dray sait. « Et donc, objectivement, Julien est barré par Jospin, confirme Le Guen. Ce qui n'était pas le deal de départ… À juste titre, il s'estime être complètement cocu. Il est traité comme un paria. Il va en être vexé, meurtri. »

La terre d'accueil de Dray est donc inhospitalière. Personne ne pense à lui pour les municipales de 1983. Pas une place sur une quelconque liste, rien. Les militants de Question socialiste en sont réduits à coller les affiches pour Paul Quilès, candidat à Paris contre Jacques Chirac. « La création de SOS correspond au constat d'une impasse politique dans le Parti socialiste, constate Bernard Pignerol, cofondateur de SOS Racisme. C'est bouché devant nous. Les positions sont déjà prises. Nous comprenons qu'il faut tangenter pour s'imposer. Passer par l'extérieur. »

Il n'y avait déjà plus rien de pur et de naïf. SOS Racisme, c'était le début de toute l'histoire.

Sur l'autoroute… une idée… son plus gros coup

SOS Racisme est conçu dans une Golf automatique qui roule le 6 novembre 1983, un dimanche soir, sur l'A1 direction Paris. Pour se retrouver sur la bonne autoroute de l'Histoire, et pour l'écrire aussi, un peu, il faut toujours de la chance ou un concours de circonstances. Dans la voiture, il y a Dray et Jean-Loup Salzmann. Depuis quelques mois,

Dray est devenu pote avec ce type avenant, un étudiant en médecine responsable du syndicat Unef-Id à Jussieu, dont le père, Charles Salzmann, est un ami intime du Président Mitterrand et son conseiller technique à l'Élysée. Salzmann fils trouve Dray sympa et débrouillard. Les deux étudiants reviennent d'Aulnay-sous-Bois, bastion communiste, où ils ont assisté, parmi la foule, à l'officialisation des résultats du Front national lors d'une municipale partielle. La liste FN, qui a fait campagne sur le thème de l'immigration, fait une percée inédite. 9,3 % des voix au premier tour.

« Dray, à la place du passager : On ne s'en sortira pas comme ça. Il faut faire quelque chose pour bloquer le FN.

« Salzmann : Oui, mais quoi ?

« Dray : Il s'est passé un truc en Angleterre. T'as pas vu ? ça s'appelle Rock Against Racism. C'était en réaction à la montée des violences racistes dans le pays. Ce sont des musiciens et des militants qui ont organisé des concerts géants et leur slogan c'était : "Love music, hate racism." On pourrait s'en inspirer. On pourrait mobiliser la jeunesse. Sur des valeurs de solidarité, trouver une riposte en dehors des appareils politiques classiques. Pour stopper le FN.

« Salzmann : C'est une bonne idée. Tu veux pas que j'en parle à mon père ? »

Quelques jours plus tard, Salzmann père à son fils : « Oui, rédigez-moi une note. Si je la juge valable, je la ferai passer à Jean-Louis Bianco. »

Pour Dray, c'est le signal. Comme si, après de longues heures de marche, il avait vu de la lumière tout au fond d'un bois très obscur.

En cette rentrée 1983, Dray, le patron de la tendance PS au sein de l'Unef-Id, se prend la tête, il a le front plissé par l'effort, il fait les cent pas dans son bureau, boulevard de Strasbourg, tout près de la gare de l'Est et, en attendant, à l'arrière-plan, la « bande à Juju » chahute. Il y a un peu toujours les mêmes, ils arrivent au local du syndicat le matin vers 10 heures-10 h 30. Ils se font une petite revue de presse, l'actualité politique économique et sociale, c'est le nerf de la guerre révolutionnaire, ils préparent tranquillement le prochain congrès de l'Unef-Id, ils réfléchissent au prochain numéro de *Question socialiste*, à gauche, tout à gauche du parti. Bref, ils attendent que le chef ait une idée.

La « bande à Juju », ce sont des jeunes recrutés dans le giron de la LCR. Il y a Rocky, le surnom de Didier François, fils de médecin militaire gaulliste, fan de rock et d'arts martiaux, un ancien du service d'ordre de la LCR. Trente ans plus tard, journaliste à Europe 1, il sera pris en otage par l'organisation État islamique en Syrie. Il y a Laurence Rossignol, une Dijonnaise qui réfléchit vite et bien ; elle sait écrire, c'est la scribe de la bande. Trente ans plus tard, elle deviendra sénatrice de l'Oise, puis ministre de François Hollande. Il y a Bernard Pignerol, un champion de ski, un descendant d'Indiens cherokees, père grand résistant, disparu quand il avait 14 ans. Trente ans plus tard, ce conseiller d'État fera le coup de poing avec Mélenchon lors de fameuses perquisitions au domicile du leader de La France insoumise. Il y a Harlem Désir, le métis vosgien-guyanais bien élevé, la tête toujours froide, jamais un mot plus haut que l'autre. Trente ans plus tard, il sera représentant de l'OSCE (l'Organisation pour la sécurité et la coopération en Europe) pour la liberté des médias. Il y a Serge Faubert, le meilleur pote de Désir, le plus radical de tous. Trente ans plus tard, il sera journaliste sur la webtélé proche de Jean-Luc Mélenchon, Le Média. Il y a Isabelle Thomas, ancienne étudiante de Villetaneuse, qui n'imagine pas qu'elle posera bientôt dans les pages people de *Paris*

Match, une flûte de champagne à la main, en égérie des manifs étudiantes de 1986. Elle a été députée européenne. Il y a Thaima Samman, une boule de feu qui deviendra, plus tard, avocate. Il y a Patricia Philippe, un caractère bien trempé, recrutée à Villetaneuse, au MJS. Trente ans ont passé, elle a changé de vie, complètement. Il y a Jean-Philippe Dorent ; trente ans plus tard, responsable du pôle international d'Havas, grand spécialiste de l'Afrique, il sera mis en examen pour abus de confiance en même temps que Vincent Bolloré, mais ils restent, l'un et l'autre, pour l'heure, présumés innocents.

Pour la « bande à Juju », en ce moment, il y a un vrai combat à mener, un combat de proximité de première nécessité. La défense du Free Time de la gare de l'Est. Le temple du Long Burger, qui ne tache pas quand on s'en sert, doit fermer boutique. Ho ! On va manger où, du coup ? Il faudrait peut-être réfléchir à une pétition, non ? Pour la « bande à Juju », tout est politique.

Et depuis des mois, Dray tourne en rond dans son bocal. Le regard noir, il est soucieux et de mauvais poil – qu'il a long et fourni, à l'époque –, une habitude ces temps-ci. Il a bientôt 30 ans et des doutes existentiels. Il se lisse la barbe et rumine… Dray veut être Pivert ou rien. Pas le Victor Pivert des *Aventures de Rabbi Jacob*, non, Dray n'est pas là pour rigoler. Pivert, Marceau de son prénom, est le chef de la gauche révolutionnaire, la tendance très à gauche de la SFIO lors du Front populaire de 1936 qui devait pousser Léon Blum dans l'épopée politique d'une vraie lutte des classes. Dray sera le Pivert du Parti socialiste des années 1980. Alors, Dray tourne en rond… Dans le parti, tout le monde s'en fiche de ma pomme. La LCR fut un échec, je n'ai pas tout le pouvoir à l'Unef-Id, je suis refoulé à l'entrée de Solférino comme un petit pied-noir… Et pourquoi ne pas carrément arrêter la politique pour gagner des sous, beaucoup de sous, dans l'informatique ? Bull a proposé de m'embaucher, je n'ai plus qu'à signer mon contrat…

Mais Dray peut se raconter ce qu'il veut, au final, la passion de la politique est son infini personnel. En réalité, une seule option valable, pas une de plus, s'offre à lui. Trouver un concept, un coup spectaculaire et retentissant qui lui permettrait de se distinguer *illico* de la masse des socialistes fraîchement convertis, qui convaincrait le parti, son Premier secrétaire Jospin, le Président Mitterrand, le Premier ministre Mauroy et même Jaurès et Blum… qu'ils doivent compter avec lui pour l'avenir. « Quand on arrive au PS, il faut bien se rendre compte qu'on est persuadé que, d'ici quelques années, on va en prendre la direction, analyse Serge Faubert. On veut gouverner le pays, on est dans une perspective historique. On va être l'aiguillon qui pèsera au bon moment et fera basculer le PS dans une logique révolutionnaire. SOS part de là. »

Alors, pour investir le moindre espace libre, Dray applique la méthode trotskiste : quel est le contexte politique, où sont les failles ? Là, juste là, au coin de la rue : les ratonnades qui deviennent une mode, les premières affiches du Front national : « Trois millions de chômeurs, ce sont trois millions d'immigrés en trop ! La France et les Français d'abord ! », la victoire du parti frontiste aux municipales de 1983 à Dreux, l'assassinat d'Habib Grimzi, un Algérien de 26 ans jeté d'un train, le malaise des banlieues qui s'amplifie, la marche des Beurs de 1983 et l'immense vague de sympathie qui a accompagné le cortège. Une longue marche qui ne débouche sur rien de durable, sur aucune offre politique viable à la sortie. Mais Dray le sent, quelque chose monte chez les jeunes. C'est là, à portée de main. Il faut juste traduire tout ça politiquement, imaginer quelque chose de concret pour emballer cet élan spontané de solidarité qui étreint la société française : la « bande à Juju » va défricher le vaste champ de l'antiracisme.

Le coup du SOS

« SOS Racisme doit permettre la réélection de Mitterrand en 1988. » Julien Dray.

Occasion en or, courants ascensionnels en approche, il s'agit de ne pas se louper. Pour rédiger la note commandée par Salzmann père, Philippe Grangeon rejoint le duo.

Au fond d'un bistrot du Xe arrondissement, Dray, Salzmann et Grangeon inventent toute la suite. L'émergence d'un mouvement de jeunesse de masse qui interpelle le grand public autour de la lutte contre l'exclusion sous toutes ses formes. La note est lue au Château. Elle est jugée très valable. Dray déjeune pour la première fois à l'Élysée. Avec Charles Salzmann et Jean-Louis Bianco, secrétaire général de la présidence. Bianco sent le bon coup : « Il faut y aller mais il faut imaginer quelque chose de vaste, d'ambitieux. Pas seulement un concert comme en Angleterre, hein. Il faut faire une vraie association, faire du travail de terrain, ancrer votre combat. »

En attendant, Dray retourne bosser. Il faut accélérer le mouvement. La « bande à Juju » attend « Juju » dans un sous-sol de la Sorbonne. Pour un *brainstorming* musclé. On tombe d'accord sur l'idée du badge, inspiré par Wałęsa et Solidarność en Pologne. Mais avec quoi sur le badge ? Rocky a l'idée d'un perroquet qui émergerait de vagues multicolores, Isabelle Thomas pense à un dauphin qui sauterait sur un arc-en-ciel. Trop compliqué. Recalé. Rocky a une idée de slogan aussi. « Touche pas à mon pote. » Adjugé.

Dray retourne à l'Élysée. Bianco le met dans les mains de Jacques Pilhan. Pilhan est publicitaire et aussi le démiurge du marketing politique de François Mitterrand. Pilhan ressemble à Klaus Kinski, Pilhan est aussi cynique que l'acteur allemand était fou. Pilhan est un mercenaire. Il est dévoué corps et âme à Mitterrand, mais quand celui-ci décidera d'amorcer son déclin, il se vendra à Jacques Chirac.

Chacun à leur manière, Dray et Pilhan sont des maîtres de l'agit-prop et des concepts qui font mouche. Un alliage fort entre le sens de la mobilisation apprise chez les trotskistes et l'essor récent de la communication politique. L'idée de la petite main, c'est celle du designer de Pilhan, Christian Michel. À mi-chemin entre la main de Fatma et la main de Bouddha.

Pilhan se retourne vers Dray : « Mais qui va être le président de votre truc ? Vous ? — Ah non, surtout pas moi. Je suis trop vieux. Et tout le monde va hurler en disant que c'est un mouvement de trotskiste. En revanche, il y a un mec qui ferait un formidable président. Harlem Désir. C'est mon pote, il est venu au Parti socialiste avec moi. — Attendez… C'est son vrai nom ? Mais c'est pas possible. Ce nom, c'est une marque ! »

Il faut surtout produire des événements médiatiques en Technicolor. Jean-Pierre Mignard : « Avec SOS, François Mitterrand a fait un choix très opportuniste. On n'a pas fini de le payer d'ailleurs. Je regrette que Dray et les autres n'aient pas mis leur ingéniosité, réelle, au service de quelque chose de plus stratégique. Mais c'était la lumière... Ils ont réalisé un formidable truc événementiel. C'était un coup. Et Mitterrand n'y voyait que des avantages contre le FN. Ça ne coûtait pas cher, émotionnellement, c'était très bien... On communiait dans l'antiracisme... Mais, pour cette catégorie de population, les jeunes Français arabes ou africains, le délabrement social restait le même. »

Il n'y a pas de mystère, la réussite n'est jamais spontanée. L'affaire a pris un an. En octobre 1984, tout semble enfin en place. La conférence de presse de lancement de SOS Racisme a lieu dans les locaux de la Ligue des droits de l'homme, à Paris. Il y a un gros hic : il n'y a qu'un journaliste de l'AFP qui hésite à rester tellement il est tout seul. Jusqu'au moment où il n'hésite plus du tout et il se dit qu'il sera plus utile ailleurs. Laurence Rossignol le rattrape au coin de la rue. Opération séduction maximale à l'arrache. Une dépêche annonce finalement la naissance de SOS. Dix mille premiers badges fabriqués pour une première fournée. Quatre cent mille suivent. Les Français font la connaissance d'Harlem Désir, invité de « Droit de réponse » présenté par Michel Polac, un samedi soir, le 5 janvier 1985. C'est la première grosse apparition médiatique, celle qui fait tout basculer. Même Isabelle Adjani tombe amoureuse. *Libération* mord à l'hameçon. Dorénavant, Thaima Samman est préposée à l'épluchage du magazine *Télé 7 jours*. Chaque lundi, dans le programme de la semaine, elle repère les vedettes qui passent à la télé et tente de les joindre pour les convaincre de porter le badge. Coluche puis Simone Signoret, à « 7 sur 7 », se mouillent, ils s'épinglent la petite main dans toutes leurs apparitions publiques. La seconde conférence de presse, le 19 février 1985 à l'hôtel Lutetia, cartonne. Parterre hétéroclite : Yves Simon, Marek Halter,

Coluche, Bernard-Henri Lévy, Arielle Dombasle, Jacques Toubon… *Le Nouvel Observateur* fait sa une sur « La génération morale », SOS Racisme déboule dans le paysage, enflamme le peuple de gauche, devient la grande cause des années 1980. Black-blanc-beur, première. SOS prend comme un feu de maquis corse, balaye tout sur son passage. Dix-sept mille adhérents en 1985. « Avec SOS Racisme, nous, l'extrême gauche, on est marginalisés, constate Jean-Christophe Cambadélis. Tout se fait entre Dray et l'Élysée. Il a réussi son coup. Dray prend le leadership de la jeunesse scolarisée, il faut bien le reconnaître. Le soir du concert de la Concorde, à l'OCI, on en est réduit à faire le service d'ordre. »

La morale de l'histoire ? Dray est passé par les égouts, il a court-circuité les réseaux de la nomenklatura socialiste et s'est offert un accès direct à l'épicentre du pouvoir. Du grand art. Jospin n'a rien vu venir et il s'est pris une grosse petite main couleur jaune en pleine poire. Dans les équilibres internes du parti, il faudra désormais compter avec le petit trotskard à lunettes. Jack Lang, ministre de la Culture de l'époque : « Julien est venu me voir avec Harlem Désir. Il cherchait un appui pour organiser le grand concert de la Concorde. Je ne savais absolument pas qu'il était membre du Parti socialiste ! Je croyais avoir en face de moi deux personnes issues de la société civile. J'ai été très surpris, plus tard, de le découvrir. J'ai peut-être manqué de curiosité ou alors Julien me l'a dissimulé… »

5 francs le badge

Il est 7 heures du matin sur la place de la Concorde encore fumante. Une vague odeur de joints, un reggae de fin de concert à l'heure de démonter la scène. Il est 7 heures du mat et Dray est écroulé sur le pavé. Il est épuisé, il lève les yeux vers son copain Jean-Philippe Dorent, mais il n'a plus forcément la force de sourire : « Putain ! On a fait le meilleur coup politique des trente dernières années. » Deux heures auparavant, des milliers de personnes colonisaient encore les lieux. Le choc. Colossal. Quatre cent mille personnes au moins rassemblées pour le Concert des potes, place de la Concorde, le 15 juin 1985. L'organisateur, SOS Racisme, a cassé la baraque. Quatre cent mille personnes et combien de vocations militantes à travers tout le pays ? Ce soir-là, le gratin du showbiz est venu jouer gratuitement. Indochine et Francis Cabrel. Alain Bashung et Téléphone, Smaïn, Daniel Balavoine, Michel Boujenah. Une mise en scène de Jérôme Savary. Le mois de mars avait été émaillé par des crimes racistes et par l'attentat contre un cinéma juif à Paris. Il fallait répondre, puissamment. Ça a commencé à 18 heures quand Guy Bedos prend la chose en main : « Je regarde l'obélisque planté comme un énorme zob. Ça fait pas très catholique. C'est pas français, ça. » Coluche au relais puis Harlem Désir et sa coupe afro. Il lit ses notes, mais il est à l'aise devant la foule : « On savait qu'on ne réussirait pas à vous décourager. Mais pourtant, on peut dire que rien ne nous a été épargné. Toutes les fausses informations. La récupération par-ci. Trop de juifs par-là. Les Arabes ceci. Pourtant, vous êtes venus, parce que vous le savez, ce mouvement n'appartient à personne. Il n'appartient qu'à vous qui portez le badge. »

Un mouvement dépolitisé… Si on veut, n'est-ce pas ? Dray est dans la coulisse, il n'en sort pas, à peine pour parler quelques minutes au début du concert, en fin d'après-midi. Les engagements, passés et actuels, de la « bande à Juju » sont tout aussi soigneusement dissimulés. Bianco et Mitterrand suivent la soirée en direct, retransmise sur TF1. Tout se passe exactement comme prévu, des mois plus tôt. Des petites mains, jaunes, noires, vertes, c'est le concert d'une génération. Il y a quelques absents quand même. La droite, l'extrême droite, les racistes. Et Lionel Jospin.

En fait, à cet instant précis, Jospin et quelques autres ont déjà estimé que SOS Racisme et sa sympathique troupe d'agitateurs a largement fait le boulot. Merci à eux. Ce concert, c'est le coup parfait. Trop parfait ? Si SOS a remis la gauche dans la rue, il est aussi sur le point d'enfanter une nouvelle génération de militants tentés de se mobiliser et de se battre en dehors des clous. En quelques mois, sans avoir l'air d'y toucher, SOS a commencé à ringardiser les appareils politiques et les syndicats. Il est temps de récupérer le mouvement et de le maintenir dans le lit d'une rivière moins tempétueuse et très socialiste. Tout en se préservant des tendances indépendantistes du turbulent et incontrôlable Dray qui sera prié d'aller braconner ailleurs. Des notes remontent. La gestion de SOS pose question. Il ne faudrait pas que quelques magouilles insignifiantes tuent dans l'œuf l'un des leviers du grand dessein de Mitterrand.

Dès l'origine, pour rationaliser le fonctionnement de SOS, éviter les débordements, un officier traitant a été présenté à Dray dans le bureau de Bianco. Un type sympa au sourire béat, mais à l'humour fin, un énarque toujours en retard, membre du cabinet de Max Gallo, le porte-parole du gouvernement, qui signe des papiers dans la rubrique

Économie du *Matin de Paris* et se balade en permanence avec son casque de scooter à la main.

Voilà ce que François Hollande découvre quand il débarque 10, rue Martel, au siège de SOS. Une queue jusque dans la rue, des gens sur les marches qui viennent de toute la France acheter des badges, 5 francs l'unité, par brassées. Au deuxième étage, il pénètre dans un trois-pièces pas très grand et un peu sordide, cent mètres carrés peut-être, une entrée très longue avec les photocopieuses et des sacs postaux bourrés de lettres de soutien, la montagne de courrier en retard de Gaston Lagaffe. Le bureau de « Juju » est au fond. Dans la pièce principale, il doit faire attention où marcher parce que, partout sur le parquet, il y a du pognon comme s'il en pleuvait. Des billets, des petites ou des grosses coupures, des pièces de 5 balles, des chèques partout. Et des monceaux de badges. Rossignol, Pignerol et compagnie en ont tellement marre de les compter qu'ils se sont fournis en balances pour une pesée à la brassée : 10 badges, c'est 15 grammes. 15 grammes, c'est 50 francs.

Combien de petites mains vendues ? Trois millions, selon les organisateurs. Beaucoup plus, selon la préfecture. En tout les cas, c'est beaucoup d'argent au noir qu'il s'agit de minimiser. Et pour gérer la manne qui s'accumule, on parle là de centaines de milliers de francs, de jeunes militants politiques alternant des journées à la fac et des nuits courrier. C'est le système D tendance Barnum. Il n'y a guère que Dray qui s'y retrouve dans ce bric-à-brac.

Il y a de la fauche ; des visiteurs qui raflent des cagettes de pognon ; les portes du 10, rue Martel sont toujours ouvertes. Dray et sa bande ne sont pas non plus d'une rigueur monacale. À une militante qui se rend à une cérémonie officielle, il dit : « T'es mal fringuée, va t'acheter un tailleur ! », et lui tend quelques billets. La compagne d'un permanent, qui a participé au début de l'aventure, a un métier pas commun dans la bande : banquière. Quand elle entend « Juju » lancer à la cantonade : « Les PEL sont pleins ! », elle pense que c'est quand même très bizarre de dire un truc pareil, car un Plan d'épargne logement est par définition nominatif, et jamais associatif. Dray rétorque qu'il faut constituer des réserves en cas de coup dur. La banquière prend vite ses distances. Bref, François Hollande a un peu de travail. « SOS jonglait avec des masses d'argent, constate Bernard Pignerol. Le monde était à nous. On se croyait maîtres du monde. On a reconnu que c'était pas d'équerre. Mais pas suffisamment. »

La légende, romantique, et imprimée par la presse de l'époque qui en fait désormais des tonnes sur SOS, veut que SOS ait été créé grâce à deux prêts étudiants de 50 000 francs. La réalité est légèrement différente. L'État entre très vite dans la danse. Dès sa création. Il faut amorcer la pompe et produire les premiers badges, payer les permanents, la location du local… SOS Racisme reçoit des subsides du gouvernement, du ministère de la Culture notamment. Mitterrand est très clair quand il dit à Jean-Louis Bianco : « Il faut les aider. »

La situation financière de SOS s'assombrit au moment de la cohabitation, qui tarit mécaniquement les sources de subventions gouvernementales, coupées net. Alors, pour améliorer l'ordinaire des bénéfices dégagés par la vente des badges, il y a quelques généreux donateurs. Bernard-Henri Lévy, Jérôme Seydoux, Smaïn, Yves Simon, Michel Boujenah, Jean-Jacques Goldman, Jean Lacouture. « Dray était revenu me voir avec Didier François, car je détenais le fichier des personnalités qui soutenaient la Ligue communiste révolutionnaire, abonde Gérard Filoche. On avait le contact de Montand, Signoret, Moustaki, Piccoli, Coluche… On a commencé à passer des appels pour SOS. Krivine avait su qu'on appelait de partout, ça l'avait énervé. Alors, il avait dit à Coluche : "Méfiez-vous de Dray ! On l'a viré de la Ligue, il est pas clair." »

Mais le parrain le plus fidèle et le plus généreux, c'est Pierre Bergé, la face business de l'empire Saint Laurent. Il est tombé sous le charme de Dray, il donne sans compter. Dray n'a pas besoin de débarquer dans son bureau avec un dossier de presse et un business plan détaillé. Il suffit que Dray lui dise qu'il y a un concert ou un événement à organiser, qu'il lui manque 100 000 francs et Bergé sort son chéquier sans entrer dans les détails.

Le sismographe

« Dray, fun ? Non, Dray n'était pas fun, il était plutôt concentré et stressé. Julien décidait et nous exécutions. »
Thaima Samman, membre fondatrice de SOS Racisme.

Tous les nouveaux entrants, tous ceux qui, sans exception, et des étoiles plein les yeux, assistent à leur première réunion à SOS Racisme subissent une réaction gravitationnelle identique : ils tombent sur le cul. Parce qu'ils s'aperçoivent, abasourdis, qu'en réalité le vrai chef de tout ça n'est pas Harlem Désir, la nouvelle star vue à la télé. Pas du tout. Le taulier, c'est un type qui leur est complètement inconnu, lunettes rondes et cheveux en bataille, qui est affalé au fond de la pièce, qui se lève en marmonnant, qui prend la parole en premier, qui parle de travers avec des fautes de syntaxe pas possibles, qui confond les expressions – « Il ne faut pas jeter le bébé avec l'eau sale de la baignoire »… Sauf qu'à la fin de son intervention, après être parti dans à peu près toutes les directions, il parvient à confectionner une analyse dont la cohérence globale tombe pile et dont la ligne politique est soudainement d'une clarté évidente. « Julien avait une formation politique solide qui pouvait fasciner les plus jeunes, analyse Bernard Pignerol. La qualité du trotskiste, c'est d'expliquer tout, jusqu'à la couleur du banc dans la rue, par la situation mondiale. C'est assez fort. Et il était assez fin psychologue pour savoir quelle était la faille psychologique de chacun et s'en servir pour unir tout le monde autour de lui. »

Bien sûr, Harlem Désir est la tête de gondole. Ça avait été décidé ainsi dès le départ avec Pilhan, mais le succès n'était pas garanti. Le jour où Désir fait l'émission de Polac, il retrouve dans l'après-midi Dray, Rocky et Thaima Samman, rue Martel. Les trois le font répéter, le préparent, l'entraînent avant l'épreuve du feu médiatique. Harlem file rejoindre les studios, les coachs débriefent entre eux. Pas tendres, les commentaires. « Putain, il ne va jamais y arriver… Quelle tête de lard… Il ne comprend rien… » Pourtant ce soir-là, Désir crève l'écran et les potes restent scotchés devant la télé.

Mais, même télégéniquement doué, Désir est un rouage comme un autre du système drayiste, dont le fondateur-animateur a une vision léniniste. Un système de hiérarchie verticale qui fait ses preuves avec des militants de confiance qui ne rendent compte qu'à lui. Pour visualiser dans son ensemble la galaxie Dray, il faut apprendre par cœur différents sigles, ainsi que leurs liens de correspondance, qui vont se décliner à travers le temps : SOS, Unef-Id, PS, FIDL (Fédération indépendante et démocratique lycéenne)…

Avec, en son épicentre, son guide et son chef incontesté, militaire et intellectuel. Dray s'est fabriqué un univers à lui, il en a réglé la topographie et il en contrôle tous les feux rouges. Il a attribué un rôle à chacun des habitants. Ce n'est pas une secte dont Dray serait le gourou illuminé. C'est un groupe politique dont Dray est le Messie et qui doit les emmener dans la Terre promise.

À ce stade, une question, évidemment, se pose : Pourquoi tout le monde l'écoute comme l'oracle ? Car, pour ceux qui rêvent de dynamiter la société, ce type est une aubaine. Il est sismographe. Il analyse, il diagnostique mieux et plus vite, il sait où et quand il faut frapper.

Dray possède aussi un charisme désarmant. Il est manipulateur mais affectif. Dray est un type compliqué. Attendrissant. Attachant. Possessif, vindicatif et exclusif. Écorché vif. Fragile. Grande gueule, de mauvaise humeur et timide. « Quand tu es en désaccord avec Dray, c'est vrai que ça peut être violent, décrit Fodé Sylla. Il a toujours confondu un peu l'affectif et le politique. Souvent, à SOS, des ordinateurs volaient. »

Dray et son emprise intellectuelle. Et sentimentale. Laurence Rossignol : « On militait ensemble, on vivait ensemble, on sortait ensemble, on allait aux mariages les uns des autres... Dray a toujours traîné derrière lui des *pets* (entendez : des animaux de compagnie). Tout le monde s'est fâché, réconcilié... Dray, c'est une personnalité forte, avec une grande emprise intellectuelle et affective sur les autres. Avec tout ce que ça suppose comme pesanteur. » Quand il faudra partir pour grandir seul, un jour, il sera difficile de se défaire d'un tel étau. De revenir à une vie normale ou même d'imaginer sa vie d'après. Mais attention.

Il n'est pas donné à tout le monde de pouvoir accéder au statut envié de membre permanent de la « bande à Juju » ni d'avoir le droit de participer à toutes sortes d'activités politiques exaltantes depuis les premières loges.

C'est un engagement politique et aussi un mode de vie. Il faut remplir plusieurs critères cumulatifs. 1. Être disponible jour et nuit. « Juju » est insomniaque. Sa fille aînée naît en 1985, mais la paternité ne fait pas de lui un homme au foyer. Donc, la « bande à Juju » est ouverte au minimum quinze heures par jour, sept jours sur sept. Il n'y a jamais besoin de repos. « Juju » n'a surtout pas besoin de repos. Il n'y a pas de week-end ni de vacances. Ou alors, à consommer tous ensemble, avec un punch à la noix de coco, car « Juju » n'aime pas être seul. La « bande à Juju » se réunit souvent au Bedford Arms, un bar de nuit de Saint-Germain-des-Prés. 2. Assumer le moins possible une vie personnelle en dehors de la tribu. Un soir où, comme d'habitude, ils sont tous attablés dans un resto bon marché, Bernard Pignerol et Laurence Rossignol, deux membres éminents de la « bande à Juju », se regardent, réfléchissent aux différentes coucheries des uns avec les autres et se demandent : « Si untel avait le sida, quelles seraient les conséquences ? » 3. Être prêt à tout. Ne pas le regarder comme s'il descendait de Mars quand il vous ordonne de faire quelque chose de complètement farfelu. Exemple : Valérie Kaprisky, actrice superstar de l'époque, a promis de venir en soutien d'une manif de SOS Racisme dans le sud de la France. Elle appelle Dray et décommande la veille. Dray raccroche, observe intensément Thaima Samman pendant quelques minutes et lui lance, très sérieux : « Tu lui ressembles vachement, vas-y et fais-toi passer pour elle. C'est sûr, ça va marcher ! » Non, Dray ne blague pas. Mais il y a quand même des limites à l'acceptation des délires créatifs du gourou... Refus catégorique de la doublure. 4. Ne pas s'opposer politiquement à Dray à moins d'être lesté de solides arguments. Dray n'est pas forcément sympa. Il peut être brutal. Quand quelqu'un n'est pas d'accord avec lui, il se met en colère, convoque la théorie politique internationaliste, et tout le monde regarde ses pompes. 5. Savoir jouer au poker.

Mais ce qu'il faut avoir en tête aussi, cela servira pour plus tard, quand l'affaire des montres éclatera, c'est que Dray a une autre vie, plus bourgeoise. Que « Juju de Villetaneuse » aime le luxe, même s'il ne le montre pas dans sa sphère militante. Dray est un grand puzzle dont personne n'a vraiment toutes les pièces à sa disposition. Aucun pote n'a la possibilité de dessiner le personnage dans sa globalité. Il segmente ses vies. La politique est primordiale, mais la soif d'argent n'est jamais très loin non plus. Pour l'instant, on n'en est pas là.

Le printemps de décembre 1986

1986 : Dray a des fourmis dans les jambes. Il a une nouvelle intuition, assez révolutionnaire : c'est l'heure des femmes en politique. Il en a deux sous la main, à qui il réserve les premiers rôles dès que la situation le permettra. Ce n'est pas du cynisme, c'est du pragmatisme. Isabelle Thomas et Thaima Samman, deux diamants bruts qu'il attire prestement dans son orbite. Deux étudiantes intellectuellement charpentées et péchues, « recrutées » à la fac de Villetaneuse, il y a quelques mois, quand il s'était mis en chasse, une fois Harlem Désir casé en haut de l'affiche SOS, de têtes nouvelles et fraîches, de porte-parole crédibles et photogéniques pour les mouvements à venir, d'incarnations physiques et symboliques qui portent haut, bien et fort les revendications de « Juju » et sa bande.

En 1986, le contexte politique est particulier, très défavorable à la gauche française. En mars, la droite a remporté les élections législatives, c'est la première cohabitation, du jamais vu sous la Ve République. Chirac pose ses valises à Matignon, Charles Pasqua et Robert Pandraud à l'Intérieur, Albin Chalandon à la Justice… La droite au pouvoir en fait des caisses. Des projets radicaux plein les cartons : immigration zéro, réforme du Code de la nationalité, extension des contrôles d'identité… L'extrême droite de Le Pen fait une entrée en force à l'Assemblée nationale : trente-cinq députés élus grâce à la proportionnelle instituée par François Mitterrand. SOS Racisme a un boulevard pour remobiliser le peuple de gauche.

À la réunion du lundi matin des permanents de SOS, Isabelle Thomas harcèle la « bande à Juju » : « Personne n'en parle, mais la droite veut déposer un projet de loi en préparation chez le ministre Devaquet pour réformer les facs. Il va se passer quelque chose chez les étudiants, c'est sûr. » Personne ne l'écoute. À part Dray. « C'est important ce qu'elle dit. Écoutez-la. » Il la soutient devant les autres : « Vas-y, essaye. »

Dray a dit : « Vas-y. »

Alors, Isabelle Thomas et Thaima Samman s'y collent. Avec les directives de Dray en voix off : dépiauter le projet de loi, à la recherche des failles… Un mouvement ancré sur du vide est voué à l'échec… Analyse critique des textes… Évaluation des conséquences dans la société… Utilisation de la grille de lecture marxiste…

Des heures de travaux d'aiguille plus tard, Samman et Thomas tiennent leurs mots d'ordre. Trois points névralgiques du texte pour soulever les masses étudiantes : l'augmentation de 300 % des droits d'inscriptions, l'instauration d'une sélection entre le DEUG et la licence et la remise en cause du droit de grève. Pour ne rien gâcher, les deux copines ont une info de première bourre : ce projet de loi qui s'annonce dur, très libéral, a été pensé et rédigé par des membres de l'UNI, le syndicat étudiant très droitier pour ne pas dire plus. Bingo. Dray est convaincu : il faut coller une grève générale à l'université de Villetaneuse, son fief historique, la fac qu'il connaît par cœur, jusqu'au plus petit tag dans les toilettes, celle où la simple évocation de son nom suscite silence et discipline dans les rangs. C'est prévu pour l'automne prochain. 86. 68 à l'envers.

À la rentrée, nouvelles directives de Dray : commencer à lever les masses lors des AG, propager la bonne parole dans les autres facs, rencontrer les parlementaires socialistes, ferrer les médias... Abattre un travail de fourmi pour allumer la mèche. Mi-octobre, Thomas et Samman ont cinquante étudiants derrière elles lestés des argumentaires et des éléments de langage. Cinquante, ce n'est pas rien.

Jeudi 13 novembre 1986 : six cents étudiants de Villetaneuse se mettent en grève.

Isabelle Thomas, pasionaria naissante, multiplie les interviews dans la presse. Dray a son réseau, il arrange les coups avec les journalistes.

22 novembre : deux cent mille manifestants partent de la Sorbonne.

Dans *Le Figaro*, l'éditorialiste Louis Pauwells estime que ces jeunes insurgés sont atteints de « sida mental ».

27 novembre : 1 million d'étudiants et de lycéens manifestent contre le projet Devaquet dans toute la France.

4 décembre : nouvelle manif monstre. Elle dégénère aux Invalides.

6 décembre : Malik Oussekine est assassiné par la police.

8 décembre : le gouvernement retire intégralement son projet de loi, Devaquet démissionne, Chirac est discrédité.

Devaquet-1986, qu'est-ce qu'il en reste ? Un mort, Malik Oussekine, tombé sous les coups de matraque. Et une formidable histoire de combat. Les plus grandes manifs depuis 68. Qui mettent le pays sens dessus dessous et font valdinguer un ministre. Tout ce que les trotskistes ont essayé vainement de reproduire dans les années 1970, Dray et sa bande y parviennent en six mois. La cohabitation est ébranlée. Gros coup de jeune pour Mitterrand qui reprend la main. Une fois encore, Dray a fait preuve d'allégeance et d'efficacité. Le « Vieux » est content.

Ce qu'il reste, encore : une ombre qui n'est pas sans poids. Dray, en franc-tireur, préfère briller dans le lointain. Indistinct, dans le hors-champ. C'est un constat assez mystérieux et une disposition d'esprit particulière, mais Dray semble empesé de sa propre timidité. Pudeur, complexe d'infériorité, conscience de ses propres limites. Et puis, la clandestinité, trotskiste ou non, a aussi ses saveurs. Dans chaque cortège, alors que les petites mains jaunes de SOS fleurissent, Dray organise les troupes, mais n'apparaît pas médiatiquement. Jamais. Jamais en tête de cortège, jamais devant les ministères...

Sous-marin élyséen

« Dray, c'était le chouchou de Mitterrand. » Jean Glavany, ancien chef de cabinet de François Mitterrand.

Dray se déploie à l'Élysée. Il n'entre pas par la grande entrée, mais il y entre quand il veut. Il est détenteur d'une petite carte plastifiée avec sa photo, qui lui permet de pénétrer au Château ni vu ni connu, sans se faire annoncer. « Julien, quand il avait besoin de voir François Mitterrand, obtenait un rendez-vous assez facilement, confirme Paulette Decraene, secrétaire particulière du Président Mitterrand. C'était fluide. »

Julien Dray : « Mitterrand me donne la responsabilité implicite de m'occuper de la campagne dans la jeunesse. Je lui dis : "OK. Mais je ne veux pas avoir de titre. — Pas de problème. Vous n'allez travailler qu'avec moi et Bianco, pas avec le Parti socialiste, sinon ils vont vous étouffer très vite. Gardez vos distances avec le parti. Mais soyez discret, alors." Ça m'arrangeait. Je ne suis pas un mec de mondanités. Je ne rentre pas dans les trucs de courtisanerie avec Mitterrand. Je le vois de manière régulière pendant la campagne de 1988. Là, je suis vraiment à ses côtés. Les autres, je m'en foutais. Je pense que ça a été une tare originelle. Fabius, Jospin… Ça les a blessés que je les ignore. Il y en a un, quand même, Pierre Bérégovoy, qui sera Premier ministre – d'avril 1992 à mars 1993 –, qui m'avait protégé pendant la campagne. Il avait de l'affection pour moi. Plus tard, en 1993, son bureau sera à vingt mètres du mien, au 232, boulevard Saint-Germain. Pendant les dernières semaines avant son suicide, il tourne en rond. Je le vois tous les jours, il entre dans mon bureau. "Viens, on va boire un café, une bière. — Je sais, Pierre, tu vas me poser toujours la même question : est-ce qu'on a perdu les élections législatives à cause de ton prêt [Pierre Bérégovoy avait reçu un prêt sans intérêt d'un million de francs d'un proche de François Mitterrand, Roger-Patrice Pelat] ? Mais non, on a perdu à cause du franc fort !" Je me moquais de lui gentiment : "Le franc fort frites !" C'était une manière de lui remonter le moral, de lui dire qu'on avait perdu sur une question politique, pas sur une histoire d'argent personnelle. L'histoire du prêt, ça le rongeait. »

Mais c'est surtout à Temps public, l'antre de Jacques Pilhan, cours Albert-Ier, à quelques centaines de mètres de l'Élysée, que Dray prend ses quartiers. Pilhan adore discuter avec ce Dray qui a décidément un instinct de première. Là où Pilhan analyse l'état de l'opinion à partir de sondages, Dray arrive aux mêmes conclusions mais avec les deux pieds dans le réel, après avoir parlé avec des voisins de zinc au bistrot du coin ou avec les permanents de SOS qui lui font remonter les infos du petit peuple.

LA grande question de leurs *brainstormings* est toujours la même : comment mettre le Président dans la meilleure position pour remporter une seconde élection présidentielle ? N'importe qui d'autre aurait été complètement largué. Pas Dray. Ça lui rappelle ses réunions juvéniles à la LCR quand on avait le devoir de refaire le monde. Dans son grand bureau avec vue sur la Seine, Pilhan a un tableau en plastique, des feutres velleda et une inspiration communicative. Dray donne le meilleur de lui-même, il trouve même le slogan de la future campagne : « Génération Mitterrand ».

Quand il n'est pas chez Pilhan, Dray reprend sa casquette d'artisan militant. Il mitonne des coups bien sentis et faits maison. Toujours au service de Tonton. Le 14 mars

1988, avec la bande de SOS, il concocte un rassemblement dans le bois de Vincennes. Le « grand rencard ». Vingt mille jeunes sous un grand chapiteau autour du thème de l'égalité. But de la manœuvre : faire converger tous les mouvements de jeunesse vers la candidature de Mitterrand. Mais, attention... Subtile, la convergence. On doit faire mine de pousser Mitterrand à se présenter. Mitterrand qui n'a officiellement pris encore aucune décision, évidemment. Au cours de ce grand raout qui doit faire logiquement l'ouverture des JT de 20 heures, un message enregistré du Président sera diffusé sur l'écran géant. Et là, tout le monde se tient prêt pour une jolie mise en scène préparée au poil. Devant les images élyséennes, la jeunesse doit spontanément se mettre à scander : « Mitterrand président ! Mitterrand président ! »

Mitterrand se déclare quinze jours plus tard. Il installe son QG de campagne éclair avenue Franco-Russe, dans le VIIe arrondissement de Paris. Dray a son émissaire à demeure : Isabelle Thomas, qui partage un bureau avec Jean-Christophe Cambadélis, l'ennemi trotskiste de toujours, passé de l'OCI au Parti socialiste trois ans auparavant. Comme prévu, Cambadélis est au générique, Dray n'apparaît dans aucun organigramme.

La théorie de Pilhan sur la rareté de la parole présidentielle n'a jamais été aussi bien appliquée que lors de cette campagne de 1988. Il n'a prévu que quatre meetings avant le premier tour. Mitterrand a voulu que la tonalité de cette drôle de campagne soit axée sur la jeunesse. Du pain bénit pour Dray. Son premier déplacement de Président-candidat est réservé au Salon de l'étudiant. Puis, il joue au frisbee dans la cour de l'université de Créteil. Le 14 avril 1988, Dray a encore imaginé un coup d'enfer, mais pas sans danger. Un coup manigancé avec Pilhan.

« Dray : Le meilleur coup, tu sais, ce serait qu'il débarque dans un amphithéâtre et qu'il soit directement interpellé par les étudiants. Qu'il y ait un dialogue entre Mitterrand et les jeunes, tu vois ?

« Pilhan : Mais t'es capable de le faire ?

« Dray : Ouais, je pense.

« Pilhan : Alors, c'est pour demain. »

Dray a fait un peu le fanfaron. Remplir un amphi de mille personnes, même à Villetaneuse, terrain connu, d'ici le lendemain matin, 10 heures… Avec un risque de ne pas maîtriser toute la salle… Ça peut dégénérer… Dray pue la trouille, il est sans filet. Jospin, bien sûr, était contre mais le Premier secrétaire du PS n'est pas le seul. Dray sait qu'en cas d'échec les dignitaires du régime mitterrandien l'attendront au coin de la rue.

Mitterrand, souriant, est accueilli par Isabelle Thomas qui deviendra sa conseillère juste après sa réélection. Il accuse Chirac de pactiser avec le Front national. Il promet le droit de vote aux immigrés aux élections locales… Mitterrand fait un tabac. Dray a droit aux félicitations présidentielles.

Le premier tour se déroule comme prévu, Mitterrand affrontera Chirac au second. Jean-Marie Le Pen veut fêter sa percée à la présidentielle (14,83 % des voix). Il appelle ses partisans à se retrouver le 1er mai, pendant l'entre-deux-tours, pour célébrer la mémoire de Jeanne d'Arc sur la place de l'Opéra à Paris. C'est sûr, ce rendez-vous, premier d'une longue série, sera largement honoré par les militants d'extrême droite, les royalistes, les catholiques intégristes. Dray voit la séquence d'un mauvais œil et alerte Mitterrand :

« Dray : Il faut faire très attention au 1er mai. Il ne faut pas que la manif contre le FN dégénère et qu'on ait des images de casse, avec des blessés…

« Mitterrand : Vous avez raison mais comment faire ? Interdire la contre-manif ? On ne pourra pas empêcher l'extrême gauche d'en faire une…

« Dray : J'ai une idée. On va faire un concert la veille. Gigantesque. À l'autre bout de Paris et se débrouiller pour que ça finisse tard. On va appeler ça la "fête de l'égalité". Comme ça, on aura une réponse festive au FN et le lendemain, l'extrême gauche sera sur les genoux.

« Mitterrand : Très bien. Ça va coûter combien ?

« Dray : 3 millions. À l'hippodrome de Vincennes. Il faut un peu d'argent. »

Julien Dray : « Mais Mitterrand n'a pas compris que c'était 3 millions nouveaux. Il croyait que c'était 3 millions anciens. Et personne n'osait lui dire qu'on allait lui prendre 3 millions sur le budget de campagne. Finalement, j'ai été convoqué à l'Élysée. Ils me disent que c'est quand même un peu cher… Mais je l'avais dit au Président ! Et comme personne ne voulait désavouer Mitterrand… »

La soirée remplit son office. Aucun débordement à déplorer. Puis, il y a le jour de la victoire, Chirac dans les choux, puis la cérémonie d'investiture, le 21 juin 1988, dans les salons de l'Élysée. En 1981, elle avait rassemblé cinq cents personnes. Cette fois, c'est en plus petit comité. Ils sont cent quatre-vingts, dont Dray, entouré de la nomenklatura mitterrandiste qui continue à s'ulcérer des actes d'esbroufe et de bravoure du petit trotskiste à lunettes. Désir et Dray offrent un briquet montre au Président qui le gardera longtemps sur son bureau.

Ministre pendant… douze heures

« La veille, Rocard me dit : "Vous allez faire des choses formidables. Avec de la fraîcheur et tout." » Julien Dray.

Le problème avec Dray, c'est qu'il a les impatiences capricieuses d'un gamin en bas âge. Il est incapable de tenir sa langue et de garder un secret très secret pendant plus de cinq minutes. Et comme en plus, dans le cas qui nous intéresse, il ne pourra jamais être plus fier, il ne peut s'empêcher de klaxonner la nouvelle dans tous les azimuts. Le juif pied-noir rapatrié d'Oran va être nommé secrétaire d'État à la Jeunesse dans le gouvernement de Michel Rocard. À seulement 33 ans. Il appelle ses parents, la famille et tous les potes… ça fait un peu de monde. Il prend aussi rendez-vous chez le barbier pour le lendemain matin. Il achète même un cadeau à Christian Bergelin, à qui il doit succéder. Bergelin avait dit : « J'ai jamais aussi peu travaillé de ma vie depuis que je suis ministre », Dray lui a donc acheté un jeu de tarot.

Il a invité toute sa bande à dîner dans la grande brasserie de la place de la Bastille, le soir précédant l'annonce officielle sur le perron de l'Élysée avec tout le tralala. Aux Grandes Marches, que ça s'appelle. Parce que Dray adore les clins d'œil et les petits détails symboliques qui font la différence. Il y a Laurence Rossignol, Harlem Désir, Rocky, Isabelle Thomas et Jean-Luc Mélenchon, qui est utile car il est déjà sénateur : « Juju, maintenant que tu vas être nommé secrétaire d'État, tu dois aussi être élu député pour ta crédibilité. Il faut que tu aies une circonscription. On va réfléchir mais tu vas venir dans l'Essonne. » Au dessert, on s'amuse sérieusement à constituer le cabinet de Dray sur un coin de table. Robert Zarader, son condisciple de fac, doit être son directeur de cabinet. Une nouvelle vie commence. Quelques heures auparavant, le Premier ministre lui-même…

Julien Dray : « La veille de l'annonce de son premier gouvernement, Rocard m'appelle pour me demander de passer à Matignon. Rocard, je ne l'avais jamais vu. Donc, je raccroche et je rappelle le secrétariat de Rocard pour être sûr que ce n'est pas une blague. Et je vais en mob à Matignon. Rocard : "Bon, j'ai vu avec le Président qui m'a dit beaucoup de bien de vous. Votre profil me plaît. Donc, je vais vous nommer secrétaire d'État à la Jeunesse." Et je lui dis : "Mais je n'y connais rien. — Justement, c'est ça qui est bien." »

Rocard lui donne rendez-vous le lendemain à 15 heures pour la photo officielle. Voilà, tout a été calé, on peut aller dormir tranquille et comblé. Comme prévu, le lendemain, Dray est parti se faire raser de près à mobylette. Comme prévu, Patrick Jarreau, le journaliste du *Monde* chargé de faire son portrait à paraître dans le journal de l'après-midi, a appelé quelques amis de Dray tôt le matin pour compléter son article. Comme prévu, les prochains membres du cabinet Dray se réunissent chez lui, mais sans lui, rue Alexandre-Parodi, au bord du canal Saint-Martin, pour regarder l'annonce du nouveau gouvernement à la télé.

Ce qui n'est pas du tout prévu, en revanche, c'est que Jean-Louis Bianco égrainera le nom de quinze secrétaires d'État sans jamais prononcer celui de Dray. Il est aussi absent de la liste gouvernementale que s'il n'avait jamais existé dans la campagne de Mitterrand.

Quand Dray arrive chez le barbier, on lui dit de rappeler de toute urgence Harlem Désir. Il y a un problème. Dray se dit qu'à l'Élysée ou à Matignon ils sont nuls, ils ont oublié de le nommer. Pas du tout. La « bande à Juju » a reçu un coup de fil Matignon qui cherchait à le joindre pour lui dire que, finalement, il n'y serait pas, au gouvernement. Michel Rocard appelle Dray à 16 heures :

« Rocard : Je voulais m'excuser, je sais, je n'ai pas eu le temps de vous prévenir, je sais, j'ai fait une bêtise… Je vous ai annoncé… Mais il y a eu des blocages.

« Dray : Des blocages ? Mais je ne vous ai rien demandé, monsieur le Premier ministre. C'est vous qui me nommez. Vous ne m'avez pas dit "Je réfléchis à vous nommer", vous m'avez dit "Vous serez nommé", c'est quand même bizarre.

« Rocard : Oui, je sais, ce n'est pas bien.

« Dray : Mais c'est quoi, les blocages ?

« Rocard : Je ne vais pas m'étendre là-dessus… Il y a eu des blocages… Et puis, vous avez quand même un caractère.

« Dray : Mon caractère, c'est que j'ai été trotskiste quand j'étais jeune ? Ce qui serait injuste car vous avez bien été au PSU.

« Rocard : Ne polémiquons pas et revoyons-nous un jour. »

Dray n'est pas nommé et il n'y aura pas de secrétaire d'État à la Jeunesse du tout.

Pour tirer cette histoire au clair, déceler les blocages sus-mentionnés et les « bloqueurs » éventuels, Dray a beaucoup enquêté. Il s'est convaincu que son nom est biffé au tout dernier moment. Il sait que Rocard se méfiait beaucoup de son passé trotskiste. Mais celui qui a toutes ses faveurs, c'est Lionel Jospin, ministre de l'Éducation nationale, auquel son secrétariat d'État doit être rattaché. Rivalité indépassable entre l'OCI et la LCR ? Jospin, transfuge de l'OCI qui déteste Dray et SOS Racisme... Jospin qui couve Cambadélis, rival gauchiste de Dray au Parti socialiste, et qui ne veut pas de Dray au gouvernement... « Il n'y avait pas beaucoup d'empressement, autour de François Mitterrand, pour nommer Julien, relate François Hollande. C'est quelqu'un de libre, difficile à maîtriser, y compris sur le plan politique... Lionel Jospin s'en méfiait, Michel Rocard le regardait comme un homme du Président. Donc, Julien Dray fut écarté au dernier moment. Je n'ai jamais vraiment su le fin mot de cette histoire. »

Et puis, Mitterrand, en lui offrant un beau lot de consolation, a eu l'impression de remplir largement son engagement moral : une circonscription imperdable pour son premier mandat de député. « Mitterrand aimait beaucoup Julien, analyse Kathleen Evin, responsable des relations presse de François Mitterrand durant la campagne de 1988. Mais il sentait qu'il y avait chez lui des failles, des fragilités... Un rapport à l'argent compliqué qui rendait risquée une nomination ministérielle. »

Mais peu importe. Ce qui se joue à ce moment-là pour Dray, c'est une humiliation en place publique dont il est compliqué de mesurer la profondeur de la blessure et dont il ne se remettra jamais vraiment. Il s'est persuadé qu'ils l'empêcheront toujours de monter plus haut. Alors, son besoin de reconnaissance et sa soif de vengeance vont devenir infinis.

21 octobre 1988. La date de naissance du Baron noir

« François Mitterrand était content qu'on emmerde Rocard. Ça le faisait marrer. » Julien Dray.

Un article en pages intérieures du *Monde* daté du 21 octobre 1988. Surtitre et titre : « Le gouvernement et l'agitation sociale. Les trotskistes dans les coordinations : le retour du Baron noir. » Sous la plume d'Olivier Biffaud : « M. Dray agace bon nombre de gens qui le voient partout à la fois : chez les infirmières, chez les lycéens, en visite militante dans les fédérations socialistes et en négociation avec le bureau politique de la Ligue. Toutes choses exactes. Lui, répond que sa fonction est de rencontrer les acteurs. "Juju" tente de créer un personnage à sa mesure : celui d'un médiateur entre le président de la République, pas moins, et le mouvement social… qu'il a par ailleurs contribué à alimenter. D'où l'irritation qu'il provoque, surtout chez ceux par-dessus la tête desquels il tente de passer, les rocardiens décidés à lui faire sa fête. »

Après les étudiants de 1986, les révoltées sont des femmes en blouse blanche, les yeux cernés par la fatigue. Un décret, pris en décembre 1987 par la ministre de la santé Michèle Barzach, sous le gouvernement Chirac, ouvre l'accès aux études d'infirmières aux non-bachelières. Une manière de déqualifier le métier. Des infirmières remontées comme des coucous. Un slogan : « Ni bonnes, ni nonnes, ni connes. » Un succès, dans la rue, immédiat. Des modalités d'action variées : des grèves reconductibles, des pétitions, la décoration des hôpitaux. L'opinion publique acquise. Une porte-parole télégénique, Nicole Benevise. Dray renifle la belle opportunité politique. Il ne doit pas rester spectateur… Très vite, il établit le contact. Très vite, les infirmières sont briefées gratuitement et quotidiennement par Dray.

Julien Dray : « Rocard, quand il sort du conflit des infirmières, il a les boules, et il essaye de salir les grèves des infirmières et balance au journal *Le Monde* qu'elles sont manipulées par Julien Dray. Et le journaliste écrit que Julien Dray, c'est le Baron noir. Ça commence comme ça. C'est vrai que le mec nous a méprisés, on n'a pas envie de lui faire des cadeaux, à Rocard. »

Ils auraient tout aussi bien pu appeler Dray l'emmerdeur máximo. Cela ne fait pas trois mois que Dray a enfilé ses habits neufs de député. Il n'est plus seulement le trublion de l'opposition durant la cohabitation. Il n'est plus un étudiant-iant-iant attardé, il est un député de la majorité présidentielle. Un député de la République ne fomente pas des manifs en sous-main, n'est-ce pas ? Dray aurait pu s'embourgeoiser sous les ors du Palais-Bourbon, mais il ne reniera jamais le terrain des luttes. C'est sans complexe qu'il exerce ses talents contre le gouvernement qu'il est censé soutenir. Dray n'a pas été nommé ministre, alors, il décrète que rien ne le retient. Il devient l'agent perturbateur numéro 1, sous le regard bienveillant du… président de la République. Le mode d'emploi du Baron noir s'est encore affiné depuis les grèves de 1986. Seuls les acteurs changent. Et la cible. Cette fois, il joue contre son camp.

Avant d'être président du conseil régional d'Île-de-France, Jean-Paul Huchon a été directeur de cabinet de Michel Rocard. Il se souvient de son pire ennemi : « Julien Dray ! On avait des écoutes téléphoniques. On a su que c'était lui qui impulsait les manifs des infirmières. Il conseillait sur le plan tactique un certain nombre de mouvements. Entre lui et nous, c'était tendu. Mitterrand ne voyait pas d'inconvénient à être un opposant à son propre gouvernement. Dray, je ne le connaissais pas personnellement, c'était plutôt comme une légende, un personnage mystérieux, toujours en embuscade. »

En plein mouvement, Rocard est reçu par Mitterrand à l'Élysée qui lui demande comment il s'en sort avec les infirmières.

« Rocard : Le problème, c'est que l'un des vôtres met de l'huile sur le feu...

« Mitterrand : Ah bon ? Mais qui ?

« Rocard : Julien Dray ! On le sait parce qu'il y a des écoutes.

« Mitterrand : Ah oui, je sais, il me l'a dit, mais il cherche à vous aider plutôt, pour avancer. »

Pour Alain Bauer, conseiller auprès du Premier ministre Michel Rocard, la réalité est plus complexe : « Julien n'est pas à l'origine du mouvement. Il l'a récupéré. Quand on a un truc qui vous pète à la gueule, Julien dit toujours : "Je prends la direction du mouvement et je deviens l'interlocuteur." Dans sa tête, est-ce qu'il vous rend service ou est-ce qu'il vous emmerde est un sujet ouvert... »

Le mouvement social tourne à la démonstration de force. La coordination est reçue, en catastrophe, à 3 heures du matin par Michel Rocard, Premier ministre totalement débordé. Le décret Barzach abrogé, les salaires revalorisés et une rallonge de 400 millions de francs débloquée rien que pour les infirmières. Dray est content, Rocard a mis un genou à terre.

Rendez-vous à la cabine téléphonique

1990. Il a 18 ans, mais en paraît 15, à peine. Pour la circonstance, Nasser Ramdane a enlevé son keffieh et enfilé sa chemise turquoise à rayures. Une demande expresse de sa mère. Ce n'est pas tous les jours qu'on est reçu à l'Élysée par le président de la République.

La coordination lycéenne, une douzaine de jeunes, est introduite dans le jardin d'hiver, un salon du rez-de-chaussée qui jouxte la salle des fêtes. Nasser Ramdane, élève en classe de seconde au lycée Charles-de-Gaulle de Rosny-sous-Bois, est le leader du mouvement. Il est assis à droite du président de la République. François Mitterrand : « Bonjour, je vous écoute. » Ramdane est intimidé, on le serait à moins, par le décorum républicain et la statue du Commandeur Mitterrand. Mais il raconte, malgré tout, les problèmes de sécurité, les équipements vieillissants, la violence dans les bahuts, les aspirations à davantage de démocratie. Il présente un projet de plan d'urgence pour les lycées. François Mitterrand écoute religieusement les doléances des jeunes et conclut le rendez-vous avec un implicite « Je vous ai compris ». Le message est dénué d'ambiguïté : le Président accepte en bloc leurs revendications, des fonds publics vont être débloqués. Ramdane n'est pas vraiment étonné, Dray lui avait bien dit que tout se déroulerait ainsi. La veille au soir, il lui avait tout annoncé, lors d'une réunion clandé à SOS Racisme. Dray savait, car il avait « géré » discrètement et directement avec Isabelle Thomas, conseillère technique à l'Élysée, Jean-Louis Bianco et même François Mitterrand.

Quand Ramdane sort de son rendez-vous avec Mitterrand, avec sa mine fatiguée et son sac à dos noir de lycéen sur le dos, la nuit est déjà tombée sur Paris. Mais les lumières des caméras lui donnent l'illusion d'être en plein jour. D'ailleurs, c'est son jour. Il fait l'ouverture du 20 heures du 12 novembre 1990. Autour de ce petit bonhomme à bonne bouille, les journalistes s'agglutinent nerveusement, en attente d'une déclaration. Ramdane : « Le Président nous a reçus. Il nous a donné raison. C'est maintenant au gouvernement Rocard de prendre ses responsabilités et de faire des choses pour nos lycées. En ce qui concerne la continuité du mouvement, c'est aux lycéens de décider. »

Il peut être fier de lui, Nasser. Il n'a pas bafouillé, il a prononcé cette phrase distinctement, avec calme et autorité, en regardant fixement l'œil de la caméra. Il peut être fier de Nasser, Dray. Le leader du mouvement lycéen, choisi par ses soins, exécute ses ordres à la perfection, avec ce qu'il faut d'application et de talent. Les trois phrases à balancer au journal télévisé, c'est Dray qui les a écrites. Nasser Ramdane les avait apprises par cœur et répétées toute la journée devant sa glace. Une intervention courte, incisive, pensée pour faire mal. Pour Michel Rocard, le Premier ministre alors en voyage officiel au Japon, et pour Lionel Jospin, ministre de l'Éducation, qui résiste depuis un mois aux manifestants, elle marque un désaveu de l'Élysée, d'une violence rare.

Le gamin apprend vite… C'est plié, les lycéens ont gagné, sous l'œil complice et un poil pervers de Tonton Mitterrand. Deux jours plus tard, le gouvernement Rocard est contraint de lâcher une enveloppe de 4,5 milliards de francs pour la rénovation des lycées et l'octroi de nouveaux droits pour les lycéens. Dray peut fanfaronner. « Julien Dray m'a instrumentalisé, raconte aujourd'hui Nasser Ramdane. C'était un virtuose. J'étais devenu, sans le savoir, le bras armé de Julien dans sa guerre contre Jospin et Rocard. Je ne sais pas vraiment pourquoi il m'a choisi. Je pense qu'il voulait mettre un Beur à la tête de la contestation. De fait, ça a été le premier mouvement social en France avec un fils d'immigré comme porte-parole. »

Tout commence le 27 septembre 1990. Une élève de 15 ans est violée dans les toilettes d'un lycée technique de Saint-Ouen. Émotion immense. Même sans réseaux sociaux, la nouvelle du fait divers se répand comme une traînée de poudre. Ramdane, militant à SOS, sent que c'est sérieux. Il fonce dans une cabine téléphonique et appelle la rue Martel. On lui passe Malek Boutih, lieutenant de Dray. Ramdane lui fait un compte rendu précis des événements.

Boutih : « OK, rappelle-moi dans dix minutes. »

Le temps de contacter Dray à l'Assemblée nationale…

Dix minutes plus tard, Boutih rappelle Ramdane : « Fais débrayer ton lycée et pars avec des copains pour mettre un maximum de lycées de Seine-Saint-Denis et du Val-de-Marne en grève. Il faut lancer un mouvement, tout de suite ! » Le soir même, Nasser Ramdane se rend au local de SOS Racisme. Au rapport devant Dray, Malek Boutih, Harlem Désir. Dray le connaît à peine mais décrète : « Nasser sera le porte-parole de ce mouvement. »

Julien Dray : « Il avait du bagout. Il était bien, ce petit bonhomme. Il savait faire. »

15 octobre, jour de manif. La première. Ils sont un millier à descendre dans la rue pour protester contre la violence dans le milieu scolaire. Jospin discute, mais ne lâche rien. Alors, le mécontentement gagne la province. Ramdane appelle tous les lycées français à se mettre en grève. Dray convoque Ramdane : « Il faut maintenir le rythme. Appelle à une autre manifestation dans deux jours, puis à nouveau deux jours plus tard. » Ils défilent le 24, puis le 26. Ils finissent à un million dans la rue. « Pendant le mouvement, je n'ai pas le droit de dire que je connais Julien, continue Ramdane. Encore moins qu'il est à l'origine des grèves. Ouf… Je ne me suis jamais fait prendre par rapport à ma proximité avec Julien Dray… »

Aux journalistes les plus curieux, Ramdane concède qu'il a rencontré Dray une seule fois, à un concert de SOS Racisme. Quand ils se croisent publiquement, ils se saluent à peine. Mais le soir, Ramdane se rend discrètement au siège de SOS pour débriefer la journée, faire remonter les infos du terrain à Dray qui, en retour, fixe la ligne du lendemain.

Pendant les ultimes négociations avec Jospin, qui durent nuit et jour, rue de Grenelle, Boutih a un message urgent à faire passer à Nasser Ramdane… Pas le choix, pas de portable à l'époque, il doit appeler au ministère. Les lycéens, Lionel Jospin et son cabinet sont en réunion de négociations. Claude Allègre, conseiller du ministre, glisse un papier à Jospin qui déclare, avec un regard noir charbon : « Monsieur Ramdane, il y a quelqu'un de votre famille, un cousin apparemment, qui cherche à vous joindre à propos d'un souci de santé. Il dit s'appeler Malek… Allez-y, monsieur Ramdane. Allez donc vous entretenir avec Malek Boutih. » Ramdane a été parfait. Un meneur du mouvement lycéen épatant. Il a remporté une victoire contre Jospin par K.-O.

Julien Dray : « Quelques semaines plus tard, une grève des éboueurs démarre en France. François Mitterrand vient me parler, en aparté, lors du dîner des parrains de SOS Racisme. Il me dit : "Julien, on se calme, d'accord ? Après les infirmières et les lycéens... Les éboueurs, ça fait beaucoup..." Mais là, je suis bien embêté, parce que les éboueurs, je n'y suis pour rien ! »

Lunettes noires pour le Baron noir

Magnéto, Serge ! Mick Jagger, Béatrice Dalle, Michael Jackson, Jacques Chirac, Johnny Hallyday, Jack Nicholson, François Mitterrand... Thierry Ardisson lance le générique et *Nightclubbing*, envoûtante chanson d'Iggy Pop, met doucement le spectateur dans l'ambiance, pendant que défilent ces photos de célébrités affublées de lunettes noires. L'un des invités de l'émission « Lunettes noires pour nuits blanches » du 23 septembre 1989, diffusée sur Antenne 2, est un tout jeune député inconnu. Pour le tournage, Dray a rendez-vous au Palace, club parisien mythique où se tiennent des soirées liquides et déjantées, QG préféré de Serge Gainsbourg. Ardisson a 40 ans, un air de requin et une mèche de premier communiant. Il reçoit tout en noir, toujours une clope à la main. Du bon rock en fond sonore, des gens qui discutent en arrière-plan autour d'un verre... Dray porte un polo rouge et une veste crème trop grande pour lui. Il a le sourire crispé, il donne l'impression de se demander ce qu'il fait là.

« Ardisson : Tu es un peu le poil à gratter du Parti socialiste, le trouble-fête, le trouble-consensus ? Pendant la grève des infirmières, on t'appelait le Baron noir… C'est-à-dire qu'on supposait que c'était toi qui attisais le feu… C'est peut-être pas complètement faux, remarque…

« Dray a le sourire un peu moins crispé : Non, non… »

Et pourquoi démentirait-il ? Cette étiquette de Baron noir, d'homme de l'ombre qui manœuvre en coulisses, charrie une bonne dose de mystère. De quoi effrayer les éléphants roses. Être craint et redouté, c'est déjà un sacré capital politique, non ? Quoi de mieux que de se voir attribuer une présomption de nuisance et de puissance occulte, presque un peu surnaturelle ? Le mythe compte toujours autant que la réalité. La légende est née. Dray n'a aucune intention de la tuer dans l'œuf. Il faut plutôt la laisser prospérer.

SAISON 3

La Gueule de raie de Méchant con[1]

« Dray et Mélenchon nous emmerdaient bien. Je leur ai trouvé le surnom de “Gueule de raie et Méchant con”, ça m’est venu comme ça, lors d’une réunion de cabinet à Matignon. Tout le monde avait bien rigolé. Jean-Paul Huchon a beaucoup contribué à populariser ces surnoms. » Jean-François Merle, ancien conseiller technique de Michel Rocard.

1. Le Julien Dray de Mélenchon.

À l'abri derrière une camionnette

« Avec le recul, on n'aurait jamais pensé que le tribun médiatique, charismatique et populiste, ce soit Jean-Luc, qui était un lambertiste, très “soc-dem-franc-mac”, bureaucratique et qui gagnait les batailles d'appareil. Julien, lui, était l'homme du mouvement social. Avec son pif et sa gouaille. » Thaima Samman.

La première fois qu'il voit Dray, Jean-Luc Mélenchon fait une drôle de tête. C'est en novembre 1986, ils assistent tous les deux à un colloque organisé par le journaliste Jean-François Kahn à la Maison de la chimie. Mélenchon, qui ne porte que des costumes sombres trois pièces de coupe classique, fait une drôle de tête à cause de la chemise que porte Dray. Une chemise hawaïenne ukulélé bleu Pacifique agrémentée de fleurs tropicales très jaunes. Mélenchon peine à penser qu'on puisse s'habiller de manière aussi ahurissante en dehors de son salon. Il reste impassible, il ne dit rien, mais cette chemise, Mélenchon ne l'a jamais oubliée.

La deuxième fois qu'ils se sont vus, un mois plus tard, Mélenchon et Dray ont tous les deux fait une drôle de tête. Ça se passe le 4 décembre 1986. C'est une rencontre fatidique sur les braises pétaradantes d'une manif monstre, une sorte d'acmé des événements de décembre 1986, le printemps étudiant de la fin du siècle. « Devaquet si tu savais, ta réforme, ta ré-formeu, Devaquet, si tu savais, ta réforme où on s'la met ! Au cul, aucune hésitation, sinon c'est la révolution ! » À cause du brouhaha, de la tension et des gaz lacrymogènes, Dray, qui s'active dans le cortège, a un coup de mou. Il en a assez de courir partout et il a trouvé, à l'abri d'une camionnette salvatrice, un abri éphémère pour souffler quelques minutes avant de retourner au charbon dans le chaudron. Le propriétaire de cette camionnette dans laquelle on peut entreposer du matériel sono, ce qui est très utile dans les manifs, est Jean-Luc Mélenchon. Mélenchon a 35 ans. Il a fait sa rentrée des classes deux mois plus tôt au palais du Luxembourg. Il est le plus jeune sénateur de France et l'un des moins sages aussi. Ils ne sont pas des centaines au Sénat, à posséder une camionnette pour mettre un bazar sonore dans une manif. Et pour diffuser un maximum de mots d'ordre, Mélenchon a garé son véhicule de sénateur-militant tout près de l'esplanade des Invalides, l'épicentre des affrontements.

Ainsi protégés du vacarme, derrière la camionnette, Mélenchon et Dray, 31 ans, se reconnaissent, échangent à nouveau quelques mots de circonstance. Avant de plonger à nouveau en apnée dans la foule, ils hurlent : « Revoyons-nous ! Revoyons-nous, vite ! »

Évidemment, Dray et Mélenchon ont déjà entendu parler l'un de l'autre car la politique parisienne est un tout petit monde. Deux hommes d'expérience malgré leur jeune âge, des forts en gueule, des audacieux. Dray et Mélenchon savent ce qu'ils partagent : 1. Un passé trotskiste sans être affiliés à la même chapelle. Dray est issu des rangs de la Ligue communiste révolutionnaire (LCR), Mélenchon de ceux de l'Organisation communiste internationale (OCI) comme Lionel Jospin. Mais, on l'a vu, cela n'en fait pas des amis, *a priori*, bien au contraire. 2. Des racines communes. Deux pieds-noirs contraints à l'exil, arrachés à leur histoire et à une terre. Pour Dray, c'est l'Algérie. Pour Mélenchon, le Maroc. 3. Une fidélité et une admiration absolues pour François Mitterrand. Ils n'ont jamais pensé que Mitterrand avait trahi politiquement quoi que ce soit. Les jeunes pousses Dray et Mélenchon connaissent mutuellement, mais séparément, Paulette Decraene, la secrétaire particulière de Mitterrand. Leur intermédiaire secrète pour faire passer des messages au « Vieux ».

Ils se revoient car ils parviennent à la même conclusion. Dray + Mélenchon, ce sera forcément une équation gagnante. Créons notre petite entreprise au sein même du Parti socialiste. Pour lui redonner des couleurs idéologiques, institutionnaliser une gauche de combat en lien avec le mouvement social. Et gagner une place de premier plan parmi les hiérarques.

Julien Dray : « Avec Mélenchon, on se renifle de fin 1986 jusqu'à l'été 1988. On apprend à travailler ensemble, mais on n'est pas certains de conclure… Il y avait de la compétition entre nous, mais pas malsaine. Après, pendant quinze ans, on a été très complémentaires, on s'entendait bien sans se marcher dessus et sans mélanger nos vies. »

Pas facile d'unir dans les meilleures conditions l'incontrôlable et le bureaucrate. L'activiste et le théoricien. Dray est doué pour la camaraderie, mais en politique, on ne se marie pas sur un coup de tête. Alors, ils se chamaillent pour des bouts de pré carré et de leadership. L'un tiendra-t-il l'autre en laisse ? Dray, tout en lançant la balle à son chien Vladimir, les pieds posés sur la table, très sûr de lui, résume ainsi la situation à Mélenchon : « Toi, tu ne représentes que la fédé de l'Essonne. Moi, j'ai réuni un million à la Concorde, plus un autre contre Devaquet. » Parce que l'édification de ce qui deviendra la Gauche socialiste (GS), c'est une ambition politique commune, mais aussi un petit concours de compétences pour le titre de *líder máximo*. Mélenchon apporte sa dot. Aux législatives de 1988, il se débrouille pour offrir sur un plateau la Xe circonscription à Dray, sur ordre de Mitterrand.

L'accord final ? Une souple répartition des rôles et la fabrication de contrepoids pour assurer la bonne entente démocratique du couple. À Dray la jeunesse, les réseaux dans la société civile – SOS, FIDL, Unef – et les mouvements sociaux. À Mélenchon, la culture des arcanes du parti et les intrigues d'appareil. L'acte de naissance officiel de leur bébé politique, baptisé d'abord la Nouvelle École socialiste (elle changera de nom trois ans plus tard et deviendra la Gauche socialiste) prend la forme de la publication d'un manifeste, dans *Politis*, journal très à gauche, le 7 janvier 1988. Très vite, les événements valident leur intuition : Michel Rocard devient le nouveau Premier ministre, le 10 mai 1988, et opère son ouverture au centre. Jean-Marie Rausch, Jean-Pierre Soisson, dans un gouvernement dit « socialiste », c'est comme une dérive des continents pour le peuple de gauche… Fin juillet, dans le centre VVF de Dourdan, où se déroulent traditionnellement les journées d'été de SOS Racisme, la fusion physique et chimique des troupes drayistes et mélenchonistes se produit. C'est un tel choc des cultures que tout le monde se regarde en chiens de faïence. Costards austères contre jeans baskets, jansénisme politique contre bordel militant, sauvage et déconnant très SOS. « Julien et Jean-Luc ont-ils été amis ? se demande Bernard Pignerol, cofondateur de SOS Racisme. Ils dînaient ensemble, se téléphonaient deux fois par jour. Ils ont été très liés humainement même s'ils n'avaient rien en commun. Si ce n'est l'idée qu'il faut construire un courant de gauche dans le Parti socialiste. »

Au VVF de Dourdan, le miracle a lieu. Les mélenchonistes finissent par se détendre. On entonne *L'Internationale* et la *Varsovienne* en chœur. Une mayonnaise militante prend et tout ça finit en bataille de polochons dans les chambres avec Dray et Mélenchon en généraux en chef. À deux, on est toujours un peu plus fort. Dray et Mélenchon sont rejoints plus tard par Marie-Noëlle Lienemann, une ancienne rocardienne. À trois, on est encore plus fort.

Ils vont au baston

« On pouvait apparaître comme des sales gosses insupportables. » Laurence Rossignol.

La Gauche socialiste, c'est un esprit de contradiction et un appel d'air. Une grimace de colère et un autobus qui fonce dans le tas. Certains se souviennent même de ce grand courant d'opposition comme de la dernière aventure idéologique du parti. On y parlait encore de dominants, de dominés et de lutte des classes. Avec une gazette, *Question socialiste*, des textes au vitriol, des motions à des congrès, des happenings politiques. Pendant plus de dix ans. Il y a eu beaucoup de chevaux de bataille et tant de choses accomplies ensemble.

Dray à l'Assemblée et Mélenchon au Sénat sont les stratèges d'une lutte permanente. Leur hantise ? Ressembler à des socialistes bon teint. Jusqu'au choix du nom, la Gauche socialiste, il y a ce message subliminal : « On est les seuls vraiment à gauche dans le parti. » C'est arrogant, mais ils ne sont surtout pas impressionnés par les caciques. Au début, les gesticulations de leur petite boutique ne recueillent qu'un peu d'agacement et un mépris flagrant. Ils ne pèsent encore quasiment rien dans les rapports de force du Parti socialiste. Mais ils font quand même beaucoup de bruit. La GS a même un poids médiatique disproportionné. Dray s'agite sur le front social et il dispose d'un réseau journalistique qu'il met à la disposition du nouveau courant.

La première guerre du Golfe débute en août 1990, quand l'Irak envahit le Koweït. Elle achève de cimenter les alliés de la Gauche socialiste. Presque seuls… Seuls contre tous à ne pas voter la guerre. Premier fait d'armes, première joute qui les identifie en tant qu'entité. Le coup est risqué : Dray et Mélenchon sont tous les deux très liés à Mitterrand, qui prône l'intervention armée. Alors, enfreindre la discipline du parti, tout entier rangé derrière la volonté du « Vieux »… Mais c'est aussi une occasion en or de se démarquer d'un second septennat déjà très décevant… Pendant tout l'été, et tout l'automne, Dray se torture, hésite. Plutôt partisan de soutenir Mitterrand. Peut-on laisser tomber l'icône ? Mais ça coince sérieusement dans les rangs… Faire la guerre, aux côtés des forces alliées ? Difficile à avaler pour des militants qui ne cessent de se braquer contre l'impérialisme américain… Dans la nuit précédant le vote, dans une salle de l'Assemblée nationale, la tension est à son climax. Les proches de Dray se quittent, à l'aube, sans savoir ce que le député va décider. Il vote finalement contre l'engagement de la France dans le conflit. Le 17 janvier 1991, au lendemain du vote, Pierre Mauroy, le Premier secrétaire, suspend les délégations des onze parlementaires socialistes qui sont allés contre la décision du parti.

Julien Dray : « Il y a de grosses représailles du parti. Heureusement, Mitterrand leur défend de nous virer. Mais toutes nos responsabilités nous sont retirées. À l'Assemblée, ils veulent me changer de commissions, me priver de rapports, de questions d'actualité… »

Dray et Mélenchon n'en perdent pas leur pouvoir de nuisance, ni leur force de proposition. En juillet 1992, au congrès de Bordeaux, pour marquer leur désaccord avec l'ouverture au centre et proposer une alternative, la motion de la Gauche socialiste, intitulée « La belle alliance », préconise une union « Rouge, Rose, Verte » (PS, PCF, Verts), avant l'heure, et recueille 7,2 % des voix. Cinq ans plus tard, le Premier ministre Lionel Jospin la rebaptisera Gauche plurielle. Mais Dray n'est jamais meilleur que quand il a la droite pour adversaire, et qu'on touche à ce qu'il connaît peut-être le mieux, l'école.

Justement : en juillet 1993, François Bayrou, ministre de l'Éducation nationale dans le gouvernement d'Édouard Balladur, annonce son intention de modifier la loi Falloux, dans le but de faciliter le financement des écoles privées par les collectivités territoriales.

Julien Dray : « Avec Jean-Luc, on organise la baston. Lui, au Sénat, et moi, à l'Assemblée. Au Sénat, Jean-Luc provoque un énorme incident de séance, avec descente de sénateurs devant la tribune d'où s'exprime le ministre, empoignades, suspension des débats. Moi aussi, je mène une grosse bataille d'obstruction. Je fais traîner, je multiplie les amendements… Ce qui me permet d'organiser une mobilisation dans tout le pays. La manifestation, énorme, a lieu en janvier 1994. Il y a un million de personnes dans la rue ! On obtient l'abrogation. On a gagné. »

Une université populaire à lui tout seul

> **« On allait vers quelque chose. Ça pouvait être aussi stupide que la révolution mondiale et aussi concret que Dray Premier secrétaire du PS. » Thierry Keller, membre de SOS Racisme, ancien attaché parlementaire de Dray, aujourd'hui rédacteur en chef d'*Usbek & Rica*.**

Les jeux d'appareil et les tentatives de sabordage parlementaires ne peuvent constituer leur unique dessein. Alors, Dray et Mélenchon se muent en architectes. Seul un travail en profondeur peut augurer une victoire finale et durable de la Gauche socialiste. Échafauder un sous-parti (dynamique) au sein d'un parti (avachi), dont les mamelles de la réussite seront le nombre, la culture politique et la discipline. Former les futurs cadres du courant, extraire la substantifique moelle d'une avant-garde éclairée. Envisager la formation d'une armée qui sera prête à se soulever.

Alors, derrière la belle façade « légale » du courant se cache une multitude de réseaux souterrains. Une immense toile d'araignée conçue pour attirer toutes sortes de proies, de l'ado lycéen encore apolitique au socialo déçu du mitterrando-rocardisme. Les comités SOS Racisme, le syndicat lycéen FIDL, le syndicat étudiant Unef, l'association Ni putes ni soumises pour les femmes des quartiers, le mouvement Attac pour les altermondialistes... Autant de filiales sœurs, disposées un peu partout dans les recoins de la société civile, qui jouent les rabatteuses. Leur vraie matrice, toujours cachée au premier abord, est résolument politique. Ces organisations satellites ont un but commun : faire en sorte que leurs adhérents finissent par prendre leur carte au Parti socialiste, sésame pour venir gonfler les rangs de la Gauche socialiste « La GS, c'était un melting-pot, se remémore Fadela Amara, ancienne présidente de Ni putes ni soumises. On était une petite France, des étudiants petits-bourgeois comme des enfants d'ouvriers. »

Pour Dray, la formation intellectuelle est un credo indépassable. À apprendre par cœur : l'histoire de la gauche, qui ne remonte pas jusqu'aux marins de Kronstadt, mais presque. Un militant de la GS doit être incollable de la Révolution française à la révolution mexicaine, en passant par celle des œillets au Portugal et la Commune de Paris.

Tous les vendredis soir, dans des salles de cours de la Sorbonne, ou de Dauphine, les militants ont cours magistral obligatoire. Les profs ? Dray, Laurence Rossignol, Gérard Filoche, Jean-Luc Mélenchon, Harlem Désir... La spécialité de Dray, c'est la guerre d'Espagne et le Front populaire. On bûche le féminisme, la révolution russe, la révolution permanente, la question coloniale, la laïcité... On exégèse sur *Ma vie* de Léon Trotski, l'*Histoire socialiste de la Révolution française* de Jean Jaurès, *Générations* de Hervé Hamon et Patrick Rotman, etc. Un camarade qui n'a pas lu *Bilans et perspectives* ou *Que faire ?* de Lénine court le risque de se couvrir de ridicule. Alors, même si les jeunes militants inscrits à l'université ne mettent pas un pied dans un amphi, ils s'endorment en annotant *Le Capital* de Karl Marx…

« Dray est à un poste d'observation de la société formidable, assure Éric Benzekri ex-attaché parlementaire de Dray. Il voit des jeunes tous les jours. Ce n'est jamais lui qui commence à parler. "Alors ? Comment tu vois les choses ? Et après ? OK. Raconte-moi." Et puis, il aura chopé trois, quatre autres éléments, une brève dans un journal, un bout de bouquin… Et trois mois après, il faisait une super synthèse. Ça paraît simple, mais ce sont de longs processus de maturation. Il fonctionne en escalier, par agrégation de données. Et il a un truc que les autres n'ont pas : il n'a pas peur. Il n'est pas comme ceux qui ont fait les écoles. Il n'accorde pas une importance démesurée à certaines sources sous prétexte qu'elles sont nobles… Du coup, il pioche dans la culture populaire. En réalité, les politiques ont un mépris profond pour la société. Jean-Luc réfléchissait dans son bureau. C'était plus… soviétique. Mais le dialogue entre les deux était super important. Le frottement entre les deux forçait à faire émerger une ligne. »

Malek, Éric et Delphine

Malek

Zerrouk Boutih, Algérien originaire de Kabylie, ancien du FLN, est venu en France pour chercher du travail, juste après l'indépendance. Il trouve une place comme ouvrier dans le bâtiment. Il se marie avec Aïcha, qui fait des ménages. Ils ont un fils, Malek, qui contracte la poliomyélite à 9 mois, quand la famille s'installe pour quelques semaines dans un bidonville à Nanterre. Il passe ses premières années à l'hôpital, subit de nombreuses opérations, vit avec de lourds appareillages fixés aux pieds. Sa dernière opération a lieu l'année de ses 12 ans, il boitera toute sa vie.

1984. Malek a 20 ans et habite au sixième étage d'un immeuble de Levallois. Il n'a rien de spécial à faire dans la vie. Il a décroché un bac B, mais en fac, il se sent paumé. Il n'a pas une thune, mais il ne cherche pas vraiment à travailler. Malek Boutih opte pour l'option glande toute la journée. Il adhère à une petite association, assiste, intéressé, à la première Marche des Beurs pour l'Égalité, en 1983. Mais ne s'y retrouve pas trop. Dans son association, avec ses copains, il s'écharpe sur plein de sujets, notamment sur une histoire de consommation de porc.

En janvier 1985, il regarde Harlem Désir, invité de « Droit de réponse », l'émission de Michel Polac. Boutih est scotché. SOS Racisme, il veut aller voir. Avec un copain, il débarque à l'improviste rue Martel. Ils arrivent à l'heure du déjeuner, la porte est entrouverte. « Ouh ouh, y a quelqu'un ? » Personne. Personne dans l'entrée. Personne nulle part.

Mais Malek Boutih entend comme un grognement qui vient du fond de l'appartement. Il tombe sur un mec assez balèze et un peu barbu : Dray. Il est plutôt sympa. Boutih, d'un naturel méfiant, dit qu'il va repasser, qu'il viendra peut-être à la prochaine réunion. Il a juste mis un doigt dans l'engrenage, il sera bientôt engagé corps et âme dans la machine. Il milite à SOS Racisme, intègre *Question socialiste* deux ans plus tard. Une vie désormais dédiée à SOS Racisme et à Dray. Ils ne se quitteront pas pendant dix-sept ans.

Éric

Un soir, Dray est invité sur le plateau d'un journal de 20 heures. De l'autre côté de la télévision, un adolescent, assis dans un canapé à côté de ses parents, dans leur salon de Montesson (Yvelines). Cristallisation sur petit écran. Éric Benzekri est happé par le personnage. On est en 1987. Benzekri a 12 ans. Dans trente ans, il écrira une série télé qui s'appellera *Baron noir*. Son père est parisien, juif, électricien. Sa mère, juive également, est arrivée du Maroc au moment de l'indépendance. Dans sa famille, ils ont toujours été de gauche, adhérents du Parti socialiste. Benzekri a ses petites contrariétés d'ado comme tout le monde et parfois, pour noyer une déprime passagère, il se plonge dans les motions du PS que son père reçoit par la poste. C'est bizarre, mais c'est comme ça. Ça lui fait du bien. Quelques semaines avant le congrès de Lille, il découvre le texte produit par ce petit courant de gauche animé par cet homme politique vu l'autre jour à la télé. Pour ce jeune passionné de la révolution russe, c'est sûr, Dray et ses amis incarnent l'avant-garde éclairée. Il espère en être, un jour. Ça vire même à l'obsession. Il adhère au Parti socialiste à 16 ans, intègre Sciences Po Strasbourg en 1992, prend sa carte à l'Unef dans la foulée. Il a un but dans la vie : rencontrer Julien Dray.

Pour réaliser son rêve, Benzekri monte un club politique et organise une conférence. Avoir son idole en *guest star*… Dray accepte, mais a un empêchement de dernière minute et refile l'invitation à Jean-Luc Mélenchon qui fait le déplacement. Mélenchon le tribun ne fait qu'une bouchée de la salle et enflamme les étudiants. Mais, dans le fond de la salle, Benzekri reste inconsolable.

En aparté, après son intervention, Mélenchon remercie Benzekri : « Dis donc, c'est vraiment pas mal, tu as mis trois cents mecs dans l'amphi. C'est bien. Il faut que tu viennes me voir sur la montagne sacrée. » Benzekri est incrédule, mais il sourit : « Moi, je ne connais qu'une montagne sacrée, c'est le mont Sinaï. — Eh bien, sache qu'il en existe une autre. Elle est à Massy, dans l'Essonne. » Le fief de Mélenchon, qui a installé le CTM, le « centre du trotskisme mondial », dans un local de la ville, le CTM, le « centre technique municipal ».

Mélenchon est intéressé par le jeune Benzekri. La Gauche socialiste ne dispose pas vraiment de troupes en Alsace, c'est une bonne terre à labourer. Mélenchon lui demande aussi de venir – en observateur – au Congrès de la GS, à Athis-Mons, chez Marie-Noëlle Lienemann, qui se tient quelques semaines plus tard.

Ils sont une petite centaine, Malek Boutih, Isabelle Thomas, Harlem Désir et Julien Dray, forcément. Benzekri va enfin pouvoir approcher son idole. Pour l'aborder, entre deux discours, il prend prétexte d'une interview à réaliser pour le journal de son club de réflexion politique.

Dray : « Un club ? Mais ça sert à rien un club… »

Dray porte un imper noir, il lève à peine les yeux sur son interlocuteur et retourne à sa place. Il semble plus gros qu'à la télé, il n'est pas sympa du tout et il a une Game Boy dans les mains. Pendant que ses camarades s'expriment à la tribune, Dray joue à Tétris. Absorbé par ces petites briques qui tombent du ciel, il suit les débats malgré tout. Ça se voit, car il commente les interventions des uns et des autres à voix basse, comme pour lui-même : « Oh ça va… » « Ouais, d'accord, et alors ? » « Bon OK, là, t'as raison… »

Éric Benzekri ne perd pas une miette du spectacle. Il est vexé, bien sûr, mais bien plus fasciné encore par le personnage.

L'interview de Dray par Éric Benzekri a lieu au moment de la pause déjeuner, sur les marches de la mairie d'Athis-Mons. Dray, qui n'a toujours pas lâché sa console de jeux, daigne répondre aux questions du gamin. Benzekri prend des notes. Il se dit que Dray est à peine poli, mais qu'il a, comme prévu, un cerveau sacrément bien irrigué. Et que son niveau de réflexion politique est surprenant. Benzekri remarque immédiatement un truc qui le fascinera toujours : quand Dray réfléchit intensément, ses yeux roulent comme des boules dans un flipper, ils partent dans tous les sens. Dray finit par lâcher sa Game Boy, parce que son interlocuteur lui paraît plutôt dégourdi et lui parle de la politique d'aujourd'hui avec des références d'hier, lui explique le présent avec la révolution russe et le futur avec Mai 68. Ils en oublient de manger. Benzekri n'avait même plus besoin d'être conquis. Il se met au service de son mentor à la vie à la mort. Homme de confiance, ami, alter ego, attaché parlementaire qui écrit ses discours, ses amendements… C'est parti pour quinze ans de compagnonnage.

Delphine

En 1986, elle a 13 ans et elle manifeste contre le projet de loi Devaquet. Delphine est la fille de John Batho, ancien ouvrier relieur CGT dans une imprimerie des Deux-Sèvres, reconverti dans la photo. La mère de Delphine, Claude, photographe elle aussi, est militante du MLF. Elle meurt d'un cancer quand sa fille a 8 ans. Delphine Batho intègre le lycée Henri-IV à Paris. Elle a démarré ses premières actions militantes à 11 ans, quand c'était la famine en Éthiopie. En sixième, cinquième, elle y consacre tous ses mercredis et samedis, et en quatrième il y a le mouvement de 1986. Elle met la moitié de sa classe en grève. Elle adhère à SOS Racisme. Un jour de janvier 1989, elle est au siège de SOS, elle tombe sur Yann Galut qui lui dit : « On est un groupe qui s'appelle Question socialiste et on veut faire un courant de gauche. Mais tu as dû entendre parler du Baron noir, non ? » Dray la bombarde secrétaire générale de la FIDL. Elle a 16 ans, les yeux bleus et un culot grand comme ça.

En 1990, en première ligne dans le conflit lycéen, elle rencontre François Mitterrand à l'Élysée, pendant les négociations ; il lui souffle, plein de tendresse : « J'ai entendu parler de vous… » Sa fille Mazarine est une élève d'Henri-IV, elle aussi. Delphine Batho rêvait d'être volcanologue. Elle oublie Haroun Tazieff, parce qu'elle a rencontré Dray. Elle ne vit plus que pour le militantisme. Elle entame des études d'histoire qu'elle ne finira jamais. La vie est ailleurs. En 1994, elle prend sa carte au PS. Elle a 21 ans. En 1998, elle devient attachée parlementaire de Julien Dray. Ils bosseront main dans la main pendant dix ans.

Boutih, Benzek, Batho, la garde rapprochée de Dray. Des militants professionnels. Ils sont à son image. Ils sont brillants, ils viennent de la rue. Pour Dray, ils sont à la fois dévoués et corvéables à merci. Ils ont des postes plus ou moins officiels. Assistants parlementaires, collaborateurs… Ils sont payés au lance-pierre. Ils gardent le statut d'étudiant le plus longtemps possible, s'inscrivent en Prep'ENA, ou à la Sorbonne, mais ne suivent pas les cours et ne se présentent pas aux examens. Leurs semaines sont rythmées par les réunions. Réunions de direction, réunions de section, réunions de l'Unef, réunions des secteurs politiques de la jeunesse de la GS, réunions fédérales de l'Essonne, bureau national de la Gauche socialiste, etc. Ça ne s'arrête jamais.

Vingt kilos plus loin

La campagne a un nom de code galvanisant : « Stalingrad ». Chaque rue, chaque pâté de maisons devra être défendu contre des adversaires d'extraction locale qui vont bien évidemment jouer sur le parisianisme de Dray. Dray convoque ses plus proches lieutenants. Malek Boutih, Éric Benzekri, Pascal Cherki, Frédéric Hocquard, Olivier Léonhart, Pascal Troadec.

Rendez-vous d'état-major à Sainte-Geneviève-des-Bois, avenue Gabriel-Péri, au local de campagne de Dray, député de la Xe circonscription de l'Essonne, candidat à sa propre réélection.

L'objectif militaire est très clair : Dray doit être réélu.

« Dray : Bon ben, à partir de maintenant, vous allez habiter en Essonne.

« Tous, en chœur : Hein ???

« Dray : Hé oui, c'est comme ça, vous n'avez pas le choix. J'ai besoin de vous là-bas. Ceux que je vois traîner au local de SOS, je les étripe. »

Certains vont malgré tout résister à l'oukaze drayiste, mais la plupart vont louer des appartements. Pas Dray, qui, lui, reste à Paris, dans son appartement du XXe arrondissement. Le député n'habitera jamais en Essonne.

En 1988, l'affaire avait été pliée en deux temps, trois mouvements, un parachutage et une petite manœuvre d'appareil. Le PS impose alors à Gérard Dupeyrat, le candidat investi par les militants, de débarrasser le plancher sans trop demander son reste.

En 1993, Dray est tout seul. Mais il a plein d'idées pour ne pas se retrouver à déambuler sur les marchés. Enfin, surtout une : laisser faire les autres. Le week-end, c'est une armée en campagne qui « marche » depuis la capitale. 9 heures, gare RER de Grigny Centre, un bataillon pressé de jeunes ados déferle pour prendre possession de la ville. La reconquête de l'Essonne est tout sauf facultative.

Il faut dire qu'il y a du boulot... Quand il tente d'en prendre la mesure, Dray a envie de se coller des claques. Mais pourquoi n'a-t-il pas suivi les conseils de Mitterrand ? « Julien, vous devez connaître par cœur chaque bout de trottoir de votre circonscription. » Il ne faut pas se mentir, Dray n'a pas essayé d'être, ne serait-ce que cinq minutes, ce député les pieds plantés dans la glaise de son territoire. Sa circo, c'est cinq communes : Sainte-Geneviève-des-Bois, Saint-Michel-sur-Orge et Morsang-sur-Orge, zones pavillonnaires de la classe moyenne ; Fleury-Mérogis, ville dont les habitants sont en majorité du personnel pénitentiaire ; Grigny et sa cité HLM de la Grande Borne, un des quartiers les plus chauds de France. Un « beau » terrain de jeu sociétal et politique.

Mais Dray n'a pas de réseau, pas de fichier, pas de photocopieuse. Il n'a pas bossé. Enfin, pas en Essonne. À 38 ans, il sait que c'est avec les dents qu'il doit aller chercher la réélection. Les sondages sont déjà catastrophiques pour la majorité, on file tout droit dans le mur d'une nouvelle cohabitation.

C'est quand il a chaud aux fesses que Dray devient le meilleur. Quand ses rivaux font du prêt-à-porter, Dray mise tout sur le sur-mesure. Les lieutenants mettent au point le « microtract ». Des tracts de très grande proximité qui sont conçus pour être adaptés à un micro-public, distribués rue par rue, immeuble par immeuble, parfois même cage d'escalier par cage d'escalier.

Julien Dray : « Serrer des mains sur les marchés, je ne sais pas faire… Ce que je sais faire, c'est parler politique avec les gens, pas leur dire que leur petite fille est jolie. Alors, j'invente les réunions d'appartements. Je les ai calquées sur le modèle des réunions Tupperware. En six mois, j'en fais cent trente. D'octobre à mars, c'est quasiment tous les soirs. C'est à ce moment-là que je prends vingt kilos, que je n'ai plus jamais reperdus. Parce que j'arrive toujours avec un gâteau… Parce que, pendant la première demi-heure, c'est toujours pareil : les gens se déchaînent et expriment leur déception de la gauche. Ensuite, je fais une pause et on mange le gâteau. Et après, j'embraye : "OK, c'est vrai, la gauche a déçu, mais il faut préparer l'avenir, etc." Et on enchaîne avec leurs préoccupations. La présence policière dans la ville, les classes surchargées dans l'école du coin, la progression du chômage, la relance du centre commercial Grigny 2. »

Comme d'habitude, l'équipe de Dray ne se fixe aucune limite. Tous les moyens sont bons pour engranger quelques voix. Et qu'importe si c'est un peu *borderline*… Comme la rédaction de faux tracts par ses équipes. Émanant d'associations imaginaires, comme une organisation très gaulliste d'anciens combattants, inventée de A à Z. Sur ces tracts, tapissés de sigles obscurs et de croix de Lorraine, on peut lire de prétendus appels à voter Julien Dray face aux dérives de la droite libérale. Des tracts distribués dans les quartiers où l'on vote majoritairement à droite… Ce genre de manip requiert, bien entendu, une clandestinité totale. Pour ne prendre aucun risque, le matériel est imprimé à

Orléans. Les tracts sont ensuite « boîtés » de nuit, par des militants armés du passe PTT qui permet d'entrer dans les immeubles sans avoir à taper le code.

Le 21 mars 1993, au soir du premier tour, Dray arrive en deuxième position avec 18,7 % des voix. Il devance le communiste Pierre Vasquez, maire de Grigny, mais se retrouve derrière Antoine Charrin (23,3 %), conseiller général de Morsang, UDF. Il obtient tout de suite le soutien de deux figures locales de la gauche, mais pas seulement...

Julien Dray : « Pendant la campagne, j'ai deux candidats de droite face à moi. Un dissident du RPR, une grande figure gaulliste, et Antoine Charrin, un local, un centriste. Entre eux, les tensions s'aiguisent. Moi, dès le début, le candidat RPR, je le considère, je le traite, je le respecte. Après le premier tour, Jean-Luc Mélenchon me dit : "Tu ne peux pas aller le voir toi-même. Si ça se savait... Laisse, je m'en occupe." Il rencontre le candidat de droite battu : "Dray, c'est un mec bien, vous savez, il doit l'emporter." Au sortir de son entrevue, il m'annonce : "J'ai négocié. Tu vas voir, tu vas avoir une belle surprise !" Le candidat RPR rédige un tract bien assassin pour le candidat UDF, à quarante-huit heures du second tour... Cela n'a pas dû jouer pour grand-chose, mais quand même, ça fait plaisir... »

Comme tous les jours d'élections, Dray est à cran. Dimanche 28 mars 1993. Les 56 103 électeurs inscrits dans la Xe de l'Essonne vont décider de son avenir politique. Ce soir, il sera mort ou vivant. À partir de 19 heures, Dray ne tient plus en place. Pour s'occuper, il décide de faire la tournée des directs à la radio et à la télé. Quand il revient en circonscription, vers 23 heures, tout le monde l'attend à la mairie. C'est le délire, il a gagné, de justesse. Il est élu à 50,4 % des voix. Avec 253 voix d'écart. Il fait partie des cinquante-deux députés rescapés du Parti socialiste.

Julien Dray : « Après, on va tous dîner au Pied de Cochon, une brasserie des Halles. Un des rares restos ouvert la nuit où on peut mettre beaucoup de monde. On est à peu près quatre-vingts. On retrouve Claude Bartolone, qui a gagné aussi. On est au troisième étage. Au premier, il y a Pierre Lellouche qui fête aussi sa victoire. On chante *L'Internationale* et, eux, ils chantent *La Marseillaise*. Ça a failli dégénérer… »

Au Parti socialiste, c'est la bérézina. Dray, lui, vient de vivre son Austerlitz. Dray est gros. Mais vivant.

Bientôt seul

« Jospin me casse les reins à partir de 1998. » Julien Dray.

L'euphorie dure quatre ans. Mais depuis la nomination de Jospin au poste de Premier ministre en 1997, l'ambiance n'est plus tout à fait la même à la GS. Dray canarde publiquement le nouveau Premier ministre dans *Le Monde*. Il juge que « l'expérience socialiste n'a duré que deux jours », le temps que Jospin accepte de ratifier le traité d'Amsterdam. Mélenchon laisse faire, mais ne s'aligne pas sur le texte de son camarade de courant. Mélenchon admire Jospin, un Mitterrand sans tache, un ancien de l'OCI, comme lui. Depuis 1995, après la défaite à la présidentielle face à Chirac, Mélenchon est même devenu furieusement jospiniste. Un peu plus tard, Jospin, Premier ministre, parvient à instiller le poison de la jalousie dans le triumvirat de la Gauche socialiste. Il nomme Jean-Luc Mélenchon ministre délégué à l'Enseignement professionnel, en février 2000, puis Marie-Noëlle Lienemann secrétaire d'État au Logement, un an plus tard. Ils sont trois à la Gauche socialiste et un seul ne figure pas sur la photo officielle. Pour Dray, c'est *niet*. Caramba, encore-encore-encore raté ! Dray ravale cette nouvelle humiliation et tente un dernier coup.

Ça tombe bien, une grogne lycéenne fait tousser le pays en 1998, contre le ministre de l'Éducation nationale de l'époque, Claude Allègre, en opération dégraissage du mammouth administratif. Dray, en tant que « guide spirituel », est sollicité par les mouvements de jeunesse et autres syndicats lycéens. Dray a désormais ses habitudes : agir en sous-main, faire le point dans une arrière-salle de bistrot sur l'état de la mobilisation. En l'occurrence, tous les deux jours, au Thermomètre, une brasserie à Bastille, la direction de la FIDL, les jeunes leaders et le MJS boivent les paroles du Baron noir en action. Toujours le même cérémonial. Dray tâte le pouls de la mobilisation et donne ses directives. Sauf qu'un matin, alors que le mouvement est en pleine expansion, Dray fait la moue. Il met les deux pieds sur les freins. « Non, non, ça ne va pas prendre. Je ne le sens plus. » Inexplicable.

Les leaders lycéens ne sont pas censés savoir que Dray a un objectif très personnel : devenir secrétaire d'État à la Jeunesse, sous le haut patronage de… Claude Allègre, qui pourrait bien être redevable à Dray d'avoir saboté le mouvement de l'intérieur. Manip limpide : Allègre, un très proche de Jospin, est le seul à pouvoir convaincre le Premier ministre d'accueillir Dray au gouvernement. Allègre tient à peu près ce discours à Dray : « Tu me sauves la peau et je te nomme auprès de moi. Et je dirai à Lionel que je te contrôle. » Martine Aubry, ministre influente du Travail, tête d'affiche du gouvernement qui met en œuvre les 35 heures, qui déteste Dray au moins autant que Jospin, aura vent de la manigance et fera capoter l'affaire. Dray aura vraiment tout essayé.

Au sein de la GS, avec la gauche au pouvoir, les trois cadors sont, en réalité, déjà dans une stratégie individuelle. Alors, François Hollande, à la tête du parti, aide son ami un peu esseulé à revenir dans le jeu politique. Il fait de Dray le secrétaire à la sécurité au PS, un sujet qu'il laboure depuis quelques années déjà. Avec une arrière-pensée pour Dray, grosse comme une maison : être ministre de l'Intérieur… en cas de victoire de Jospin à la prochaine présidentielle. En attendant, Dray tente de prouver qu'il peut être utile au grand frisé sur le thème de la sécurité, que les socialistes ont tant de mal à gérer.

Le Pasqua de gauche

« Le parti était dans une négation totale de la réalité. Il disait : "Il n'y a pas de problème d'insécurité mais seulement un sentiment d'insécurité." Je répondais : "Ben, venez voir à la Grande Borne, s'il n'y a qu'un sentiment d'insécurité !" En plus, les premières victimes de la montée de la violence, ce ne sont pas les riches, qui peuvent toujours déménager. Ce sont les pauvres qui sont coincés. » Julien Dray.

Le jour se lève sur New York. One Police Plaza, sud de Manhattan, 6 h 45. Autant dire le cœur de la nuit pour

Dray, qui n'est pas réputé être un lève-tôt. Pour une fois, pourtant, il est même un peu en avance – les Américains ne rigolent pas avec la ponctualité. Surtout s'ils sont flics. Ce 22 juillet 1998, Dray est convié au QG du New York Police Department, situé juste à côté du pont de Brooklyn. Depuis qu'il s'intéresse à la question, Dray est fasciné par le modèle de sécurité publique américain. Il veut voir de plus près ce qui a été mis en place à New York depuis l'arrivée de Rudolph Giuliani à la mairie.

Julien Dray : « Je suis alerté sur la violence pendant le mouvement lycéen de 1990. C'est là que je prends conscience du problème. Dans une des grandes manifestations, il se passe quelque chose qui m'inquiète : il y a des débordements de gamins qui piquent, qui cassent notamment le magasin C&A à Montparnasse, qui brûlent des voitures… C'est complètement nouveau. »

Attention, Dray est crédible. Il n'est pas un député rural. Dans son fief de l'Essonne, cette violence, Dray peut l'étudier à la loupe. À Grigny, quartier de la Grande Borne, cette vaste cité HLM de 3 685 logements, édifiée à la fin des années 1960, est devenue l'épicentre de la violence urbaine et un repaire de trafics en tout genre.

Il rédige un premier rapport sur « la violence des jeunes en banlieues » pour la Commission des affaires sociales de l'Assemblée nationale en 1992. Il y décrit la dérive mafieuse des banlieues, l'existence d'une économie parallèle dans les cités. Dray travaille ensuite à la rédaction d'un ouvrage sur le sujet, *État de violence*, publié en mai 1999. Il est persuadé que la sécurité est un bon thème, à la fois dans l'air du temps et transgressif à souhait pour un type de gauche. La sécurité, un créneau pas vraiment compatible avec ses antécédents gauchos castagneurs de CRS ? C'est donc pour lui, l'artiste du contre-pied. Oui, il est à la gauche du Parti socialiste, est-ce une raison de s'interdire de préempter ce sujet traditionnellement de droite ?

Il y a sûrement des coups à prendre ? Pfff… Même pas peur. Pour son livre, Dray part à la rencontre des professionnels du maintien de l'ordre : gardiens de la paix, brigadiers, capitaines, îlotiers, commissaires. Au passage, l'ancien agitateur se fait un sérieux réseau chez les flics et leur rend un hommage appuyé dans son ouvrage : « J'ai vu des hommes pleins de bonne volonté confrontés à une situation terrible, faisant tout ce qu'ils peuvent avec les moyens qu'on leur donne. » Dray voit les flics, les reçoit. Il se fait des copains, il est tellement doué pour ça. Il donne des coups de main, aide un policier de la brigade financière dans un dossier d'adoption. Être aussi sympa avec la police, ça peut toujours servir. Peut-être… Plus tard…

Julien Dray : « En décembre 2001, Jospin me nomme médiateur, car le gouvernement se retrouve en conflit avec la police à cause d'une nouvelle loi sur la présomption d'innocence. On est au bord de la grève générale. Avec Delphine Batho, on discute avec les flics. C'est facile pour moi, car je les connais déjà, les patrons des syndicats Alliance et Synergie-Officiers. Je rédige un rapport (rendu le 18 janvier 2002) et là… Surprise ! Les syndicats sont contents, ils adhèrent. Jospin avalise mes propositions et la grogne prend fin. Cela me permet d'être associé, un peu, à la campagne présidentielle. »

Jospin lui confie la préparation du volet sécurité du programme du parti pour la présidentielle de 2002. Il fournit des éléments de langage au candidat. Un soir, un Jospin en panique à la veille d'une émission de radio appelle Dray, alors au volant sur l'autoroute. Il s'arrête à une station d'essence en catastrophe et briefe le Premier ministre sur la sécurité. Dray indispensable ? Oui, pendant cinq minutes, Dray fut indispensable à Jospin. Cinq minutes, c'est déjà pas mal.

Au bord de la piscine

« Dray aimait bien le fric. Rozenblat l'avait épaté et convaincu que d'avoir un domestique à domicile, c'était bien, que c'était normal. Qu'on faisait travailler le petit peuple. » Serge Faubert.

Chez Marc Rozenblat, ex-révolutionnaire trotskiste, il y a beaucoup de mètres carrés, plusieurs niveaux d'habitation et aussi une petite piscine intérieure avec un système hydraulique qui permet de nager à contre-courant. Le domicile de Marc Rozenblat se situe dans le XXe arrondissement, pas très loin de chez Dray. Ce qui n'est sûrement pas qu'un hasard, car, depuis la fin des années 1970, les deux hommes ne sont jamais restés très éloignés l'un de l'autre. Rozenblat était certes membre de l'OCI, et aussi un fidèle de Jean-Christophe Cambadélis, mais « Juju » et « Rozen », c'est autre chose, ils se sont toujours appréciés. Des frères d'armes, un duo de natation synchronisée du militantisme étudiant. Seulement, Rozenblat n'a jamais cherché à devenir une tête d'affiche comme son pote ; la notoriété, c'est toujours très mauvais pour le business.

Rozenblat est même devenu l'un des meilleurs amis de Dray. Pourtant, Dray ne l'a pas invité à son soixantième anniversaire. Si Rozenblat avait été là, c'est François Hollande qui ne serait pas venu. Pourquoi ? Parce que Rozenblat traîne une réputation, comme on dit. Il a fait fortune grâce à la Mnef, la mutuelle étudiante proche du PS et de l'Unef-Id qui défraya la chronique politico-judiciaire à la fin des années 1990, mais dans laquelle il ne fut pas impliqué. L'affaire de la Mnef, ce fut un scandale qui révéla une utilisation problématique des cotisations versées par les adhérents. Abus de biens sociaux, détournement de fonds, enrichissement personnel, emplois fictifs, entrelacs opaques d'une cinquantaine de filiales qui généraient plus de deux milliards de francs de chiffre d'affaires.

Dès 1982, la Cour des comptes avait émis des réserves sérieuses sur la gestion de la Mnef et relevé le montant anormalement élevé des salaires des dirigeants et des indemnités des administrateurs.

La justice ouvre une instruction en septembre 1998. L'affaire de la Mnef éclabousse Olivier Spithakis, son directeur général, condamné à deux ans de prison avec sursis et 50 000 euros d'amende, ainsi que Jean-Christophe Cambadélis, condamné à six mois de prison avec sursis et 20 000 euros d'amende. Dominique Strauss-Kahn, alors ministre de l'Économie et des Finances, mis en examen pour « faux et usage de faux », est contraint de démissionner, avant d'être relaxé. Thierry Laborde, directeur du développement de la mutuelle étudiante et délégué CFDT de la Mnef, se suicide à 47 ans après avoir été mis en examen pour abus de biens sociaux.

Ni Dray, qui fut salarié de la Mnef dans les années 1980, ni Rozenblat, qui en fut son administrateur de 1984 à 1986 en tant que président de l'Unef-Id puis qui, devenu entrepreneur, vendit des polices d'assurance aux adhérents de la Mnef, ne furent mis en examen.

L'affaire de la Mnef aboutira à la mise en liquidation de la mutuelle en 2000. Comme elle comptait quelque six cent mille adhérents qu'il était malencontreux de laisser en rase campagne, une autre mutuelle fut bâtie sur ses ruines encore fumantes : La Mutuelle des étudiants (LMDE), une Mnef purgée de ses dérives en quelque sorte, dont la première présidente fut Carine Seiler, une proche de Dray et l'épouse de… Marc Rozenblat qui s'est, depuis, reconverti dans la promotion immobilière. Il est devenu spécialiste de la construction de résidences étudiantes.

Nous sommes un soir de janvier 2002, trois mois avant la présidentielle au domicile de Carine Seiler et de Marc Rozenblat, au premier étage, en surplomb de la piscine. Avec quelques personnes invitées qui ne sont pas venues avec leur maillot de bain. Il s'agit donc d'une réunion de travail provoquée par Dray. Le point névralgique de la discussion est le suivant : la LMDE, la remplaçante supposée vertueuse de la Mnef, doit se débrouiller avec de substantielles difficultés financières. Il s'agit de trouver des fonds privés pour recapitaliser la mutuelle et Dray, qui conserve encore un poids politique conséquent sur l'Unef, le principal acteur de la LMDE, a une idée qu'il veut soumettre aux administrateurs de la mutuelle présents dont Yassir Fichtali, président de l'Unef, et Xavier Vuillaume, secrétaire général.

Cette discussion est un moment de bascule décisif dans la carrière politico-économique de Dray. À son issue, rien ne sera plus comme avant. C'est Dray qui, *primus inter pares*, prend la parole : « Bon, vu les difficultés de la LMDE, j'ai pensé qu'il était utile de demander à un ami de nous aider. Et cet ami, c'est Marc Rozenblat. » Qui n'était pas loin, caché derrière le rideau. Rozenblat s'installe et raconte qu'un autre ami, un type vaguement dans la grande distribution, est prêt à venir au secours de la mutuelle, qu'il est disposé à apporter plusieurs dizaines de millions d'euros. En échange de quoi, il faudra, évidemment, mettre en place une diversification d'activités. Ce que comprennent très clairement les invités, c'est que le duo Dray-Rozenblat a échafaudé un nouveau modèle économique complexe et acrobatique. Quelques questions de forme plus tard, Xavier Vuillaume se lève et fait preuve d'un certain culot pour parler à Dray en ces termes : « Ça, c'est sans nous. Je vous le dis. Vous ne ferez pas ça avec nous. » Rozenblat et Dray le prennent assez mal. Rozenblat : « Quoi ? Qu'est-ce que tu dis ? » Vuillaume : « Si vous n'avez pas compris que tout ça, c'était fini… On ne recommencera pas comme ça et pas avec vous. On n'a plus rien à se dire. »

Tout ce petit monde se lève sur un constat sans appel de désaccord. Et au moment où Xavier Vuillaume s'apprête à partir, Dray l'empoigne vivement par le col. Il n'avait jamais vu Dray dans cet état. Dray ne plaisante pas, car il est en train de tout perdre. Alors, il hurle : « Comment tu peux me faire ça ? Comment tu peux dire ça ? » Vuillaume : « Ce n'est pas une attaque personnelle. C'est juste un dispositif financier qu'on n'acceptera pas. »

Julien Dray : « C'est très tendu chez Rozenblat. Sa femme, Carine Seiler, est la présidente de la LMDE et elle est en tension avec une partie de la bande de l'Unef, notamment avec Pouria Amirshahi, qui veut récupérer la présidence. Elle me demande de calmer tout ça, on se voit chez elle. Moi, ça m'inquiète qu'ils veuillent la présidence de la LMDE. Je leur dis : "Non." Ils ne sont pas contents. Après, ils me parlent de "Rozen". Je leur dis : "Mais Rozen n'a rien à voir là-dedans… Bon, d'accord, on est chez lui, mais ça n'a rien à voir. C'est pas vrai qu'on voulait privatiser la LMDE, mais on avait un problème de financement. On cherchait des sources de financement, et c'est d'ailleurs pour cela que l'on avait sollicité "Rozen". Si j'ai eu une réaction virulente, ce soir-là ? Eux se comportent mal pendant la réunion. À ce moment précis, ils sont dans un processus de rupture avec moi. Ils vont filer ensuite chez Hamon. »

Les jours qui suivent, l'un des invités prend soin de contacter *Le Canard enchaîné* pour faire avorter le projet Dray-Rozenblat. L'article, paru plus tard, ne décrit pas la scène, mais évoque le montage proposé qui part directement aux oubliettes. C'est donc sur un fond de soupçons d'affairisme financier que Dray est contraint de rompre définitivement avec le syndicalisme étudiant. La Gauche socialiste est sur le point d'exploser. C'est la fin d'un cycle prolifique et tout semble lui échapper.

L'été meurtrier

> **« C'est à partir de ce moment-là qu'il commence à perdre son âme. » Gérard Filoche, ancien membre du bureau politique de la LCR et ancien membre du conseil national du PS.**

Mélenchon a les idées tellement noires que la seule activité à laquelle il s'astreint est de s'élancer, tout le jour, sur le pavé parisien. Il marche comme un automate. Marcher, pour oublier, il a toujours fait ça, et il n'a jamais autant marché que cet été-là. Une profonde déprime lui est tombée dessus, sans préavis, le 21 avril dernier, à 20 heures précises. La date fait désormais partie de l'histoire. Ce soir-là, Jospin en a terminé avec la vie politique. Mélenchon a 50 ans, il se voyait déjà ministre régalien d'un Jospin président de la République. En quelques minutes, comme beaucoup d'autres, Mélenchon a tout perdu. En entrant au gouvernement comme ministre de l'Enseignement professionnel, il avait abandonné son poste de sénateur… Il ressort de la séquence essoré. Été pourri. Il ne sait plus très bien où il en est. Il est comme un soldat fantôme qui a perdu son armée.

Curieusement, Dray, qui pourrait se réjouir de perdre enfin son meilleur ennemi politique, a quand même pris un gros coup sur la tête, lui aussi. Il avait accompli un début de miracle en réussissant à se rapprocher de Jospin, et puis, patatras. Mais, pour une fois, Dray ne tombe pas tout au fond de son bougonnement dépressionnaire. Attendez un peu… Dès le soir du 21 avril, il a commencé à faire turbiner ses algorithmes intérieurs. L'échappatoire lui est apparue en lettres d'or clignotant sur fond noir, le générique très hollywoodien de son nouvel Eldorado politique : H-O-L-L-A-N-D-E. Oui, le salut, pas forcément celui de son âme, mais de son avenir politique, passe par son pote François, le meilleur cheval sur lequel miser. Son agent traitant des années SOS Racisme. Dray aime sincèrement Hollande ; cela a tout l'air d'être réciproque.

Surtout, Dray a le sentiment qu'il doit se projeter sur autre chose. Un peu las de jouer les trublions à la gauche du parti. Il a presque 50 ans, jamais été ministre, passé l'âge de jouer le sniper de service, d'agiter en vain les masses, d'être l'éternel minoritaire en exil de son propre camp. Il est peut-être temps de s'assagir, après tout… Le moment est même idéal, il y a des places de premier choix à prendre dans ce parti en ruine… Construire ou reconstruire, imaginer un nouveau futur… De frondeur à conseiller du Premier secrétaire du PS, en attendant mieux, la pirouette est certes surprenante, mais c'est la politique, n'est-ce pas ? « Après la défaite de 2002, Julien me dit que le Parti socialiste est un champ de ruines et que, donc, on va facilement peser, se souvient Gérard Filoche. “Avec Hollande, ce sera une direction faible. On en sera au cœur, on en sera la force”, m'explique-t-il. Je lui réponds : “Conseiller du prince, un jour. Disgracié, bientôt.” »

Pour justifier un tel ralliement « hollandais » auprès de ses troupes ébahies, Dray use de la dialectique la plus cruelle. Il faut regarder les choses en face, assure-t-il : la Gauche socialiste, c'était sympathique et vivifiant, on y a tous cru, mais au fond, ça n'a pas fonctionné. Sinon, Jean-Marie Le Pen n'aurait pas accédé au second tour de l'élection présidentielle… La stratégie de construction d'une aile gauche, capable d'influencer la ligne dominante du parti, c'est terminé. Alors, il faut essayer autre chose. Je vous le dis, il faut investir le cœur du réacteur, il faut être la direction elle-même. Ça tombe bien : Hollande nous accueille à bras ouverts. La « bande à Juju » n'en croit pas ses yeux : Qui a changé notre « Juju » à ce point ? A-t-il conscience qu'il va s'embourgeoiser jusqu'à se renier ?

Dray sait bien que l'aventure sera solitaire. Mélenchon déteste Hollande qui le lui rend cordialement. Mélenchon ne lui a jamais pardonné l'humiliation subie au congrès de Brest, en 1997, quand il s'est présenté au poste de Premier secrétaire du PS face à Hollande justement. Cette candidature s'est soldée par un échec cuisant, 8,81 % des voix. Mélenchon est persuadé que ce score sordide résulte de quelques tripatouillages dans les urnes, et que Hollande n'y est pas pour rien. Bref, Dray n'a d'autre choix que de filer à l'anglaise.

Pendant tout l'été 2002, Jean-Luc Mélenchon marche ou se terre. Injoignable. Mélenchon et Dray ont rendez-vous à Nantes, le 30 août 2002, pour solder les comptes. Les trois mille militants de la GS ne le savent pas encore, mais ce sera la dernière université d'été du courant. Mélenchon a fait secrètement affaire avec Henri Emmanuelli et emmène avec lui le plus gros des troupes. Les insultes fusent, désormais. La Gauche socialiste a implosé. En septembre 2002, Dray dégaine par mail, sur la liste de diffusion de la GS, une longue missive destinée à tous les militants. Il y dénonce l'alliance secrète avec Emmanuelli, un « mépris de la démocratie », une « opération manœuvrière », la « construction d'une nouvelle petite écurie au vernis de gauche ». Mélenchon répond : « Six pages pour décliner une révélation sensationnelle : une "conjuration" entre Henri Emmanuelli et moi ! Avec célébration au champagne en fin de complot ! Waahou ! [...] Je préférerais avoir à mes côtés mon copain Julien au moment où je vis les heures compliquées d'un nouveau dépassement de nos structures, routines et conforts. Mais il n'est pas là. Il est sur le trottoir d'en face, occupé à jeter des pierres sur notre courageuse cohorte. »

Julien Dray : « Mélenchon est bipolaire. Il casse tout ce qui marche. Il a plombé la Gauche socialiste, s'est rallié à Emmanuelli et trois semaines plus tard, ils ne se supportaient plus. »

Fin d'une aventure politique. Dray tient Hollande dans son viseur, mais, pour que la transition ne soit pas trop brutale, s'en va cofonder le NPS, avatar « moderne » de la GS à l'automne 2002, avec Arnaud Montebourg, Benoît Hamon et Vincent Peillon. Six mois plus tard, Dray en claque la porte pour rejoindre François Hollande. Dray devient porte-parole du Premier secrétaire du PS. Pour Mélenchon, c'est le début de sa théorisation de la mort du PS, qu'il quittera cinq ans plus tard. C'est la fable du loup et du chien. Dray a désormais un maître à qui il s'est dévoué. Mélenchon se fait sauvage et ne rendra plus de comptes à personne, sauf à lui-même.

Enterrement de gauche

Ce 25 juin 2015 au matin, on enterre un homme politique de 44 ans. La gauche, la vraie gauche, est en deuil et il fait beau, beaucoup trop beau pour un homme qui meurt aussi jeune. Les geais, les pies et les mésanges s'ébattent dans le grand cèdre du Père-Lachaise, sans égard pour les suiveurs aux yeux rougis et désemparés qui convergent à pas lents vers le crématorium du cimetière. Le rendez-vous est fixé à 10 h 30 devant cette étrange coupole au style néo-byzantin, plantée au milieu des tombeaux. On aperçoit des figures historiques comme Alain Krivine, Jean-Christophe Cambadélis ou Marie-George Buffet. Il y a des ministres de François Hollande comme Harlem Désir, Laurence Rossignol ou Delphine Batho, des élus et puis une foule de militants du Parti de gauche emmené par Jean-Luc Mélenchon.

François Delapierre, qui portait un prénom de président de la République, a rendu son dernier souffle cinq jours plus tôt. Une tumeur au cerveau, qui ne lui a laissé aucun espoir. Foudroyé à 44 ans. Delap, pour les intimes et pour tous les autres, c'était la tête de pont entre la gauche réformatrice et la gauche révolutionnaire. Le grand espoir de la GS, le fils spirituel de Dray et Mélenchon. Quand la GS était une seule et même famille. Mais avant même que la GS n'explose en plein vol, Delap avait choisi son camp. Mélenchon.

Tous les vieux camarades se retrouvent et comptent leurs rides et les années passées. Ils sont plus d'un millier, ce matin. Ils ne pouvaient pas ne pas lui dire au revoir, au nom de leurs débats enflammés, des lectures communes et exaltées de Marx ou de Gramsci, des heures d'écriture des motions et contributions, des tractages dans les universités, des nuits de bluff au cours de parties de poker à rallonge.

Dray ira s'incliner devant son cercueil, cela ne se discute pas, même si rien n'est simple. D'abord, Dray s'est foulé la cheville. Il boite, prend appui sur une canne pour rejoindre les jardins du crématorium. Ensuite, Dray sait qu'il va croiser des gens qui n'ont aucune envie de le voir, qui ne le salueront pas, qui détourneront le regard sur son passage au nom de tous ses renoncements. Malek Boutih ne fait pas le déplacement. Il n'est pas le genre à jouer les hypocrites. Avec Delap, ils ont été plus rivaux qu'amis.

Le cercueil est posé devant les marches. Il est recouvert d'un drap rouge, d'une écharpe tricolore et d'une couronne de roses pourpres, offerte par le Parti de gauche, dont Delap était devenu le grand chambellan. La salle du crématorium ne peut accueillir que deux cents personnes, et encore, ils sont nombreux à rester debout. Alors, la répartition se fait ainsi : à l'intérieur, ceux qui ont suivi Jean-Luc Mélenchon et ont ensuite rompu avec le PS, comme Alexis Corbière, Raquel Garrido ou Gabriel Amar. À l'extérieur, dans la cour pavée, tous les autres se recueillent devant l'écran géant qui retransmet la cérémonie. Dray est dehors sous le soleil, en appui instable sur sa canne. « Ci-gît la dépouille de François Delapierre, notre camarade. » Ce sont les premiers mots de Jean-Luc Mélenchon, veste noire, œillet dépassant de la poche, en référence à la révolution au cours de laquelle le peuple portugais s'est débarrassé du dictateur Salazar.

Le discours de Mélenchon, c'est dix-huit minutes de pure politique. Il décrit le camarade Delapierre en héros rouge, l'érige en symbole de la guerre contre le capitalisme. Il exalte la théorie de la révolution citoyenne, pierre angulaire du Parti de gauche, mise au point avec Delap. Au passage, il règle ses comptes. Le tribun actionne plusieurs registres de langage. La moquerie : « Ainsi François faisait-il des pages d'écriture en chinois au temps de sa présence ennuyée dans les ineptes bureaux nationaux du PS. » La mise en garde : « Vous autres, qui avez marché naguère autour de lui, méditez les devoirs que son exemple vous ordonne. Notre action politique n'est pas un jeu de rôle, elle n'est pas une carrière, elle est une étincelle, elle est une brûlure. Celle de l'idéal choqué à l'inertie des indifférents, aux sarcasmes des malins, à la tristesse des résignés. » Le brutal : « Dans sa génération et dans ses voisinages ont pullulé les opportunistes, les cyniques, les roués. François, pourtant n'a pas fait d'efforts pour rester un militant révolutionnaire. Il s'est contenté d'obéir à l'exigence simple de mettre ses actes en accord avec les conclusions de sa pensée. »

La cérémonie prend fin et ceux de l'intérieur, menés par Mélenchon, sortent du crématorium en file indienne, la main droite sur l'épaule droite du voisin de devant, en chenille. Ils entonnent *Grândola, Vila Morena*, chanson emblématique de la « révolution des œillets ». Puis le silence se fait. Une voix d'homme le déchire : « Camarade François Delapierre ? » Une partie de la foule répond : « Présent ! Présent, pour toujours et à jamais ! » Ceux du dehors s'interrogent mutuellement du regard, froncent les sourcils sans oser rompre la solennité du moment. Ils débrieferont plus tard. Ils partageront ce sentiment diffus d'avoir été exclus de l'histoire, comme effacés, biffés de la photo, comme aux plus grandes heures du stalinisme d'État. Pas un mot n'aura été prononcé sur les années de jeunesse militante de Delap, pas un mot sur la FIDL dont il fut le deuxième président, pas un mot sur l'Unef, pas un mot sur Dray. Comme si François Delapierre n'avait jamais fait partie de la « bande à Juju », comme s'il n'avait pas vécu quinze années avec Patricia Philippe, une grande proche de Dray, comme si tout avait commencé, avec Mélenchon, après la scission et la sortie du PS.

Dray est resté silencieux. On ne lui a pas proposé de prendre la parole. Il ne salue même pas Mélenchon qui lui envoie un SMS, plus tard, pour lui dire : « J'ai vu que tu étais là, je suis désolé, on ne s'est pas vus. » Dray est reparti du cimetière sans dire un mot, le bruit de sa canne résonnant sur le pavé.

SAISON 4

Le chaperon de Royal

« Dray a ce coup de génie : Ségolène Royal en 2007. Qui va devenir la première femme finaliste de l'élection présidentielle. Il a l'intuition "Ségolène Royal" avant les autres. Elle est, comme lui, une marginale dans le parti. » Bernard Pignerol, cofondateur de SOS Racisme et conseiller de Jean-Luc Mélenchon.

La photo embarrassante

« Tout le monde a pensé que je couchais avec elle. À cause d'une photo... » Julien Dray.

Dray tombe nez à nez avec la photo ; stupeur et grimace de contrariété majuscule. Cette photo, il la trouve très dangereuse. Ce n'est pas qu'elle soit disgracieuse, au contraire. Elle est publiée dans *Le Journal du dimanche*, le 19 novembre 2006. Elle a été prise par Jean-Luc Luyssen, un excellent reporter de l'agence Gamma. Excellent, car il a mis en boîte pile LE moment qui symbolise tout entier l'instant de pleine lune de miel politique vécue ce soir-là par les deux protagonistes du cliché. On y voit Ségolène Royal, avec les yeux tout illuminés, épanouie, soulagée et resplendissante, et Dray, avec les yeux tout illuminés, épanoui et soulagé. Ils sont assis côte à côte sur un canapé blanc et au premier plan, il y a des coupes de champagne vides posées sur une table basse. Cette photo légèrement aphrodisiaque qui pourrait, éventuellement, sous-entendre un peu plus que de l'amitié, est prise dans la soirée du jeudi 16 novembre 2006.

Dray est migraineux, fumasse et inquiet, car cette photo n'est même pas volée. Le photographe n'a forcé aucune serrure. Dray a clairement manqué de vigilance, il a peut-être baissé un peu trop la garde, si on peut dire. Trop de champagne peut-être… Mais bon… Dray était particulièrement comblé… Alors, une fois de plus, l'affectif a tout emporté. Et puis, si on ne peut plus se détendre cinq minutes sans que ça mette le binz. Et puis, c'était un peu n'importe quoi, car chez Ségolène, ce soir-là, à Melle, c'était opération portes ouvertes…

Ségolène Royal est la reine du jour. Elle célèbre le résultat du vote à la primaire présidentielle socialiste qui l'a désignée, surprise tellurique, candidate du PS à l'élection présidentielle. La météorite Royal a pulvérisé les brontosaures du Parti socialiste, Jack Lang, Dominique Strauss-Kahn et Laurent Fabius, dès le premier tour de scrutin avec 60,65 % des voix.

Voilà pourquoi ce cliché est hautement inflammable. Cette photo, c'est un fusil à éléphants. En tout cas, les éléphants vont le prendre comme tel. Efficace si on ne rate pas son coup. Dray, pas né de la dernière pluie, sait aussi que, pour illustrer ce quasi-plébiscite militant, cette photo n'a rien d'insignifiant. Il sait qu'au-delà du plaisir fugace de démontrer, dans un journal à grands tirages, qu'il est vraiment « très » proche de la candidate officielle, qu'il est un alchimiste qui sait transformer le plomb en or, elle excite Fabius, DSK et tous les autres qui, eux, aiguisent les flèches de la rancœur pour les envoyer en enfer, Royal et lui. Il sait que cette photo, trop légère et trop victorieuse, est déjà vécue comme un bras d'honneur au parti. Que rien, désormais, ne sera simple, que la campagne est déjà mal emmanchée. Détail non sans importance : cette photo, François Hollande, le compagnon, ne l'a pas trop appréciée non plus.

Hollande... Tiens... Mais où est-il ? Caché sous le canapé ? Réfugié à l'étage ? Ce soir-là, le soir de la photo, Ségolène Royal reçoit à Melle, en Poitou-Charentes, un gros bourg des Deux-Sèvres en plein cœur de sa circonscription, dans sa maison de village, située juste derrière la mairie et la salle des fêtes. Un pavillon pas folichon aux murs blancs avec des volets rouges et un petit jardin, entouré de massifs d'hortensias. Ils sont une quinzaine à se congratuler. Il y a Dray, son assistante Nathalie Fortis, Jean-Louis Bianco, Thomas Hollande, Delphine Batho, Patrick Mennucci, David Assouline. Quelques journalistes aussi, Isabelle Mandraud du *Monde*, Françoise Degois de France Inter. De l'équipe rapprochée de la candidate, il ne manque que François Rebsamen, resté à Paris pour s'assurer qu'il n'y ait pas d'embrouilles comptables dans le décompte des voix, on ne sait jamais... Et Hollande.

Ségolène Royal sait mettre ses convives à l'aise, elle a préparé une jolie table, a mis des bougies partout et n'arrête pas de s'exclamer : « Ce soir, c'est Noël, c'est Noël ! » Ce serait Noël et même l'Épiphanie s'il ne manquait pas quelqu'un autour de la table des copains. François Hollande, le père de ses enfants, est en Corrèze, dans son département. À 220 kilomètres. À deux heures de route, seulement.

Julien Dray : « Dans la soirée, on se parle au téléphone avec François. Je lui dis de venir, même si c'est en pleine nuit. Mais il ne vient jamais... »

Le lendemain matin, Dray revient chez Ségolène Royal – non, il n'a pas dormi sur place –, des croissants à la main. Dray s'active autour de Royal dont la France attend la déclaration. Elle prévoit de faire une conférence de presse à 11 heures. Enfin… Peut-être. Elle n'en est pas certaine. Dray lui propose d'appeler, sans plus attendre, Jack, Dominique et Laurent. Un petit mot gentil, une amorce de réconciliation indispensable pour lancer la campagne sur des bases collectives. Mais elle balaye l'air avec le revers de sa main. « Ils peuvent bien attendre. » Ce ne sera pas sans risque.

Sa nuit a été courte voire blanche. Le visage de Ségolène Royal est creusé. Dray l'a remarqué, il la connaît bien. Il sait. La veille, une fois les invités partis et les bougies éteintes, elle a rangé son beau sourire au placard, l'a fermé à double tour et s'est roulée en boule dans son désespoir conjugal. Alors, aujourd'hui, elle bâcle sa conférence de presse et annule sa participation au JT de 20 heures de TF1, prévue le soir même.

Dray connaît Ségolène aussi bien qu'il connaît François. Il est au milieu du couple politique, du couple privé. Dans un concentré politico-vaudevillesque, il est le témoin privilégié, malgré lui, de cette aventure politique hors normes doublée d'une rupture affective sévère. Politique, sentiments, ressentiments, douleurs, tout est mélangé.

Hollande prépare le café

« Un an avant la photo, il y a une grosse crise entre Ségolène et François au moment de Noël, en 2005. J'essaye de les réconcilier. Ils s'engueulent. Ils me font tellement ch… que je fais des coliques néphrétiques. Je suis hospitalisé d'urgence au Val-

de-Grâce le 1er janvier 2006. Tous les jours, Ségolène m'appelle à l'hosto, elle est sympa. Hollande, lui, n'est jamais venu me voir... Je ressors de là et je dis à François : "Avec Ségolène, c'est chaud, il se passe quelque chose, tu sais. Les infirmières ne me parlent que d'elle ! Je t'assure, il y a un phénomène qui est en train de naître autour d'elle." » Julien Dray.

Trois ans, seulement, se sont écoulés depuis la défaite de Lionel Jospin au premier tour de la présidentielle. Et, il y a quelques mois, le « non » au référendum européen a achevé de scinder le Parti socialiste en deux. C'est à la fois une période troublée et de vaches très maigres pour le parti. Pourtant, en décembre 2005, les nouvelles sondagières sont excellentes pour au moins une socialiste. Ségolène Royal ravit l'opinion. Elle est bien mieux classée que le numéro 1 des socialistes François Hollande, elle navigue dans les mêmes eaux d'opinions favorables que DSK. Alors, Royal a sa petite idée, de plus en plus précise. Mais elle attend que le congrès du Mans, en novembre – qui voit la réélection de François au poste de Premier secrétaire –, se termine pour tout à fait la formaliser. La députée des Deux-Sèvres appelle Dray, toujours porte-parole du PS : « Tu peux passer me voir dans mon bureau à l'Assemblée, s'il te plaît ? » Dray et Royal se côtoient depuis presque un quart de siècle. Royal était conseillère aux affaires sociales à l'Élysée quand Dray est devenu copain avec Hollande au temps de la fondation de SOS Racisme. Il arrivait fréquemment qu'elle reçoive Dray et Désir à dîner au palais présidentiel quand elle prenait ses tours de permanence. Puis, ils se verront tous les étés, à Mougins, dans la maison de vacances du couple, à quelques kilomètres de celle de Dray, à Vallauris.

« Tu as vu les sondages ? Et si j'essayais d'être candidate ? Qu'est-ce que tu en penses ? Mais si j'y vais, tu dois être avec moi… J'ai besoin de toi. » Dray est bien embêté. Ce n'était pas exactement ce qui était prévu. Cela fait trois ans qu'il se plie en quatre pour préparer le terrain de la candidature de son ami François. D'un autre côté, l'intuition de la candidature Ségolène Royal à une élection majeure, délicieusement transgressive, Dray l'a nichée dans un coin de sa tête depuis de longues années. Dray a toujours trois fers au feu.

Court flash-back. Janvier 1995. L'après-Mitterrand se prépare. Delors a renoncé le 11 décembre 1994. Jospin fomente une OPA hostile sur le Parti socialiste dans la course à la présidentielle. Mais Dray ne l'entend pas du tout de cette oreille. Il écourte ses vacances à Florence pour envisager toutes les hypothèses, toutes les « *combinazione* » politiques pour éviter la mainmise programmée du grand frisé. Toute la journée, Dray rumine, cigare au bec, dans son bureau de l'Assemblée. Il passe sa vie pendu au téléphone. Avec Bernard Tapie, alors dirigeant du parti radical, avec Jack et Monique Lang, avec Mélenchon, avec le fabiusien Claude Bartolone… Il ne veut pas se résoudre à la candidature de Jospin. Dray pousse celle de Robert Badinter, puis celle de Jean Poperen. Tout sauf le grand frisé. Mais il voit bien que ça ne prend pas. Le 11 janvier, Dray a la grande idée. Grande et lumineuse. Son idée, il la teste auprès de Mélenchon. Ségolène ! La rupture avec le monde ancestral des dinosaures ! Une femme, enfin ! Rien à faire, c'est trop tôt. C'est Jospin qui sera candidat.

En attendant, dix ans plus tard, en sortant du bureau de Ségolène, Dray file demander son avis à François. Qui lui répond, très détendu : « Oui, oui, pas de problème, aide-la ! » Il ajoute, c'est important : « Mais tiens-moi au courant de tout. » Dray sera rejoint par François Rebsamen dans cette mission floue de conseiller-chaperon-espion qui ne dit pas son nom. Car, en réalité, Hollande, qui ne pense à peu près qu'à lui, surtout en politique, a une idée à la fois très vicieuse et très anticipée. Dont il n'a pas forcément mis au courant Dray. Voilà l'astuce : Oui, Dray va aider à faire émerger une éventuelle candidature Royal pendant quelques mois. Un ballon-sonde qui va beaucoup agiter les éléphants, en embuscade pour la primaire. Qui, si tout va bien, ringardisera Fabius, mettra Jospin définitivement hors jeu, obligera Dominique Strauss-Kahn à sortir du bois beaucoup trop tôt. Mais Ségolène n'ira pas au bout, non, impossible, elle se contentera de chauffer la place… Et c'est François, le père de ses enfants, qui apparaîtra, pile au bon moment, comme le dernier recours…

Dray est un chaperon zélé. Sa première initiative prend la forme d'un gentil voyage organisé. Le PS doit envoyer un de ses éminents représentants au Chili pour soutenir la candidature de Michelle Bachelet, candidate de gauche et grande favorite au second tour de la présidentielle chilienne. Jack Lang doit prendre la tête de la petite délégation mais il y a des incertitudes sur son agenda, il fait traîner. Dray, malgré ses coliques néphrétiques, lève un œil, renifle l'ouverture, décide d'y envoyer Royal. Le timing se révèle excellent. Le 8 janvier 2006, Ségolène Royal, présidente de Poitou-Charentes et candidate à rien d'autre pour le moment, s'envole pour Santiago du Chili. Ce même jour, les barons du parti, transis de froid sous une pluie battante, sont réunis à Jarnac pour honorer la mémoire de François

Mitterrand. Ambiance grise-morose, chapeaux en laine feutrée et écharpes rouges. Pendant ce temps, Royal arrive au Chili, radieuse sous le soleil. Choc de photos très contrastées. Elle est filmée avec Bachelet et rencontre aussi Isabel Allende, romancière et fille du Président socialiste qui n'a pas survécu au coup d'État de Pinochet. Coup de communication magistral. Tout est une question de photos après tout.

Julien Dray : « On voit que ça prend. Qu'il y a un espoir. En fait, le PS est déjà mort… Et Ségo, c'est déjà le nouveau monde. »

Royal s'envole dans les études d'opinion. L'association Désirs d'avenir lance son site pour préparer la campagne et recueillir les idées de manière participative. Dray semble encore tout maîtriser. Mais plus la mayonnaise prend, plus Dray se débat dans une situation qu'il pressent impossible. Plus la cote de Ségolène grimpe dans les sondages, plus François se détache d'elle affectivement. Plus la réussite politique de Ségolène prend de l'ampleur, plus le couple se désaccorde. Dray tient une chandelle qui se consume à grande vitesse. C'est lui que Royal appelle quand elle a un coup de blues après un meeting pourtant réussi à Montpellier. Elle casse la baraque devant son public, mais elle est en larmes au téléphone avec Dray parce que François n'est plus vraiment là. Dray aimerait bien arranger les choses entre ses deux amis. C'est peut-être étrange, mais le Baron noir a un côté gros nounours sentimental très prononcé. Le Baron noir n'aime pas les divorces ; la famille, c'est sacré.

Julien Dray : « Un soir, François et moi, on se voit à l'hôtel Lutetia. Je lui pose une question simple : “Mais, tu veux être candidat à la primaire ou pas ?" Il répond : "Oui." Alors, je lui réponds : "OK, tu as l'autorité pour ça, mais c'est toi qui dois en discuter avec Ségolène." Il dit : "Oui, oui, OK, je vais lui en parler." Après, même en cas de retrait de Ségolène, il faut que le parti le soutienne. Il me demande : "Vas-y, va les voir, toi, les dirigeants du parti et dis-leur de me soutenir. Dis-leur : 'François doit être le candidat du parti.'" Mais, non ! Je refuse. Je ne peux pas faire ça à Ségolène, c'est pas possible. Ségo, c'est ma copine ! Elle va dire que je suis un vrai salaud. François Rebsamen a, lui aussi, refusé de faire le sale boulot… »

À l'été 2006, les couples Hollande et Dray se retrouvent dans le Sud, comme d'habitude. Robert Zarader passe également quelques jours dans le coin, Jacky Benazerah, le copain avocat de Julien, passe une tête, Dray accueille même son pote Michel Boujenah. On évite de parler politique, car l'ambiance est implicitement explosive. La bande déguste plutôt des couscous géants, préparés par une cuisinière algérienne et livrés à la maison, organise des excursions dans l'arrière-pays avec les enfants ou à la mer. La cheffe de colo, Ségolène Royal, a l'air apaisée et heureuse, le mois d'août se déroule comme une parenthèse enchantée. Le temps politique est suspendu.

La fin des vacances approche, l'université d'été du Parti socialiste, à La Rochelle, aussi, et Hollande repousse toujours au lendemain son grand déballage politico-matrimonial. C'est quasiment le dernier soir avant le retour à Paris. Mais François ne prend jamais son courage à deux mains, jamais il n'explique à Ségolène que dans sa tête à lui, son rôle était un peu celui d'un faux nez qu'on lance pour neutraliser untel et favoriser celui qui reste en embuscade

Julien Dray : « Je suis à Vallauris, ils sont à Mougins. Ségolène m'appelle et me dit : "François ne veut pas me soutenir !!" Et là, je pense que François va lui dire : "Tu dois te retirer parce que c'est moi qui vais y aller." Mais il n'ose pas lui dire, il ne lui dit jamais. »

Quand Dray arrive sur les lieux, à Mougins, cela fait plusieurs minutes que Royal se débat avec son hébétude et son compagnon ressemble, à cet instant, furieusement à sa marionnette aux Guignols. Gauche, embarrassé et indécis. Hollande ne sait pas quoi dire ni quoi faire, Hollande se balade dans la maison, s'éclipse dans la cuisine, lutte avec la machine à café, tente de donner le change, tourne autour du pot, rapporte la cafetière, qui retourne dans la cuisine. Pendant que François prépare le café, Ségolène devient tout à fait candidate à l'investiture pour la campagne présidentielle.

Bourrage de pifs et coup de bluff

> « Ségolène, sa motivation profonde, c'est aussi de prouver à son mec qu'elle n'est pas qu'une mère de famille et une conne. Elle croit qu'elle va l'impressionner et qu'elle va le garder comme ça. C'est quand même un roman, cette présidentielle 2007… Parce que des deux côtés, c'est la même chose ! Sarkozy veut impressionner sa femme pour la garder. Mais à la fin, ni le gagnant ni la perdante ne règlent leurs problèmes de couple… » Julien Dray.

Hollande s'acharne bien encore un peu. Il tente un baroud, une interview dans *Le Monde*, publiée le 25 août, qui murmure entre les lignes : « Si les dirigeants de chaque courant me veulent, je peux être candidat. » Un pétard mouillé, il est déjà trop tard. « Le phénomène Ségolène Royal » est en marche et Hollande n'a rien anticipé. Ségolène Royal ne s'arrêtera plus. Même pas pour son compagnon qui ne l'est plus vraiment. Dray s'investit à fond dans la primaire, la première de l'histoire du parti. L'événement a beau être inédit, puisque ce sont des adversaires du même bord qui s'affrontent, ça reste une campagne comme une autre. Et la tambouille politique, Dray connaît par cœur. Et puis, il est bluffé par Ségolène Royal. Il ne sera pas le seul.

Durant cette campagne pour l'investiture, deux événements méritent de retenir l'attention.

Le 27 octobre 2006 est une date clé. Le Parti socialiste organise au Zénith de Paris un meeting réunissant les différents candidats à la primaire. Dray a préparé sa candidate pour cette épreuve en live et en public, mais n'a pas pris suffisamment au sérieux un détail important. Jean-Christophe Cambadélis est un lieutenant de Dominique Strauss-Kahn et Jean-Christophe Cambadélis est un homme très organisé. L'ancien trotskiste de l'OCI a « préparé » la salle en expert, comme au bon vieux temps des congrès de l'Unef-Id. Elle est bourrée de sympathisants pro-DSK. Quand Strauss-Kahn prend la parole, ils applaudissent comme s'ils entraient en transe. Quand Royal ouvre la bouche, ils sifflent à tout rompre et hurlent à la mort. Le piège se referme sur la candidate, Dray s'étouffe presque de colère. Contre lui-même de n'avoir rien anticipé, contre Cambadélis et contre Ramzi Khiroun, 35 ans, homme de confiance de DSK dont il a beaucoup entendu parler, et qui ne cesse de provoquer Dray du regard. C'est à la fin du meeting, ils se retrouvent dans les coulisses :

« Dray : Salaud, t'as fait la salle. Je vais te taper.

« Khiroun : Moi aussi, je vais te taper. Je ne sais pas qui va gagner, mais moi, je vais te casser le nez et ça va pas être bon pour la campagne parce que tu vas te trimballer pendant un moment avec un plâtre sur le nez. »

Ils n'en viendront pas aux mains ce soir-là. Plus tard, Khiroun et Dray, qui partagent un goût prononcé pour l'ombre et le mystère, deviendront même les meilleurs amis du monde.

Julien Dray : « En fait, cette histoire de bronca organisée s'est retournée contre eux… C'était tellement énorme ce bourrage de salle, ce chahut, que les télés en ont fait des reportages, et que ça a tourné en faveur de Ségolène. L'opinion s'est dit : Mais quelle bande de machos ! Ils ne la laissent pas parler, ils la sifflent, c'est dingue… »

Le 17 octobre 2006 est une autre date clé. Ce jour-là, a lieu le débat, qui oppose, en direct, sur les chaînes LCP et Public Sénat, les trois candidats à la primaire. Dray sort sa cape de Baron noir. Il décide de la jouer au bluff.

Julien Dray : « Les équipes de DSK et de Fabius croyaient que Ségolène allait refuser le débat. Par peur, par manque de confiance, parce qu'elle n'avait pas le niveau. Chez Fabius et chez DSK, il y a un gros complexe de supériorité, genre "c'est une conne", etc. On les entretient là-dedans. Avec Rebsamen et Bianco, on feint d'avoir peur du débat. Intox totale. On dit même qu'on est contre. Ils deviennent hystériques. "On veut un débat ! On veut un débat !" En fait, on est persuadés que Ségo va tenir le coup, bien sûr. Donc, on cède sur le débat, mais on leur fait entériner une règle qu'ils n'auraient jamais dû accepter : les candidats ne répondront qu'aux questions des intervieweurs. Ils ne s'interpelleront pas les uns les autres. Et ça passe… C'est donc sans risque pour elle. Ségo est bien préparée, elle a bossé ses fiches, elle a une équipe d'experts autour d'elle. Il y a une ligne politique dans son discours, l'écologie, la sécurité… Elle fait une première déclaration super et cela déstabilise les deux autres. »

Ces règles strictement millimétrées et âprement négociées avaient fait dire à Jean-Pierre Elkabbach, président de la chaîne Public Sénat et grand pote de Dray, que le PS « revenait à la télévision de Brejnev ». Peut-être, mais Ségolène Royal renforce son avance. Avec elle, Dray a l'impression de tenir son plus beau coup. Quand il part en guerre contre l'establishment du parti, c'est là qu'il est le meilleur.

Dray devant la Maison-Blanche

> « Dray fut un "vrai" visiteur du soir. Il aimait bien venir après tout le monde. Il aimait bien donner son opinion qui avait pour particularité de contredire frontalement tout ce qui avait été décidé dans la journée… Ce fut un facteur de confusion. » Jean-Pierre Mignard.

Comme Dray est un gros gourmand, il s'est avalé les sept saisons d'affilée. Martin Sheen en président des États-Unis crédible, et puis le quotidien survolté de sa garde rapprochée à la Maison-Blanche, si bien décrit. La série américaine *The West Wing*, *À la Maison-Blanche*, scénarisée par d'anciens membres de la présidence Clinton. Dray trouve ça génialement inspirant. De la pure politique, bourrée de coups, de compromis, de tractations secrètes, de crises insolubles qui trouvent finalement une solution. Cette série, pour Dray, est bien plus qu'un divertissement. D'ailleurs, il a une idée. Tellement saugrenue : « Non, mais Julien, t'es sérieux ? » Lors d'une réunion au 282, boulevard Saint-Germain, adresse du QG de la candidate Ségolène Royal, Dray propose : « Mais pourquoi on se fait chier à écrire des discours ? Il suffirait de mettre un mec qui retranscrirait tous les speechs présidentiels de la série et on les ferait dire par Ségolène ! Ils sont tellement bien foutus… » Silence et consternation chez ses interlocuteurs.

Julien Dray : « Je ne suis pas dans l'organigramme pour éviter que d'autres viennent me faire chier. Mais je fais tout. Je vide les cendriers, j'éteins les lumières… Je suis conseiller spécial, ce qui me va très bien. J'ai l'idée de prendre deux directeurs de campagne, Rebsamen et Bianco. On s'entendait bien tous les trois. Heureusement, car cette campagne a été un gros bordel. »

La campagne est bordélique, mais complètement novatrice, un avant-goût de celle d'Emmanuel Macron dix ans plus tard. À l'écart du Parti socialiste, Royal parvient à imposer son équation personnelle originale. Elle joue la carte de la démocratie participative qui ringardise les partis. Elle bénéficie aussi de la faiblesse du PS, privé de ligne politique et miné par les luttes internes. Dray s'est beaucoup intéressé au forum social de Porto Alegre (2005) et a observé fonctionner ces états généraux réguliers, comités de circonscription, référendums militants, forums internet. Cet état d'esprit infuse et se retrouve dans les faits et gestes de la candidate. Dray n'est pas à l'initiative de Désirs d'avenir, mais pousse Ségolène à faire des réunions en cercle, à filmer ses rencontres avec les Français et à les retransmettre sur Facebook.

Mais campagne bordélique quand même. Improvisée. Impréparée. Suspectée d'incompétence. En déplacement en Chine où Dray ne l'accompagne pas, Ségolène Royal lance : « Qui vient sur la Grande Muraille, conquiert la bravitude. » On se moque. De toute façon, du soutien des ténors du PS, elle n'en veut pas. Elle accuse le parti de ne pas faire bloc autour d'elle. Ce n'est pas faux. C'est même tellement tendu qu'à l'approche du premier tour les fidèles de DSK sont à deux doigts de lancer un appel pour qu'elle se retire. Et que Michel Rocard, ancien Premier ministre de 77 ans, fait quand même le déplacement pour rencontrer Ségolène Royal et lui tenir ce langage : « Tu vas perdre, tu vas être humiliée. Laisse-moi y aller à ta place ! » Dray a la désagréable impression que des informations « sortent » et alimentent le camp d'en face. Il donne donc la consigne suivante : les téléphones seront désormais confisqués pendant les réunions stratégiques. Les taupes n'ont qu'à bien se tenir.

Il y a des épisodes à risque, aussi. Le voyage de Royal au Liban et en Israël, début décembre 2006, en est un. À Beyrouth, elle rencontre un ministre du mouvement chiite libanais Hezbollah, qui compare l'attitude d'Israël au Proche-Orient à du « nazisme ». Tollé. Dray est catastrophé, il la rejoint en cours de déplacement.

Julien Dray : « Il faut vite trouver un moyen d'apaiser les choses. Elle fait une déclaration sur l'existence de l'État d'Israël, ça va mieux. Avant d'aller à Jérusalem, Ségolène se rend d'abord à Gaza pour rencontrer Mahmoud Abbas, président de l'Autorité palestinienne. Ça se passe très bien, il est transi devant elle. Il veut lui donner cinquante chameaux pour l'épouser, c'est assez rigolo. Elle reste seule avec lui. Au bout d'un moment, je frappe à la porte, il est en train de lui faire plein de cadeaux. Elle sort en souriant et dit : “Si je n'étais pas déjà en couple, il m'aurait épousée.” »

Au QG de la candidate, le conseiller de l'ombre ne se fait pas que des amis. Dray est insupportable. La gestion au jour le jour d'une campagne l'ennuie. La réunion du lundi matin à 8 heures pétantes pour caler la semaine de la candidate, très peu pour lui... Trop tôt... Sa manière de débarquer le soir, après la bataille, une fois les lumières éteintes, pour chambouler tout le programme mis en place par d'autres qui se sont levés à 5 heures du matin... Dray phosphore les pieds sur la table et les yeux plantés dans ceux de Royal. Le 12 mars 2007, Jean-Pierre Mignard organise une réunion publique pour Royal autour d'artistes au gymnase Japy, dans le XIe arrondissement de Paris. Il s'agit d'une démonstration de force pour la candidate, assise entre Jeanne Moreau et Emmanuelle Béart. Devant Charles Berling, Patrice Chéreau, Sam Karman, Marianne James, Denis Podalydès, Jeanne Moreau de sa voix grave, unique : « Je n'ai rien à vous demander, madame Royal, car je suis sûre que vous savez l'importance de ce qu'on appelle la culture. » Ségolène Royal répond en quelques phrases sur la culture, puis enchaîne brusquement sur la réforme profonde des institutions, l'idée de nation française... Le parterre de cultureux n'y comprend rien. Mignard est furieux, ce n'est pas le discours qu'il avait préparé, et puis pourquoi

Royal fait-elle du Chevènement ? En fait, Dray, inquiet des récents sondages, a convaincu Royal de modifier dans le plus grand secret son allocution pour répondre à Sarkozy et à son thème de l'identité nationale devant… la fine fleur de la culture parisienne, qui se sent flouée.

Jusqu'au terme de cette étrange campagne, Dray prend ses distances avec Hollande, son ami, pourtant Premier secrétaire. Il ne l'implique pas, et ses lieutenants non plus. Stéphane Le Foll (directeur de cabinet de Hollande à l'époque) sourit : « Après la victoire de Ségolène à la primaire, je suis allé lui proposer mes services pour mener la campagne. Dray me reçoit et me dit : "Oui, oui, bien sûr, tu as raison, on a besoin de toi… Tu pourrais peut-être t'occuper du courrier, non ? Ségolène reçoit plein de lettres et il faut quelqu'un qui sache y répondre. Et puis, c'est compliqué comme boulot, c'est important de le faire bien !" Bref, il s'est bien foutu de moi… Je n'étais clairement pas le bienvenu dans la campagne de Royal. »

À quelques jours du premier tour, au sortir d'une réunion, le ton monte entre Dray et Hollande dans la cour de Solférino. L'enjeu ? La participation de Ségolène Royal à un meeting dans le Pas-de-Calais. Dray s'y oppose catégoriquement, la candidate est à bout de forces. Fin de la discussion. Son compagnon insiste. Il a promis à un dirigeant socialiste du Pas-de-Calais que la candidate viendrait… Dray répète : « Je m'en fous, elle n'ira pas ! » Hollande hurle devant témoins : « Dégage ! » Les deux vieux copains en viennent presque aux mains. C'est Royal qui doit s'interposer.

Le coup passa si près

« Rebsamen et moi, on va visiter les studios télé à Boulogne-Billancourt, où doit se dérouler le débat entre Ségolène et Sarko le soir même. On se rend compte qu'ils ont installé une climatisation, mais uniquement du côté de Sarkozy. Il transpire beaucoup alors il avait obtenu de TF1 d'avoir une climatisation spécifique. Il y avait un côté tout frais et un autre côté hyper chaud. Je me mets à hurler ! Si c'est comme ça, il n'y aura pas de débat ! On obtient très vite que toute la pièce soit climatisée… » Julien Dray.

Dimanche 22 avril 2007. Premier tour de l'élection présidentielle. Sarkozy 31,18 %. Royal : 25,87 %. Bayrou : 18,57 %. Sauf miracle, c'est perdu. Mais oubliée la malédiction de 2002. L'honneur est sauf, c'est déjà ça. Dray, lui, ne ferme pas l'œil de la nuit. Il ne lâche pas son stylo, refait ses calculs… Ségolène Royal n'a pas de réserves de voix à gauche. Il n'y a pas à tortiller, pour espérer le miracle, il faut aller le chercher à droite… L'ouverture au centre. BAYROU. Reste à vendre l'idée à Ségolène Royal. Dray préfigure l'ouverture au centre de la gauche. Dray avait craché sur le gouvernement Rocard de 1988, mais il veut tenter le coup cette fois. Dix ans plus tard, Macron ne fera pas autre chose en enrôlant Bayrou dès le premier tour. Dray a eu raison dix ans trop tôt.

Ce lundi 23 avril 2007, il débarque au « 282 » sur les coups de midi ; une réunion avec François Hollande vient de se terminer. Dray évite soigneusement de le croiser. À Royal, Dray raconte une histoire de « fusée à deux étages » : il ne faut pas opposer l'ouverture à droite et le rassemblement de la gauche, il faut faire l'un ET l'autre. L'astuce : proposer un débat public à Bayrou, faire constater à l'opinion qu'il y a plus de convergence entre Royal et Bayrou qu'entre Bayrou et Sarko. Dans le même temps, organiser un rassemblement de la gauche sous une forme extrêmement festive, le 1er mai, qui montrera qu'on n'abandonne pas l'un pour l'autre mais qu'on fait l'un ET l'autre.

Ségolène Royal écoute religieusement, demande un délai de réflexion. C'est quand même très, très transgressif tout ça. La candidate a besoin de consulter sa garde rapprochée. Elle convoque Gérard Collomb, François Rebsamen et Patrick Mennucci à la gare de Lyon. Dray est là aussi bien sûr. Ils en parleront dans le train.

Julien Dray : « Tout le monde est épuisé. Ils se mettent quasiment tous à somnoler au départ du train. Je vais chercher des cafés, on discute de la stratégie envers Bayrou. On prend la décision ensemble. Quand on arrive dans la Drôme, pour le meeting, elle dit : “Alors, on est tous d'accord, on y va ! Essayez de contacter Bayrou et son entourage pour le tester et le prévenir de ce que l'on va faire.” »

Dray contacte Marielle de Sarnez, Gérard Collomb se charge d'Alain Mercier, Ségolène Royal tente de joindre Bayrou sur son portable. Pas de réponse. Juste avant de monter sur scène à la tribune du parc des expositions de Valence devant cinq mille personnes, Royal ordonne à Dray : « Va chercher les journalistes, je vais leur parler. — Tu es sûre ? — Oui, oui, on y va. Je vais proposer un débat à Bayrou à la télé par médias interposés. Allez, va chercher la presse ! »

Il est presque 20 heures et les journalistes qui suivent le « Ségotour » fondent sur elle, micros et stylos en avant.

Ségolène Royal annonce : « Je me déclare disponible pour parler de l'avenir de la France avec ceux qui, pendant toute cette campagne, ont souhaité le changement et la rénovation politique. Je souhaite un débat ouvert pour construire des convergences. La France a tout intérêt à l'ouverture des idées pour sortir des blocages d'un système dépassé. » Elle ne le cite pas, mais il est clair pour tout le monde que cet appel vise François Bayrou.

Après ce meeting survolté, elle rentre le soir même dans un petit avion qui atterrit dans la nuit à l'aéroport du Bourget. Elle rit jaune devant ses camarades : « Ce soir, ça va être ma fête... Vous, vous rentrez tranquillement chez vous, mais moi, je vais voir le Premier secrétaire... Je ne sais pas si j'ai raison de rentrer d'ailleurs... » Sur le principe, François Hollande est farouchement contre cette idée d'alliance avec le centre, et l'offensive Bayrou a été lancée sans qu'il soit mis au courant... Le matin même, dans les bureaux de la candidate, devant François Hollande, et en présence de Chevènement, Montebourg, Peillon et Baylet, il n'avait été question que des « thèmes » qui pouvaient permettre de séduire l'électorat centriste. Jamais de draguer ouvertement Bayrou. Hollande est fou de rage.

Le débat entre Royal et Bayrou – faire dialoguer les candidats arrivés en deuxième et troisième place est une première historique – animé par les journalistes Jean-Jacques Bourdin et Olivier Mazerolle, est retransmis sur BFM TV et RMC, en fin de matinée le 28 avril 2007. Ce qui n'est pas, à l'époque, un gage d'audience. Sarko fait en sorte qu'il soit refusé sur toutes les chaînes et ne passe que sur BFM. Dray est déçu. Son idée n'a pas fonctionné à plein. Pour cela, il aurait fallu que François Bayrou, en direct, rallie Ségolène Royal, ce qu'il ne fera pas. Dans le même temps, comme prévu par la feuille de route draysienne, notre « Coquatrix » de la gauche dispose de quatre petites journées pour organiser le meeting géant de Charléty. Les symboles, les concerts et les grandes réunions populaires, il sait faire. Dray appelle ses copains, active les réseaux SOS, met son vieux copain producteur Éric Basset sur le coup.

Julien Dray : « Pourquoi Charléty ? Parce que cela fait référence à Mai 68. L'appareil du parti voulait qu'on aille à Bercy. Mais il était impossible de faire mieux que Sarko à Bercy. Royal hésite un peu mais pas beaucoup. C'est sa force, elle n'hésite pas longtemps. Et après, elle fonce. »

Énorme succès populaire. Une Royal vêtue d'un tailleur blanc réunit soixante mille personnes sur son nom, et sur un espoir, à Charléty, le 1er mai. Le concert se termine tard dans la nuit avec Cali, Yannick Noah, Michel Delpech, Benabar, Grand Corps Malade, Jacques Higelin, Renaud, etc.

Le lendemain, le débat entre Sarkozy et Royal a lieu. Dray a une fulgurance de dernière minute. Quelques jours plus tôt, une policière a été violée dans la nuit en rentrant de son commissariat à Bobigny : Royal réclame que toutes les femmes policières soient raccompagnées chez elle après le service. En voilà une idée irréaliste qui pue la panique… Sarkozy creuse l'écart dans les sondages.

Dimanche 6 mai 2007. À 20 heures, le visage de Nicolas Sarkoy apparaît sur l'écran. 53,06 % des suffrages exprimés. Dray voit une fois de plus son destin ministériel se dissoudre. Dray est lessivé. Une défaite politique et la fin d'une interminable épreuve affective. Ami de François et Ségolène, mais conseiller d'une seule… Le couple rompt définitivement en prenant la France à témoin. Dray passe l'été à écrire un livre. Il est prévu pour novembre. Intitulé *Règlements de comptes*, il y flingue les éléphants pour non-assistance à candidate en danger, DSK, Jospin, Rocard… « Je me les tape comme j'ai toujours eu envie de le faire. » Il cite Royal, qui un jour de campagne, lui a dit : « Dans leurs yeux, j'ai vu une expression à la fois méprisante et scandalisée, comme si des propriétaires rentraient chez eux à l'improviste et trouvaient leur femme de ménage installée sur leur canapé, en train de boire du champagne ! » À un SMS de l'ex-candidate qui lui suggérait, durant la rédaction, de « ne garder que les bons souvenirs » de l'épopée présidentielle, Dray répond par un sec : « Parce qu'il y en a eu ? » Royal ne plaît plus à Dray. Il la trouve changée, christique, encombrée d'un nouveau personnage. Mélancolie froide.

Le livre ne plaît pas à Royal. Dray voulait illustrer la couverture de son livre avec la fameuse photo du canapé. Dray lui en parle, Royal lui adresse un SMS lui enjoignant de ne pas utiliser le cliché, assorti de la menace d'un procès. Deux ans plus tard, quand l'« affaire des montres » fait les gros titres et qu'il est au cœur d'une enquête préliminaire, Dray est toujours présenté comme l'ancien porte-parole de Ségolène Royal. Elle fait appeler l'AFP pour exiger que son nom ne soit plus accolé à celui de Dray. Amours défuntes.

SAISON 5

« Juju » et ses potes de droite

« Juju, il a du cœur. En politique, ce qui manque souvent, c'est le cœur. Et le boulot. Juju travaillait beaucoup aussi. Je me foutais un peu de sa gueule comme un prof vis-à-vis d'un môme. C'est comme ça que je l'ai pris mon Juju. J'ai trouvé que les socialistes s'étaient mal conduits avec lui. À l'Assemblée nationale, ils l'avaient mis à l'écart. » Pierre Mazeaud, ancien député UMP.

Pierre, son coach de droite

« Quand je suis élu député, mes premiers pas à l'Assemblée nationale sont absolument catastrophiques. Je n'y connais rien, je n'y comprends rien, j'ai honte d'aller demander aux gens qu'on m'explique. Je suis mal vu, j'arrive en retard, je sens qu'il y a des regards sur moi. » Julien Dray.

« Vous parlez trop vite ! On ne comprend rien ! » Dray tourne la tête vers les bancs de droite, mais impossible de savoir quel est ce député anonyme, cow-boy de pacotille pas très courageux qui balance puis se planque avec sa grande gueule parmi les autres. Quand même, Dray, pas trop rassuré, replonge le nez dans ses feuilles et essaye un peu vainement de renouer le fil de son intervention à la tribune. Des amphis, Dray en a connu. Des plus ou moins dissipés, des plus ou moins acquis à sa cause. Bref, la prise de parole en milieu hostile, il connaît, mais là, c'est vraiment une autre limonade. Il est à la tribune de l'Assemblée nationale, c'est sa toute première intervention de député. Elle porte sur la loi d'amnistie et les fraudes à la carte de séjour… Nous sommes à l'automne 1988, Dray vient d'avoir 33 ans. De Noisy-le-Sec à l'Assemblée nationale, en passant par Villetaneuse, ça fait une trotte, et rien n'était prévu ainsi. Pas aussi vite du moins. L'Assemblée, ses tentures rouges, ses colonnes doriques, le banc des ministres au premier rang, le fauteuil du président juché sur son piédestal républicain, la grande tapisserie centrale qui représente *L'École d'Athènes* de Raphaël, les huissiers en livrée et ces cinq cent soixante-dix-sept sièges…

Donc, présentement, le nouveau député de la Xe circonscription de l'Essonne vient d'entamer son voyage en terre inconnue au Palais-Bourbon et il n'en mène pas large. Il reprend la lecture de son texte devant l'hémicycle, même clairsemé. Trente secondes plus tard, la même voix, qui assène, toujours aussi forte et désagréable : « Mais calmez-vous voyons ! Vous parlez trop vite ! Et puis, ici, monsieur, on parle sans notes ! » C'en est trop pour Dray, dont le trouillomètre s'emballe, qui accélère encore sa lecture, se trompe de page, fait tomber son stylo, postillonne dans le micro, bafouille. Plus personne ne l'écoute. Il est perdu. Chaque phrase qu'il lui reste à lire devient un parcours du combattant. Chaque point est un début de délivrance. Il quitte le pupitre en se jurant de ne plus jamais revivre un tel cauchemar éveillé. Dray hésite entre aller boire un coup à la buvette de l'Assemblée pour oublier ou se jeter immédiatement dans la Seine pour en finir.

Il décide d'attendre encore pour le grand bain, tente de s'absorber dignement dans la dégustation lente et revigorante de son petit noir pour échapper aux regards moqueurs de ses collègues. Quelqu'un lui tape sur l'épaule. « Salut ! Celui qui t'a emmerdé en séance, c'est moi. Mais ne t'inquiète pas… Tu as l'air sympa, je vais t'apprendre le métier. » Pierre Mazeaud a un grand sourire. Cow-boy peut-être, mais parlementaire d'expérience, dépositaire de son siège de député depuis 1968. Figure de la droite, membre éminent du RPR, grand copain de Chirac, président de la puissante commission des lois. En théorie, un ennemi à abattre. En pratique, une amitié est née. Pierre Mazeaud se prend d'affection pour ce bizuth un peu perdu mais visiblement plein de bonne volonté. De plus, et cela ne gâche rien, il y a ce petit halo de mystère. Mais qui est ce novice à qui le Parti socialiste a offert une circonscription imperdable ? On le dit chouchou du Président… Mais quels services a-t-il vraiment rendus à Mitterrand ?

Tout cela est encore assez flou, mais il y a quelque chose de tout à fait sûr, ce type se fait constamment humilier par son propre parti. Louis Mermaz, président du groupe PS, ne l'aime pas, son propre camp ne l'aidera en rien, ou alors à se planter dans les grandes largeurs. Placé tout en haut de l'hémicycle, de manière à n'avoir aucune chance de passer à la télé le mercredi après-midi lors des questions d'actualité, on oublie, aussi et souvent, de lui donner l'heure et le lieu des réunions du groupe socialiste.

Mazeaud, qui se fout bien des diplômes – le futur président du Conseil constitutionnel a raté l'agrégation de droit –, appelle rapidement Dray « mon Juju » et lui offre spontanément sa protection, car Dray en bave beaucoup. Il avait même songé très sérieusement, dès les premières semaines, à tout plaquer.

Julien Dray : « Autour du 14 juillet 1988, je vais voir François Mitterrand à l'Élysée. Je lui dis franchement : “Président, député, c'est pas mon truc, c'est vraiment pas fait pour moi. Je suis pas bien, je ne comprends rien, les gens du parti ne m'aiment pas." Bref, je lui fais une scène de Calimero. Mitterrand me laisse parler puis me répond : "Mais, Julien, vous voulez quoi ?" Je lui dis que je veux partir, que je veux abandonner mon mandat et que j'ai besoin de son aide pour cela. Il m'engueule. "Mais, ça va pas, non ? Il y a des gens qui mettent toute une vie à devenir député... Vous, vous devenez député à 33 ans et vous voulez arrêter au bout d'un mois... Il n'en est pas question. Partez en vacances, on en reparle à la rentrée. Et puis, je vais venir vous voir dans votre circonscription." »

La soufflante de Mitterrand réveille un peu Dray. Les vacances lui font du bien. Il rentre en septembre gorgé d'envie. La rencontre avec Pierre Mazeaud lui fait un bien fou. Conseils et astuces délivrés par le professeur Mazeaud à « son Juju » pour tenir solidement la barre. Règle numéro 1 : tu dois parler sans notes. Cela doit être une discipline de vie autant qu'une obsession. Sans notes, un député peut regarder ses collègues dans le fond des yeux. Sans notes, un député n'est jamais chahuté. Un député qui arrive à la tribune les mains dans les poches, ça force toujours le respect. Règle numéro 2 : tu dois apprendre par cœur les cent soixante articles du Règlement de l'Assemblée nationale. Oui, c'est très barbant, mais indispensable pour saisir toutes les subtilités du fonctionnement du parlement, jongler avec la procédure, déposer des questions prioritaires d'inconstitutionnalité. Autant d'armes en ta possession pour exister politiquement dans la jungle parlementaire et t'imposer dans la tribu des mâles dominants. Règle numéro 3 : tu dois maîtriser la science des amendements. Déposer un amendement, c'est bien. Mais il faut aussi sous-amender. On a cinq minutes de temps de parole à chaque fois. Un amendement et cinquante sous-amendements et tu parles plus de deux heures ! Règle numéro 4 : tu dois être capable de résister à la fatigue. C'est la nuit que ça se passe. Les oiseaux de nuit l'emportent toujours, à l'usure, en séance, sur ceux qui ne pensent qu'à se faufiler sous leurs draps. Règle numéro 5 : on se retrouve le plus souvent possible à la buvette, c'est mon quartier général. Il ne faut pas parler trop fort, mais c'est là qu'on monte les coups politiques, autour d'un bon whisky et d'un gros cigare.

Pierre Mazeaud fait encore plus. Il intègre Dray dans l'antre prestigieux de la commission des lois, dont il est le président. Une commission d'ordinaire réservée aux juristes d'exception. En séance, ils s'envoient sans cesse des petits mots, via les huissiers, sur papier à en-tête de l'Assemblée nationale. Quand Mazeaud a des difficultés pour faire voter un texte avec sa famille politique, il appelle à la rescousse Dray et quelques alliés communistes de circonstance : « On s'arrangeait ensemble, moi je déposais les questions d'inconstitutionnalité, Dray posait les questions de retour à la commission des lois, c'est-à-dire des questions de procédures. Il ne connaît pas bien son droit, alors il inventait des trucs ! C'était un amusement avec quand même des choses intéressantes. »

Une envie trop pressante

« Je peux tenir des heures à la tribune, de jour comme de nuit. C'est la montagne qui m'a donné cette force. Quand on était l'un contre l'autre, "Juju" et moi, je dis pas que c'était plein dans l'hémicycle, mais ça amusait les mecs, parce qu'on se bagarrait un peu. Mais on se mettait d'accord. Il m'interrompait pour que je puisse me reposer. Il disait deux, trois conneries, genre : "Oui, bien sûr, c'est sans doute contraire à

la Constitution, mais il faut faire attention car telle décision du Conseil constitutionnel implique que…, etc." Il disait n'importe quoi, ça me permettait de respirer et de boire un coup. Avec "Juju", on faisait des concours de temps de parole. Il n'y avait pas de limite de temps à l'époque. » Pierre Mazeaud.

La transpiration, voilà l'ennemi.

Maintenant que Dray se considère comme un député définitivement légitime, il est bien décidé à montrer régulièrement sa tête à la télé, à e-xis-ter politiquement en dehors du giron de son courant, la Gauche socialiste. Il veut devenir une figure clé de l'opposition. Il faut en profiter, il n'y a plus un chat au parti, depuis la grosse raclée des élections législatives de 1993. L'occasion est trop belle. Pour faire parler d'eux, les deux compères ont inventé un jeu rigolo. Parier sur celui qui parlera le plus longtemps à la tribune et entrera ainsi dans les annales de l'Assemblée nationale. Pierre Mazeaud semble imbattable. En novembre 1990, il a tenu le micro pendant quatre heures et quarante minutes, dissertant sur le peuple corse pendant les discussions sur le statut de la collectivité territoriale de l'île de Beauté.

Dray a choisi le terrain pour son duel avec Mazeaud : le plan Juppé de réforme de la sécurité sociale. Dray part à l'assaut du record, non homologué par le Guinness, un jour de décembre 1995. Il s'est préparé comme un sportif de haut niveau. Il a bien dormi, il est frais.

Dans son discours, tout y passe. L'histoire de la Sécu, le Conseil national de la Résistance, le bilan et les perspectives, etc. Pour faire le plus long possible, ses assistants parlementaires lui ont photocopié des passages entiers de manuels d'histoire de terminale, il lit tout, lentement. Il faut bien meubler.

Julien Dray : « Séguin préside la séance, ça le fait marrer. Pierre Mazeaud n'arrête pas de regarder sa montre, il se demande si je vais le battre. Mon problème, c'est que je transpire beaucoup, Séguin me dit : “Mais buvez, monsieur Dray. Buvez !” Mais je savais que si je buvais, je devrais aller pisser et c'était fini. La transpiration, c'est à cause du diabète. Et la transpiration, ça m'irrite entre les jambes. Ça me brûle tellement que je finis par lâcher… »

Il abandonne après quatre heures et dix-huit minutes de discours. Pari perdu. Mais cette défaite qui n'est pas sans panache a fait le tour des conversations à la buvette de l'Assemblée nationale. La preuve que Dray s'est fait un nom et n'est pas un petit parachuté sans talent, un enfant gâté de Mitterrand. Bon, comme d'habitude, Dray s'est peut-être vanté un peu trop fort. À l'Assemblée nationale, il est mis, une nouvelle fois, à l'écart par le Parti socialiste. Placé en exil de son groupe parlementaire pourtant rachitique… À l'exception notable d'Henri Emmanuelli, il n'y a dans le couloir du bureau de Dray à l'Assemblée que des « copains » de droite. Éric Raoult, Jacques Toubon, Jean-Louis Debré, Jean de Gaulle… Dray s'en fiche, il se fait de nouveaux amis, et puis, comme ça, il est tranquille, personne ne le surveille.

Le relais de Chirac

« Avec Chirac, je découvre un mec de droite, mais pas antipathique du tout, il faut être honnête. Vraiment pas le Chirac

que j'avais imaginé. Et puis, il est respectueux vis-à-vis de Mitterrand et ça compte beaucoup pour moi. » Julien Dray.

Jacques Chirac en *guest star* au théâtre des Bouffes-du-Nord. Chirac, l'homme du « bruit et de l'odeur », « Facho Chirac », son surnom « préféré », triomphe sur scène, invité d'honneur de ce temple de la culture parisienne. Les Bouffes, un lieu intello-bobo-gaucho par excellence. Cherchez l'erreur. Le 9 mars 1995, c'est pourtant bien dans cette salle historique que cinq cents personnes du monde des arts ont consenti au déplacement pour l'applaudir et le soutenir officiellement dans sa course présidentielle. Parmi elles, dans les premiers rangs, des proches du Président Mitterrand : Pierre Bergé, la photographe Bettina Rheims, le cinéaste Jean-Jacques Beineix, les animateurs Frédéric Mitterrand et Pascal Sevran, etc. Une bonne partie de la Mitterrandie a répondu présent pour faire la claque à Chirac. Autant de personnalités qui ne soutiennent donc pas le candidat du Parti socialiste, Lionel Jospin, qui, de son côté, s'était arrogé un « droit d'inventaire » sur le bilan de quatorze ans de Mitterrand… Jacques Chirac, bronzé, souriant, veste en tweed grise, enflamme la foule, même sans pomme. « Facho Chirac » est devenu un homme fréquentable. Chirac ? Un homme qui a vendu *L'Humanité* dans sa jeunesse ne peut pas être tout à fait mauvais. Sa fille Claude Chirac, en jean, boots et blouson de cuir, observe le déroulement des opérations, toujours un peu en retrait. Soirée réussie, les images sont dans la boîte, prêtes pour le 20 heures du jour, les artistes sont derrière Chirac. Balladur se retrouve tout seul. Jospin n'intéresse personne.

Dray n'est pas aux Bouffes, ce soir-là. Impossible. Ce serait trop voyant. Mais il a œuvré au succès de cette démonstration de force chiraquienne. En fait, ils sont deux : Dray et François Baroin, l'homme de confiance de Chirac. Ils se fréquentent depuis longtemps. Baroin – qui a dix ans de moins que Dray – avait créé, à 22 ans, une association avec un ami, Jean-Michel Blanquer – lequel deviendra ministre de l'Éducation d'Édouard Philippe –, pour rédiger une nouvelle Déclaration des droits de l'homme. Ils avaient pris rendez-vous avec Dray, homme fort de SOS Racisme, pour en discuter. Plus tard, Baroin et Dray se retrouvent dans les couloirs de l'Assemblée nationale, où Baroin est élu en 1993. Puis l'histoire s'accélère. Nicolas Sarkozy trahit Chirac pour Balladur. Le fidèle François Baroin prend toute sa place auprès d'un Chirac esseulé, mais toujours déterminé à devenir président de la République. Mitterrand est malade, mais il dispose d'encore assez de forces pour haïr son Premier ministre de cohabitation, Édouard Balladur. Mitterrand donnerait tout pour que soit humilié dans les urnes cet homme aux airs de grand bourgeois. Cela tourne même à l'obsession.

Alors, dans la coulisse, Mitterrand, qui ne croit pas aux chances de Lionel Jospin, décide de prendre le parti de Jacques Chirac. Mitterrand fait passer discrètement le message à l'intéressé « Je suis avec vous… ». « Pendant la campagne de 1995, je suis porte-parole de Chirac, raconte François Baroin, ancien député de l'Aube et président de l'Association des maires de France. On me dit : "Julien Dray veut te voir." En fait, Mitterrand l'avait mandaté pour établir le contact avec le camp Chirac. On dîne avec Dray dans le superbe appartement parisien de Pierre Bergé. C'est là que Dray m'assure du soutien total de la Mitterrandie, notamment culturelle. On est dans le tutoiement immédiat avec Julien. Il est un adversaire et un partenaire de jeu. Il a cette fascination du pouvoir quel que soit le camp qui l'exerce. »

Dray avait déjà eu l'occasion d'entrer en contact avec le maire de Paris et son équipe. Pour autoriser le concert géant de la Concorde en 1985, par exemple. Quand on est à la tête de SOS, on a la ligne directe avec tous les dirigeants politiques du pays. Chirac a d'abord été en guerre contre SOS, mais Dray contribue largement à la victoire de Mitterrand en 1988, et Chirac, en vrai guerrier, se dit : « S'ils m'ont battu, c'est qu'ils sont bons. »

Julien Dray : « Chirac demande à me voir à la fin de l'année 1994, à la mairie de Paris. Il a lu mon rapport parlementaire sur la violence des jeunes. Il demande à me voir, mais j'hésite beaucoup… On va dire que j'ai collaboré… Il me reçoit en sweat-shirt… Je lui explique les banlieues. Forcément, il a axé sa campagne sur la fracture sociale. Moi, je veux bien lui parler, mais je ne veux surtout pas que ça se sache… »

Un an plus tard… C'est Jacques Pilhan, désormais conseiller du Président Chirac, qui fait le go-between entre Chirac et Dray, en novembre 1995, au moment des grèves générales contre le « plan Juppé » de réforme des retraites et de la sécurité sociale. Chirac est terrorisé. Il craint que les débrayages n'engendrent des mobilisations de la jeunesse, par nature incontrôlables.

Julien Dray : « Pilhan me dit : "Chirac voudrait parler avec toi de ce qui se passe dans la jeunesse. Organise une réunion avec plein de jeunes, pour qu'il comprenne. Il a peur de revivre les événements de 1986, il a été traumatisé par la mort d'Oussekine." OK, je rencontre Chirac, je lui dis qu'il faut agir sur les banlieues, que nous, la gauche, on a échoué. Je lui amène un certain nombre de gens issus des quartiers, des militants de SOS ou de l'Unef dont Fodé Sylla ou Coumba Traoré, une fille qui dirige la fédération de la Maison des potes et deviendra bien plus tard ministre au Mali. Je fais ça discrètement, je me dis que si Jospin apprenait ça, il me tuerait... »

Dray avertit le pouvoir sur les mouvements sociaux, livre ses analyses au camp d'en face. Il offre à Chirac ce qu'il sait faire de mieux : être un relais dans la jeunesse quand les choses dérivent trop fortement et paraissent hors de contrôle. Le dialogue fonctionne aussi dans l'autre sens. Pendant la campagne pour le référendum interne au PS sur la Constitution européenne, en décembre 2004, Dray fait passer ce message : faites en sorte que la droite ne valorise pas trop Laurent Fabius, poids lourd ayant pris parti pour le « non », en lui tapant dessus trop frontalement.

Entre Dray et la fille Chirac, une amitié indéfectible. Les mêmes codes de génération. Ils se voient régulièrement. Claude Chirac teste des idées chez Dray, en puise de nouvelles. Dray cloisonne, ne s'épanche évidemment pas sur cette amitié qui pourrait faire un peu plus que jaser dans les rangs du Parti socialiste. Quand il voit Claude, c'est tout seul, sans témoins de son propre camp, en tête à tête dans son bureau de la rue de l'Élysée. Parfois dans des déjeuners ou des dîners avec son copain Pierre Mazeaud. Claude, Dray la défend même quand elle est attaquée. Pendant l'épisode de la canicule de l'été 2003, Dray, qui est à la manœuvre contre le gouvernement avec Hollande, veille à ne pas trop canarder directement Chirac et concentre ses diatribes sur le gouvernement Raffarin. Car une polémique pointe : Chirac n'a pas daigné écourter ses vacances au Canada cet été-là… Comment est-ce possible ? Une erreur de communication de Claude ? Dray vole au secours de la fille Chirac. Elle avait décroché, elle était en vacances à Los Angeles… Laissons-la tranquille.

Dray évoque parfois « Claude » auprès de ses proches, de ses amis, mais ne la leur présente jamais. Quand il en parle, c'est avec plein d'affection et d'admiration : « Attention… C'est pas parce que c'est la fille de… Très intelligente… »

Petits marchandages entre amis

> « En 1993, j'ai 36 ans, je fais partie de la fameuse vague de députés, une armée de bleu-bite comme on dit, qui débarque à l'Assemblée nationale. Très vite, Dray me télescope. Le contact se fait à la buvette, il voulait voir ma tête, pour voir si j'étais un facho comme certains le disaient ; ou pas… Il me demande si j'accepterais de venir à l'université d'été de SOS qui se tient à Strasbourg. Mais bien sûr ! Dray a toujours eu des contacts partout. Il a dans l'idée qu'un réseau, c'est toujours utile. Avec lui, on est dans le transcourant et la transgression. Mais transgresser ne veut pas dire trahir. »
> Pierre Bédier, ancien maire de Mantes-la-Jolie, conseiller régional d'Île-de-France.

Ce pourrait être une variante du *Dîner de cons*. Ce pourrait être le dîner *familial des plus gros loosers de l'année*. Au palmarès de l'année 2017, sont nominés deux hommes qui portent le même nom, tout en étant de bords politiques diamétralement opposés. Dans un camp, Julien Dray, l'homme qui a raté tous les trains cette année-là. Son candidat Hollande a quitté l'Élysée sans même pouvoir se représenter et il a refusé de rejoindre Macron, désormais Président, qui ne lui parle plus. Sa maison, le PS, est presque rayée de la carte électorale. Dans l'autre camp, Patrick Dray, homme de l'ombre, communicant politique influent à droite, *spin doctor* de Valérie Pécresse, proche de Gérard Larcher, président du Sénat, a assisté, impuissant, incrédule et désespéré, à la catastrophe de la candidature Fillon. Sa maison, le parti Les Républicains, est presque rayée de la carte électorale.

Ces cousins éloignés prennent un plaisir masochiste à rejouer le film de leurs malheurs respectifs. Leur lien de parenté ? Leurs arrière-grands-pères étaient cousins germains. Ils ont tous les deux fait leurs premiers pas dans l'Algérie française des années 1950 mais ne se sont rencontrés qu'un demi-siècle plus tard. Depuis, ils se voient et se téléphonent souvent, commentent les épisodes de la vie politique française, font des paris, s'écharpent. Et toujours, ils s'embrassent tendrement pour se dire au revoir.

Ce soir-là, encadré par les deux cousins, Patrick Stefanini est là aussi. Éminence grise de François Fillon, pendant la primaire puis pendant la campagne, il a assisté aux premières loges à la chute, avant de démissionner de son poste dans la dernière ligne droite devant l'entêtement de son candidat à se maintenir. À l'ordre du jour, une idée d'enfer. Dray, Dray et Stefanini vont écrire une série politique. Oui, ils vont s'inspirer librement de cette campagne électorale totalement hors normes, romanesque à souhait. Ils s'échauffent toute la soirée, variations sur le même thème, lancent quelques idées de plans-séquences décisifs et de répliques bien senties, voient déjà leurs noms défiler au générique. Le lendemain matin, l'idée paraît toujours aussi bonne, mais pas si facile que ça à mener au bout… Ils en parleront encore un peu, à l'occasion, mais l'enthousiasme des débuts s'estompe vite... Le projet ne verra pas le jour. Trop compliqué, trop de boulot. Scénariste, en réalité, c'est un métier.

Imaginer une série télé avec deux hommes de droite, et pourquoi pas ? Dray ne voit pas où il pourrait y avoir le commencement d'un problème. Il parle à tout le monde, il fait le tamanoir dans tous les azimuts, c'est son hygiène de vie. Il a été vacciné par sa période trotskiste et le sectarisme qui va avec. Dray est devenu une sorte de vagabond de la politique. Discuter avec des adversaires politiques, ça fait partie du jeu. Ses liens avec Patrick Stefanini remontent à l'année 1998. Quand le parti de droite s'appelait encore le RPR, et quand Stefanini, alors ancien directeur adjoint du cabinet du Premier ministre Alain Juppé, était un élu de poids au conseil régional d'Île-de-France.

Au conseil régional, l'équation politique est à plusieurs inconnues, complexe à souhait. Tout ce dont se délecte Dray. Explications : aux élections régionales de 1998, le Parti socialiste, emmené par le rocardien Jean-Paul Huchon, vieille connaissance de Dray, l'emporte en Île-de-France, mais ne dispose pas de majorité absolue ni dans l'assemblée régionale ni à la commission permanente. Quatre-vingt-six élus pour la coalition PS, PC, Verts et MDC, quatre-vingt-quatre conseillers RPR-UDF-DL-divers droite et trente-six FN. Étant donné que le RPR parisien se refuse à faire alliance avec le FN, ce qui lui aurait pourtant permis de prendre la Région, Jean-Paul Huchon, président du conseil régional, gouverne, mais est obligé de composer quotidiennement avec l'opposition. Commence alors, pour la gauche, un marchandage permanent, une négociation sans fin avec la droite, pour faire adopter ses délibérations. « À la Région, on passe notre temps à dealer, explique

Pierre Bédier, ancien maire de Mantes-la-Jolie et actuel président du conseil départemental des Yvelines. Julien comprend que, pour faire passer des textes, il doit s'appuyer sur Stefanini, Copé et moi. Contre la promesse d'une abstention ou d'un vote favorable sur une délibération, on avait de l'argent pour les associations sportives, culturelles, sociales de nos villes. OK, je fais comme tu veux, mais tu me finances une déviation, une route pour contourner ma ville… C'était un système de donnant-donnant. De la vieille politique, peut-être, mais ça marchait ! Et cela permettait à Jean-Paul Huchon de ne pas passer sous les fourches Caudines du Front national. L'initiateur de ce deal avec la droite, c'est Julien. D'autres n'assumaient pas. Je me souviens d'un petit-déjeuner avec Marie-Pierre de la Gontrie [conseillère régionale PS]… Elle avait tellement la trouille d'être vue avec moi qu'on s'était retrouvés au petit matin pour prendre un petit-déjeuner dans un recoin de l'hôtel Nikko sur les bords de Seine. On se serait cru dans *Peur sur la ville*. »

Dray, tout nouveau vice-président du conseil régional d'Île-de-France en charge de la politique de la ville et à la sécurité, va jouer un rôle de premier plan. Il devient LE négociateur d'une politique parallèle. Il fait passer les messages en sous-main. Dray travaille en binôme avec son assistant Malik Lounès, le Kabylo-Breton qui avait tant fasciné Éric Benzekri dans les premiers jours de SOS Racisme. Doué et intelligent, excellent négociateur. Lui aussi raffole de ce job en dessous des radars.

Le bureau de négoce de Julien est ouvert sans interruption. Ça se passe au café ou autour d'un bon déjeuner. Ça commence par une discussion politique classique, c'est toujours sympa avec Dray, on échange quelques infos, ils parlent tous la même langue, on refait le monde et, entre la poire et le fromage, on parle business. « Bon, j'ai deux dossiers qui passent en commission permanente... De quoi as-tu besoin ? » L'élu d'en face dresse sa liste de courses, Dray voit ce qu'il peut faire... « OK, tope là. Vendu. »

Ministre de l'Intérieur de Sarkozy

« Il est mieux dans l'ombre que sous les ors de la République. C'est ça le vrai pouvoir. » Bernard Squarcini, ancien directeur central du renseignement intérieur.

« Nicolas Sarkozy : Salut Juju. Tu vas bien ?

« Julien Dray : Ouais, bof, je sais pas. J'attends les résultats. »

Le 17 juin 2007, c'est un dimanche, le jour du second tour des législatives, qui suit l'élection de Nicolas Sarkozy à l'Élysée. Il est 18 heures, Dray maugrée, il est bougon et angoissé. Il ne se sent pas très bien, il est fatigué et tourmenté, il a mal partout. Une vieille tradition. Il sort d'une campagne présidentielle physiquement et moralement épuisante. Et perdue, surtout. Il s'agirait de ne pas laisser filer, ce serait le pompon, son siège de député dans l'Essonne. Avec Dominique Bouissou, sa collaboratrice, et son copain Jacky Benazerah, ils sillonnent la circonscription en voiture. Il pleut. Dray, même dans son état, fait le tour des bureaux de vote, il serre des louches. Son téléphone sonne. Un coup de fil pas comme les autres. C'est comme l'irruption soudaine d'un rayon de soleil, mais un peu étrange, un peu gênant. C'est Nicolas Sarkozy, le président de la République.

« Sarkozy : Ne t'inquiète pas, tu es réélu. Il y a un petit rééquilibrage à gauche. La gauche reprend des points. Mais je vais faire l'ouverture et je voudrais que tu sois dans l'équipe gouvernementale.

« Dray : Ça veut dire quoi ?

« Sarkozy : Ça veut dire que je veux que tu deviennes mon ministre.

« Dray : Euh, ouais. Ça me semble bizarre…

« Sarkozy : Mais non, c'est pas bizarre. Maintenant ça suffit, il faut briser les vieux tabous, je veux ouvrir mon gouvernement à gauche. Il faut aller jusqu'au bout, je l'avais dit pendant ma campagne.

« Dray, rigolard : Et imaginons que je dise oui. C'est pour quoi faire ?

« Sarkozy : Ce que tu veux !

« Dray : Par exemple, si je te dis ministre de l'Intérieur…

« Sarkozy : OK, pas de problème. Ministre de l'Intérieur, c'est bon, c'est fait. »

À cet instant précis, Jacky Benazerah souffle à Dray : « Mais non, mais non… Demande-lui les Affaires étrangères ! J'ai envie de voyager, moi ! »

« Dray : Mais comment tu vas faire avec les autres ?

« Sarkozy : C'est pas un problème. Et puis, je sais que la maison sera bien tenue avec toi. Je vais pouvoir dormir tranquille. Donc, j'appelle Guéant [secrétaire général de l'Élysée] et on règle ça.

« Dray : Attends, attends, on se calme. On verra. Tu sais très bien que je ne peux pas travailler avec toi. On est potes, mais politiquement, ce n'est pas possible.

« Sarkozy : Tu sais, Juju, moi, j'ai tout pris, parce qu'ils m'ont rien donné. Ils te donneront rien. Viens avec moi. »

En d'autres temps et d'autres circonstances, une telle proposition l'aurait fait fondre de bonheur. Mais là, c'est la logique qui dérape, alors il regarde, perplexe, Dominique Bouissou et Jacky Benazerah. On ne sait pas trop quoi en penser. On se demande si tout cela est bien raisonnable. Quelle rigolade, mais c'est nerveux. Enfin un président de la République qui lui offre un maroquin ministériel sur un plateau, lui promet même l'Intérieur, ce qui représente un peu plus qu'un rêve de gosse ! « Julien a une connaissance fine du ministère de l'Intérieur, assure Bernard Squarcini. Il a tous les réseaux. Quand on est responsable de l'agit-prop, comme il l'a été au temps de SOS Racisme, on est obligé d'avoir des relations privilégiées avec les Renseignements généraux et les autorités du renseignement. Il connaît très bien son sujet. » Mais il faut que ce soit Sarkozy qui lui propose, un président de droite, et pas qu'un peu. Dray arrive dans son local de campagne de Sainte-Geneviève-des-Bois. Il apprend qu'il n'est pas le seul à avoir été contacté par Nicolas Sarkozy. Malek Boutih, membre du bureau national du Parti socialiste, a été reçu dans l'après-midi à la résidence de la Lanterne. Nicolas Sarkozy le verrait bien ministre de la Ville.

La nuit suivante, sa conscience le pousse du coude. Le lendemain, Dray regarde tomber son rêve pendant qu'il appelle Claude Guéant pour décliner la proposition. Boutih fait la même chose, à la grande fureur du Président de l'« ouverture » qui voudrait à tout prix décrocher une prise de guerre, un « pote » de SOS, un symbole sur la grande photo de l'Élysée, une personnalité marquante, de gauche.

Si elle est issue de l'immigration, c'est encore mieux. Dray a peut-être une idée pour Sarkozy... Il pense à une « pote » justement, une fille intelligente, d'origine kabyle, née dans les quartiers, qui n'a pas sa langue dans sa poche. Fadela Amara serait parfaite, non ? Elle est bien de gauche, mais n'a pas de responsabilités au Parti socialiste. Dray l'a connue toute petite, elle avait 22 ans quand elle a rejoint les rangs de SOS Racisme en 1986. Vingt ans plus tard, Dray avait bombardé l'ancienne présidente de la Fédération nationale des Maisons des potes à la tête de l'association Ni putes ni soumises. Sarkozy la connaît déjà, il l'a reçue plusieurs fois quand il était ministre de l'Intérieur. Fadela Amara devient secrétaire d'État en charge de la politique de la ville. « Ils ont le même profil dans deux camps opposés. Sarkozy et Dray se sont reconnus entre eux », assure Fadela Amara, aujourd'hui inspectrice de l'Igas (Inspection générale des affaires sociales).

Sarkozy et Dray ont le même âge, le même tempérament peu domestiqué, la même peur de rien, le même goût de la transgression. Ils se rencontrent en 1988.

Julien Dray : « C'est Éric Raoult – ancien député-maire du Raincy, en Seine-Saint-Denis – qui me dit : "Tiens, voici le mec qui fait la même chose que toi pour Mitterrand, avec Chirac." Sarkozy est alors représentant de la jeunesse au RPR. On a rigolé en se disant qu'on s'était quand même pas mal battus l'un contre l'autre. À l'époque, c'est un jeune député qui est mal à l'aise dans sa famille politique. Et moi, c'est pareil. »

Dray et Sarkozy sympathisent immédiatement, ils se retrouvent souvent à la buvette de l'Assemblée nationale, ils parlent politique et parfois montres, passion de Dray à laquelle Sarkozy n'est pas insensible. Ils se comprennent. Ils ne sont ni énarques ni héritiers, personne ne leur déroule le tapis rouge. La revanche sociale comme carburant. Pour avancer dans la vie, ils ont pris l'option « On dynamite tout sur notre passage ». Le duo, l'un à droite, l'autre à gauche, ne passe pas inaperçu.

Julien Dray : « Jean-Claude Bourret avait un débat politique à midi sur la Cinq. Ça s'appelait "Le duel". Il y avait un sablier pour départager les temps de parole. Elle est très dure cette émission, c'est l'époque du minitel et les téléspectateurs donnent des notes aux invités à la fin. Et comme la Cinq est une chaîne de réacs, ils mettent des notes atroces à tous les mecs de gauche. Tu étais sûr de t'en prendre plein la tête… À gauche, tout le monde détestait y aller. Donc, je faisais le bouche-trou. Bourret m'avait à la bonne et Sarko, qui voulait se faire connaître, y allait souvent aussi. On était un peu les duettistes. Quand il ne savait pas trop qui inviter, il appelait Sarkozy et Dray. On passe notre temps à se disputer à la télé, ça cognait bien… Ça crée des liens. »

Des liens qui ne seront jamais rompus. Pendant le quinquennat Sarkozy, Dray jouera parfois les visiteurs du soir. Donne son avis sur tel mouvement social, analyse les rapports de force politique. Quand Dray est de passage, dans le bureau du Président, celui-ci le comble : « Mais prends des cigares ! Sers-toi ! » Dray est content, il repart toujours avec quelques bons barreaux de chaise dans la poche.

SAISON 6

Mister Juju et docteur Dray

« Certains proches de Julien qui disent : “Si on avait su…” Sérieux ? Les uns ne voulaient pas voir et les autres ne savaient que faire de ce qu’ils voyaient. » Laurence Rossignol.

Cinq jours avant Noël

Vendredi 19 décembre 2008, 6 h 35. L'heure légale. Des voitures de police banalisées qui se garent sans bruit de sirènes devant la porte d'un loft situé en rez-de-chaussée, dans une petite rue du XXe arrondissement. Des officiers de la police judiciaire, la PJ, sonnent à la porte. Catherine, sa femme, ouvre aux enquêteurs de la brigade financière. Mandat de perquisition. Brutal. Dray n'a pas dormi chez lui, il n'est pas là, il est à Sainte-Geneviève-des-Bois depuis la veille au soir pour animer une réunion publique. La fouille débute. Au peigne fin. Placards, bureau, armoires, meubles de cuisine… Dans le salon, il y a des tableaux d'art contemporain. Mais les flics ne sont pas amateurs. Ils préfèrent mettre le nez dans la paperasse, la garde-robe, le placard à chaussures… Dray débarque enfin, en milieu de matinée. À l'un des policiers présents dans son salon et qui semble piloter les opérations, il dit avec, tant qu'il peut, un petit sourire amical : « C'est quoi, la montre autour de votre poignet ? » C'est pour rire, sans doute pour se donner une contenance, et aussi parce qu'il la trouve vraiment belle.

Ce 19 décembre, c'est le dernier jour de classe avant Noël. Soixante policiers ont été diligentés pour mener à bien sept perquisitions simultanées. La PJ se déploie, « visite » aussi les bureaux de SOS Racisme, ceux du syndicat lycéen FIDL, le domicile de proches de Dray et des associations satellites de la galaxie drayiste. Perquisition des domiciles de Nathalie Fortis, fidèle attachée de presse de Dray, et de Thomas Persuy, directeur administratif et financier de SOS Racisme. Au peigne fin, toujours.

La nuit précédente. Dray a été prévenu de l'imminence de la perquisition. Par un flic éminent de la Sarkozie ? Par un cadre éminent de la Sarkozie ? Voire plus haut ? Peu importe. Mais en raccrochant, Dray a un écran blanc devant les yeux et aussi une fièvre panique. Tout est perdu ? Non. Mais, pour l'heure, tout ce qui lui reste, c'est la volonté de s'en sortir.

Le collectionneur

> **« Dans nos réunions, au début des années 1980, il avait flashé sur mon stylo. Un beau Parker. Il n'arrêtait pas de vouloir me l'acheter… Et, en même temps, on préparait la révolution mondiale. » Serge Faubert.**

Comme tous les gens qui amassent, Dray est un collectionneur qui fait preuve d'un grand œcuménisme. Mais il faut préciser d'emblée qu'il ne collectionne pas les nains de jardin, les étiquettes des boîtes de camembert ou des trucs à la gomme. Il est plutôt passionné par les beaux objets manufacturés et fabriqués à la main dans le respect d'une tradition ancestrale. Ces objets ne coûtent, généralement, pas une paille. Et Dray est un collectionneur compulsif. Il est souvent hanté par un défoulement primaire et irréfléchi qui nécessite des sommes d'argent substantielles.

Dray aime les montres bien sûr, et aussi les couteaux. Pas les gros couteaux pour dépecer le bison, plutôt les petits couteaux délicatement ouvragés. Il est même suffisamment fondu pour se rendre à Milan, par l'avion de 6 heures du matin, dans l'unique but d'arpenter les allées du Salon du couteau de Milan qui n'est pas non plus le salon international du couteau ; ça se passe au sous-sol d'un hall d'hôtel anonyme de la banlieue de Milan. Il y a peut-être une soixantaine d'exposants. Des artisans qui vendent des couteaux faits à la main. Certains n'en fabriquent que trois par an et ils peuvent valoir 10 000 euros.

Dray aime les montres et les cartables.

Dans les années 2000, Dray fait partie de l'Amicale parlementaire des amateurs de cigares. Un jour, c'est en Suisse cette fois, cela se passe au cours d'un voyage d'agrément, Dray est à table à côté de son ami Pierre Mazeaud :

« Julien Dray : Pierre, tu as une très belle montre.

« Pierre Mazeaud : Ah oui, tu trouves… Oui, elle est pas mal.

« Julien Dray : C'est une Omega ancienne, elle est magnifique.

« Pierre Mazeaud : Moi, j'y connais rien aux montres… On me l'a donnée.

« Julien Dray : Elle est vraiment très belle. J'aime beaucoup les montres…

« Pierre Mazeaud : Mais elle te plaît ? Tu la veux ? OK, je te la donne. »

Quelques jours plus tard, Dray fait livrer au domicile parisien de Pierre Mazeaud une serviette en cuir de chez Hermès. Dray a pris soin de faire graver les initiales PM dessus.

Aux débuts de l'aventure SOS, quand l'argent commençait à couler à gros bouillon, Dray peut se permettre de craquer, déjà, pour de très beaux cartables de maroquinerie. Cela ne colle pas du tout avec sa dégaine d'étudiant trotskiste attardé, mais tout le monde s'est habitué. Surtout que, quand il se lasse de son achat, Dray fait croquer. Il est généreux, Dray. Il prend une grosse voix de commissaire-priseur : « Qui veut un cartable ? Qui veut un cartable ? Tiens, je te le donne ! » Premier arrivé, premier servi.

Dray aime les montres. Les neuves, les rares, les « à complication », les anciennes, les éditions limitées, les différents modèles portés par James Bond, etc.

Julien Dray : « Je n'achète quasiment plus aujourd'hui. Avant, j'étais dingue. Ma passion, ce sont les montres anciennes. Cela me vient de mon grand-père, qui était horloger. J'aime les stylos aussi. Mais globalement, j'ai décroché après l'affaire. »

Dray a accumulé un savoir encyclopédique sur le sujet. C'est une passion qui le dévore, en temps et en argent. Depuis toujours, il dit : « Les montres, c'est ma vie. » Il ne s'en est jamais caché. Au début de sa carrière politique, en 1991, il pose avec un grand sourire à la une de la revue *Monsieur*. Devant lui, avec beaucoup de soin, il a aligné une trentaine de montres de sa collection. Quand Dray est en réunion, à SOS Racisme ou avec les jeunes de la Gauche socialiste, il a toujours un petit « trésor » à tripoter entre ses doigts. Il joue avec, il l'inspecte, il l'extrait de son étui en velours, le nettoie avec un chiffon, l'examine à nouveau, le remet en place, serre le cordon de l'étui. Et recommence, encore et encore. À l'infini. La première chose que Dray regarde chez un homme, c'est son poignet. Par exemple, Dray aime bien Sarkozy, mais il ne supporte pas la manière dont il porte sa Rolex. Elle pendouille à son poignet. Négligé. Vulgaire. Il s'emporte, même : le Président « ne sait pas porter sa montre »...

Il se rend souvent à Milan dans une boutique tenue par un ami, Max, pour dénicher une nouvelle pièce. Dray est toujours à l'affût d'une toquante qui le fera défaillir. Qu'importe si le *deal* pour obtenir la montre de ses rêves n'est pas simple. Il emprunte la somme, il en revend une autre, il échange. Quand il est piqué, il n'y a plus rien à faire. Comme en politique, Dray trouve toujours une solution.

Dray est un acheteur compulsif. Surtout quand il déprime. Quand il déprime et qu'il s'assure qu'il dispose de l'argent sur sa carte bleue, il est grand temps d'abandonner son bureau séance tenante pour se précipiter dans une librairie et en ressortir avec trente livres. Il existe une variante cinématographique : se rendre à la Fnac et repartir chez lui avec une caisse de quarante DVD. Six mois plus tard, les DVD sont toujours sous blister, posés dans un coin de son salon.

Fin 1999, la passion horlogère de Dray devient suffisamment encombrante pour lui causer ses premiers soucis judiciaires. Dray se retrouve dans une rubrique inappropriée des quotidiens avec l'affaire dite « de la Patek Philippe ». Patek Philippe est une marque suisse réputée, spécialiste des montres de haute catégorie, à mécanisme dit « à complication ». Un contrôle de TVA est effectué dans les locaux de la société Patek Philippe, place Vendôme à Paris. Les agents du fisc découvrent que le député de l'Essonne a acquis, deux ans plus tôt, une montre « à complication » pour 250 000 francs (38 000 euros). Il a payé 150 000 francs en liquide et les 100 000 francs restants en carte bancaire. Le fractionnement du paiement de ce type d'achat constitue une infraction. Une enquête préliminaire est ordonnée par le parquet de Paris. Dray est convoqué par les policiers de la brigade financière. Pour expliquer la provenance de cette somme en cash, Dray déclare qu'il a vendu quatre autres montres de collection à des amateurs. Il fournit la liste des clients ainsi que la dénomination des modèles. Les enquêteurs entendent les témoins qui confirment tous les déclarations de Dray. Le dossier est classé sans suite. C'est un avertissement sans frais et les médias, c'est inespéré, n'en font pas trop leurs gorges chaudes.

Julien Dray : « À l'époque, je dépense beaucoup pour acheter des montres. L'affaire de 1999, ça fait chier. C'est la première fois que ça m'arrive. Je suis sali. Mélenchon est emmerdé, mais il est solidaire. On avait marché pendant des heures dans Paris, je lui avais tout expliqué. À la fin, il me dit : "OK, mais tu as compris que cette histoire va t'affaiblir pour longtemps ?" »

Ce désagréable épisode révèle une facette méconnue de Dray. Rapidement oubliée. On ne l'y reprendra plus. Cette histoire lui a servi de leçon. C'est ce qu'il dit à l'époque, à tous les copains : « Je vais faire gaffe. Je suis dans l'œil du cyclone… »

Dray conserve intact son sens de l'humour pour faire accepter son onéreuse passion au peuple de gauche. Lui qui déploie toujours des trésors d'inventivité pour mettre au point une carte de vœux originale et drôle a fatalement trouvé sa pirouette pour l'an 2000.

Sur le dos de la carte, on peut lire : « La vie politique est parfois une course contre la montre »…

À l'intérieur : Urgent. Échange montre de collection. Motif : trop de complications. Contact : Julien D. Essonne. Post-scriptum : Bonne année.

Le système du couscous

> « On a tous une responsabilité de ne pas lui avoir dit : "La politique, ce n'est pas le train de vie que tu t'octroies." On a beaucoup daubé sur lui, mais Julien était devenu accro à la consommation. Et une addiction, ça se soigne. » Bernard Pignerol.

Dix ans plus tard. La veille de la perquisition de la deuxième « affaire Julien Dray », un journaliste du *Canard enchaîné* prend rendez-vous avec le député de l'Essonne. L'oiseau palmé de mauvais augure est reçu à l'Assemblée. Dray prie son assistant parlementaire, Romain Pigenel, de sortir de la pièce. Requête inhabituelle. Louis-Marie Horeau est venu seul, mais pas les mains vides. Avec les extraits d'un rapport qui met Dray en cause. L'enquête de Tracfin, l'organisme anti-blanchiment, porte sur des mouvements de fonds suspects. Elle décrit de nombreux flux d'argent que l'on qualifiera d'anormaux ou de suspects. Tracfin soupçonne Dray d'avoir détourné de l'argent des associations pour son usage personnel et évalue les sommes « douteuses » à environ 350 000 euros.

Trente-six pages de rapport, un train de vie à ciel ouvert. Dray est possesseur d'une carte American Express Centurion, ordinairement réservée à une petite élite très fortunée, 2 000 euros de cotisation annuelle. Dray fait ses emplettes dans la bijouterie Van Cleef & Arpels. Dray a ses habitudes rue du Bac, chez Romain Réa, expert réputé en montres « vintage », fournisseur des plateaux de cinéma et de la star américaine Robert De Niro. De l'autre côté de la Seine, rue Saint-Honoré, il fréquente la boutique Chronopassion, spécialiste des marques les plus exclusives. Et, juste en face, le magasin Time Addict, haut lieu de la montre haut de gamme. Dray ne néglige pas les maisons de prestige : Patek Philippe, place Vendôme ; Arije, avenue George-V ; Heurgon et Huguenin, rue Royale ; Dubail, le spécialiste de Rolex, ou le magasin Breguet de Cannes. En Italie, il effectue de fréquentes escapades à Milan, chez Davide Parmegiani, le vendeur de « montres rares » du magasin Hora, ou chez son ami Max Bernardini. Dray se fournit chez Hermès ou chez Berlutti. Dray consomme des plats chez Hédiard, Dray règle des notes d'hôtel astronomiques à Monaco. Tracfin sait où et quand il a acheté des lunettes, dans quels pays il a voyagé, combien il a dépensé chez Darty. Tracfin sait qu'en février 2006 il s'est offert une thalasso. Tracfin sait que, le 24 juin 2006, il a acheté un tableau à 8 600 euros dans une galerie d'art et une paire de chaussures John Lobb à 1 010 euros, et que la veille il a craqué pour un stylo à 1 270 euros. Tracfin sait sur quelles compagnies aériennes volent ses enfants. Tracfin sait qu'il ne retire jamais de liquide dans les distributeurs automatiques. Tracfin sait qui lui verse de l'argent et qui il paie. Il y a les noms et les dates. Jour après jour.

L'engrenage judiciaire se met en branle. Un autre rapport. Daté du 13 juillet 2009, c'est le rapport d'enquête de la police judiciaire, quatre-ving-six pages, rédigé à l'issue de dizaines d'auditions, qui met au jour le *modus operandi* du système d'évaporation de fonds au profit du député de l'Essonne. Toujours le même : l'argent provient des comptes bancaires de l'association Les Parrains de SOS Racisme ou de la Fédération indépendante et démocratique lycéenne (FIDL) et atterrit finalement sur le compte personnel de Dray, après avoir transité quelques jours ou seulement quelques heures sur des comptes de proches du député. Exemple numéro 1 : le 23 mars 2006, l'association Stop Racisme Val d'Orge verse 4 000 euros à la FIDL. Le même jour, la FIDL émet un chèque de 5 500 euros à l'ordre de Mme Fortis. Qui, à son tour, toujours le 23 mars, transfère la somme de 4 000 euros sur le compte de Dray… Exemple numéro 2 : le 10 décembre 2007, un chèque de 5 000 euros émanant des Parrains de SOS est libellé au nom de Mme Fortis, qui effectue un virement du même montant le lendemain sur le compte du député de l'Essonne.

L'association des Parrains de SOS (à ne pas confondre avec SOS Racisme, dont la Cour des comptes avait déjà dénoncé « de graves insuffisances de gestion et de rigueur »), créée en 2000 et présidée par le P-DG d'Yves Saint Laurent, Pierre Bergé, récolte de l'argent privé versé par des bienfaiteurs pour le bénéfice de SOS Racisme. Une association qui ramasse de l'argent pour une autre association… Original. Parmi les principaux donateurs : Pierre Bergé, le Parti socialiste, la fondation Rothschild, la chaîne de télévision Arte France…

L'enquête de la PJ déterre aussi des situations cocasses. Comme le chemin curieux emprunté par plusieurs chèques, remis à un commerçant d'Antibes, mais endossés par Dray lui-même. Pour tenter de comprendre, les policiers de la PJ feront le voyage sur la Côte d'Azur. Ce volet du dossier, ils le surnommeront entre eux la filière « costumes et maillots de bain ». Le 10 mars 2009, ils entendront un ami d'enfance de Dray, commerçant, spécialisé dans la vente de vêtements de marque sur les marchés de la région. Il a utilisé de manière singulière les « petits » chèques de dizaines de clients (100 euros, 150 euros, 170 euros, 200 euros) dont l'ordre n'avait pas été mentionné par les clients : le nom d'un autre bénéficiaire était tout simplement ajouté. Des clients estivaux seront donc entendus par la police judiciaire pour avoir acheté des maillots de bain. On ne néglige aucune piste.

À l'époque de la Gauche socialiste, Mélenchon, qui ne se mêlait jamais d'argent, appelait ce fourre-tout financier auquel il ne comprenait rien le système du « couscous ». Une vieille expression trotskiste. En dessous d'une direction politique organisée, structurée en avant-garde, le trésorier malin organise un système volontairement désordonné voire bordélique où l'argent, des centaines de petits chèques, émanant de particuliers, de plusieurs associations satellites, s'amassent comme des grains de couscous, et deviennent insaisissables. C'est un réseau souterrain et complexe de pipelines dont Dray semble être le seul à connaître les connexions et les destinations finales. Jusqu'ici, il en actionnait les robinets avec d'infinies précautions.

Retour dans le bureau de Julien Dray à l'Assemblée nationale, ce jeudi 18 décembre 2008, veille de perquisition. Le journaliste du *Canard enchaîné* se lève, il a fini d'énumérer. Dray a pris dix ans en cinq minutes. Il déclare au *Canard enchaîné* : « Je dois tout reprendre, tout vérifier. Vous savez, je ne tiens pas vraiment de comptabilité… » Dray a pris vingt ans en dix minutes. « Je suis un acheteur compulsif. Rien ne peut m'arrêter. Les psychiatres disent que cela ne se soigne pas. »

Dray raccompagne Louis-Marie Horeau à la porte. Pigenel n'ose pas poser de questions. Dray met son manteau et lance à son assistant : « On se rappelle… » Pigenel est également enseignant-chercheur en philosophie à la Sorbonne. Le lendemain, un peu avant midi. Pigenel sort de Normale sup où il donne des cours. Il rallume son portable. Des dizaines d'appels en absence et de messages. Qui disent tous la même chose : une perquisition est en cours chez Dray. Une autre pourrait suivre à l'Assemblée. En fin de journée. Le procureur de Paris, Jean-Claude Marin, publie un communiqué de presse. Une enquête préliminaire a été ouverte à l'encontre de Dray, « député PS de l'Essonne et vice-président du conseil régional d'Île-de-France, pour des faits présumés d'"abus de confiance et de recel d'abus de confiance et de blanchiment" ». Elle porte sur des « détournements de fonds, commis à des fins apparemment personnelles, au préjudice des associations Les Parrains de SOS Racisme et la Fédération indépendante et démocratique lycéenne (FIDL) ». Dray est susceptible d'être jugé pour un délit punissable de trois ans d'emprisonnement et de 375 000 euros d'amende.

« L'affaire Dray » à la une. La médiasphère dégoise, s'embrase comme un feu de maquis corse. *Libération*, le compagnon des débuts de SOS, s'en donne à cœur joie, parce que la gauche morale qui se paye du bon temps et des montres hors de prix, ça fait très mauvais genre. C'est la première mort du Baron noir.

Une affaire politique ?

« Non, Dray n'a pas été balancé par les sarkozystes. Non, je ne l'ai pas balancé. Mais, oui, on s'est bien foutus de sa gueule avec son histoire de montres. Parce que quand même

il était une figure de la bonne conscience de gauche... SOS Racisme, c'était l'organisation intouchable, la morale incarnée... Alors, oui, cette affaire était d'autant plus drôle. »
Pierre Charon, conseiller du Président Sarkozy.

Jean-Baptiste Carpentier, 44 ans, inspecteur des Finances et diplômé de l'École nationale de la magistrature, vient de prendre ses quartiers dans un bâtiment moderne et sans charme, caché dans une petite rue de Montreuil. Sa nomination au poste de directeur du service Traitement du renseignement et action contre les circuits financiers clandestins, autrement dit la cellule anti-blanchiment Tracfin – un nom assez redoutable et un surnom malicieux, les « grandes oreilles de Bercy » –, a été publiée au *Journal officiel* du 14 septembre 2008. Il dirige désormais une centaine d'agents.

Carpentier hérite d'un cadeau de bienvenue. Un dossier légèrement people qui est aussi le préambule d'une embarrassante affaire politico-financière, mais ça, il n'en sait rien encore. Le Crédit coopératif a joué le rôle de lanceur d'alerte en signalant à l'autorité publique des mouvements de fonds suspects sur le compte de l'association Les Parrains de SOS Racisme. Un agent de Tracfin entame une enquête fin septembre. Il épluche les mouvements de fonds entre les différents protagonistes de manière exhaustive et rend son rapport quelques semaines plus tard.

Son premier dossier « politique ». Jean-Baptiste Carpentier n'est pas paniqué pour autant. Ce n'est pas l'affaire du siècle. Les sommes sont importantes, certes, mais il ne s'agit pas non plus de millions d'euros. Et Dray n'est même pas ministre. Somme toute, c'est un « simple » député et, de surcroît, actuellement dans l'opposition, ce qui devrait réduire à néant, *a priori*, les risques d'interventions du pouvoir en place dans ce dossier. Serein, mais prudent de nature, le directeur de Tracfin s'entoure néanmoins de quelques précautions utiles.

Primo : ne pas transmettre le rapport au parquet trop rapidement. En effet, le congrès du Parti socialiste est programmé à Reims pour le 16 novembre ; Dray affiche publiquement des velléités de se présenter au poste de Premier secrétaire. Il faut donc éviter que ce rapport soit interprété comme une manœuvre politique pour couper à l'avance la tête d'un candidat à la tête du PS. Le rapport patiente donc quelques jours au coffre, en attendant la victoire de Martine Aubry. *Secundo* : Carpentier se fend d'un coup de fil à Éric Woerth, ministre de l'Économie, son autorité de tutelle, pour l'informer de l'existence de ce rapport. *Tertio* : le 28 novembre 2008, il traverse la capitale pour remettre lui-même et en main propre le dossier à Jean-Claude Marin, procureur de la République de Paris.

Quelques jours plus tard, à l'Élysée. Jean-Baptiste Carpentier se rend à la réunion mensuelle de la coordination nationale sur le renseignement. Présidée par Bernard Bajolet, elle réunit les différents services de la sécurité intérieure ou extérieure et de la défense. Au moment où il s'apprête à quitter la salle, Carpentier sent qu'on lui accroche le bras. C'est Bernard Squarcini, qui a un titre professionnel redoutable, il est patron de la Direction centrale du renseignement intérieur (DCRI), et un surnom malicieux : le « squale ». Il pique une crise, reproche au directeur de Tracfin de ne pas l'avoir informé de l'affaire Dray avant qu'elle n'éclate. Il aurait dû mentionner l'existence de ce rapport au cours des réunions à l'Élysée ! Carpentier fait valoir que seules les questions relevant de la sûreté de l'État doivent être évoquées en ce sein et qu'il ne lui semblait pas que Dray ait un quelconque lien avec la sûreté de l'État. Qu'il s'agit en l'occurrence d'une procédure tout à fait ordinaire.

Squarcini et Dray se connaissent depuis la nuit des temps. Il était numéro 2 des Renseignements généraux du temps du célèbre commissaire Yves Bertrand. Ils ont un copain en commun : Max Torossian. « Toto » pour les intimes. Un flic de gauche, homme de confiance de Squarcini et pote de Dray depuis les années 1980, quand il avait été chargé de « suivre » SOS Racisme pour le compte des Renseignements généraux de la préfecture de Paris.

Le procureur Marin ordonne le 10 décembre 2008 l'ouverture d'une enquête préliminaire pour des faits présumés d'abus de confiance. Squarcini est furieux, il ne se remet pas de l'avoir appris dans la presse. Et Carpentier pressent, finalement, que cette enquête est plus enquiquinante qu'il n'y paraît. Carpentier cherche à comprendre ce qui peut bien mettre le Corse dans un état pareil. Il a une idée, rien de sûr : il note que cette affaire éclate en pleine crise des universités. Que la FIDL est en pointe dans cette fronde contre la réforme des lycées souhaitée par Xavier Darcos, le ministre de l'Éducation. Il se dit que peut-être Dray avait des contacts avec le gouvernement, qu'il était peut-être chargé, en sous-marin, de calmer les ardeurs lycéennes. Bref, il sent que dans cette histoire, quelque chose lui échappe.

Julien Dray : « J'ai cherché. Et j'ai trouvé. C'est Pierre Charon qui balance. En fait, Tracfin s'énerve un peu sur mes achats et mes reventes de montres. Il y a des entrées, des sorties. Donc, ils font un signalement. Il y avait déjà eu plusieurs signalements. Je ne le savais pas et personne n'y avait prêté attention. Mais le nouveau directeur de Tracfin, Carpentier, il veut se faire ma pomme. Pour montrer qu'il est indépendant. Donc, il fait monter le signalement chez Woerth. Et il a un feu vert pour faire un dossier. Donc, ils se mettent à faire un dossier. »

C'est une tradition vieille de vingt ans, pas question de faire l'impasse. Ce 23 janvier 2009, Dray a donné rendez-vous à ses administrés, à ses militants et à ses amis dans la salle Gérard-Philipe, de Sainte-Geneviève-des-Bois. Comme d'habitude, Dray a planché sur une carte de vœux pour l'année 2009 : « Je ne collectionne pas que les montres mais aussi les ennuis. » Il aurait pu annuler la cérémonie des vœux, mais cela aurait résonné, évidemment, comme une preuve de culpabilité. Alors, comme chaque année, Dray a fait sortir les grandes tables à tréteaux, les nappes en papier, et a posé dessus les cacahuètes, le crémant et le jus d'orange achetés à Carrefour. C'est aussi le moment de compter ses amis. Bianco, Valls, Peillon, Mélenchon le soutiennent. Hollande disparaît corps et âme. Hamon tape fort. Le téléphone ne sonne plus. Charles Pasqua écrit un mot à Dray : « Cher Julien, haut les cœurs et mort aux cons ! » Ils sont environ un millier à avoir fait le déplacement. Certains sont venus afficher leur soutien, d'autres ont été poussés par une curiosité malsaine. Il aura quelle tête ce soir, « Juju », tu crois ? C'est sa première prise de parole publique depuis la perquisition.

Julien Dray : « Je suis mal, Manuel Valls est là, Jean-Luc Mélenchon aussi, Thierry Mandon, François Lamy… C'est sympa qu'ils soient venus. Je fais un discours de merde, je panique. Je suis déstabilisé par la publication du rapport Tracfin quelques jours plus tôt dans *L'Est républicain*. On avait préparé un discours avec Éric Benzekri, mais je mélange tout… »

Bananes, comté et Coca-Cola

« Cette affaire a coûté une fortune à l'État. Je n'ai jamais vu une enquête préliminaire avec autant de flics spécialisés de la brigade financière mobilisés, autant de documents analysés, autant d'interrogatoires, de gardes à vue pour finir par un rappel à la loi. » Jacky Benazerah, avocat de Dray.

Intérieur nuit. Depuis le début de l'affaire, médiatisée, en CinémaScope, Dray ne sort plus qu'au soir tombé. Il se couche à l'aube afin de se lever le plus tard possible, pour ne pas avoir à affronter le regard de la rue. Ne pas avoir à répondre au téléphone, ne pas lire les articles, à charge, forcément. Des membres de la « bande à Juju » qui balancent, en *off* exclusivement. Mais tout le monde découvre soudain l'avidité d'un homme de gauche. Dray ne met plus les pieds à Solférino, rase les murs à l'Assemblée nationale, sèche toutes les réunions du bureau national du Parti socialiste. Sa vie se résume à la mise en place de sa ligne de défense. Des jours sans fin avant, peut-être, la fin de tout.

Il se prépare pendant des mois, multiplie les réunions avec ses avocats. Il est souvent chez Jacky Benazerah, son avocat personnel, et aussi son ami, dans son appartement proche de Montparnasse, lové dans le canapé. Il mange du comté et des bananes, arrosés de Coca toute la nuit. Ils se demandent qui a balancé, ils échafaudent des théories, ils guettent une porte de sortie. Dray fait également appel aux services de Me Léon-Lef Forster, une star du barreau parisien, avocat de Charles Pasqua, qui a également défendu Dominique Strauss-Kahn dans l'affaire de la MNEF. Forster occupe le terrain médiatique.

Ce mardi 23 juin 2009, après une pause rapide aux alentours de 13 heures pour avaler quelque chose, Dray reprend le chemin des bureaux de la Brigade financière, rue du Château-des-Rentiers, dans le XIIIe arrondissement de Paris. Benazerah est venu déjeuner avec lui. Il n'a pas le droit de l'assister pendant l'interrogatoire. Il a bien essayé de le faire rigoler un peu, en vain. Pour Dray, l'exercice est pénible et humiliant. Le député de l'Essonne, qui ne peut être placé sous le régime de garde à vue contrairement au simple citoyen, s'explique devant les policiers de la financière qui lui agitent le rapport Tracfin sous le nez. Toute mesure privative ou restrictive de liberté aurait nécessité la levée de son immunité, mais la demande n'a pas été faite au bureau de l'Assemblée nationale.

Dray est entendu tardivement par les policiers. Il est l'un des derniers à être convoqué. Plus de six mois se sont écoulés depuis la perquisition de son appartement. Pendant tout ce temps, l'enquête policière pour « abus de confiance, faux et usage de faux », tentaculaire, a suivi son cours. Des dizaines de gardes à vue dont celle des deux autres protagonistes de cette affaire, Nathalie Fortis et Thomas Persuy. Nathalie Fortis avait préparé, dès le mois de janvier, un sac, qu'elle emportera le moment venu. Elle y range une petite couverture, un jogging, une bouteille d'eau. Lors de sa garde à vue de quarante-huit heures, elle s'attache à justifier les virements sur son compte en provenance de la FIDL et des Parrains de SOS Racisme. Selon ses déclarations, elle aurait été rétribuée afin de s'occuper de « la gestion courante de l'association ».

Sur la forme, les avocats jouent la carte du complot politique. Dray a voulu être Premier secrétaire du PS, on cherche à l'abattre. Sur le fond : Dray connaissait à l'époque des difficultés financières, il a emprunté de l'argent à ses proches, point barre. Et le député n'avait aucune idée de la provenance initiale des fonds prêtés par Nathalie Fortis et Thomas Persuy.

Julien Dray : « Le seul délit que j'ai commis, c'est d'avoir emprunté de l'argent à mon association (l'Association de la Xe circonscription) dans l'Essonne, financée par moi uniquement, pour acheter une montre, somme que j'ai ensuite remboursée. Pourquoi j'écope finalement d'un rappel à la loi ? Parce que mon association fait juste un acte qui n'est pas conforme à ses statuts. Mais ce n'est pas un rappel à la loi sur mon rythme de vie ou sur un éventuel détournement. »

Ou alors :

Jacky Benazerah : « Julien Dray avait une association qui finançait son local. Le seul contributeur à cette association, c'est lui-même. Avec cet argent, il a voulu faire un cadeau et il s'est trompé de chéquier. Il a fait un chèque avec le chéquier de l'association et il a remboursé après. Bref, ils n'ont rien trouvé. Il n'y avait rien dans le dossier. »

Les policiers s'agacent parfois légèrement… « Chaque fois que vous avez reçu des sommes de Mme Fortis, lui font observer les enquêteurs, cette dernière avait reçu au préalable ou dans le même temps des sommes provenant d'associations ou de personnes physiques ayant reçu concomitamment des sommes d'associations. Donc, jamais Mme Fortis ne vous a prêté de l'argent sans qu'elle ait reçu au préalable ou dans le même temps de l'argent. »

Quant à la bizarrerie de l'absence de retrait de liquide aux guichets, Dray explique que c'est sa femme Catherine, cadre d'Air France, qui sera également entendue par la brigade financière, qui lui donne du cash. Il met en avant la répartition des dépenses au sein du ménage familial. À lui de payer les dépenses fixes de la famille – électricité, loyers des enfants – et à elle les dépenses courantes.

Happy end

« Après l'affaire des montres, je lui ai donné deux, trois tuyaux pour créer sa petite structure de conseil. Pour vivre, quoi. Julien avait une vraie valeur sur le marché. S'il n'avait pas fait de politique, Julien, avec son intelligence pétillante et créatrice, aurait été un excellent banquier d'affaires. » Pierre Bédier.

L'épilogue de l'affaire Dray a un mérite. Celui d'avoir beaucoup égayé les pauses-café des couloirs du Palais de justice. Il y a les magistrats du parquet, les juges, les avocats, qui se sont payé une bonne tranche. Il y en a d'autres, notamment des policiers de la brigade financière, ceux qui ont travaillé sur l'« affaire », qui ont ri beaucoup plus jaune. Ce document de douze pages, daté du 15 décembre 2009, et signé par Jean-Claude Marin, procureur de la République de Paris, sur papier à en-tête du ministère de la Justice, adressé au parquet général, tout ce petit monde se l'est envoyé par mail sur l'air d'une bonne blague judiciaire. « Lis-le bien et jusqu'au bout, je te jure, ça vaut le coup… » Le procureur de Paris s'attire des louanges, ironiques, pour avoir réussi un tel tour de force. Aujourd'hui encore, près de dix ans après les faits, cette décision continue à faire jaser dans la magistrature et une aura de mystère, toujours, planera sur le dénouement de l'affaire Dray.

Au terme des investigations qui ont mené au rapport d'enquête publié en juillet 2009, le parquet avait *a priori* un triple choix à sa disposition : confier l'affaire à un juge d'instruction, renvoyer Dray en correctionnelle, classer le dossier sans suite. Mais Marin imagine une quatrième option, sous réserve que la Chancellerie le suive dans son raisonnement.

Dray, député de la République, écope d'un rappel à la loi. Très bien. *A minima*, on peut estimer que le procureur a fait preuve d'une certaine créativité juridique. Car, jusqu'ici, le rappel à la loi, mesure alternative aux poursuites, était plutôt une peine réservée à des adolescents turbulents pour leur éviter de se trimballer un casier judiciaire si jeunes. Sept autres personnes, dont deux des proches collaborateurs du député, ainsi que le président de SOS Racisme, Dominique Sopo, font l'objet de la même peine.

Jean-Claude Marin rédige son rapport final quasiment un an jour pour jour après la perquisition au domicile de Dray. Marin décrit, avec force détails, les flux financiers entre les associations et Dray, précise qu'ils seront toujours justifiés par l'intéressé lui-même, par le motif d'un prêt ou d'un remboursement. Marin ne semble pas tout à fait dupe. « La répétition du processus, la concomitance de l'encaissement des chèques, la similitude de la méthode utilisée, la proximité des intéressés avec Julien DRAY, notamment en ce qui concerne Mme FORTIS, les justifications peu convaincantes apportées, le retard des paiements par rapport au moment de la réalisation des prestations censées être effectuées, pouvaient laisser présumer l'existence d'un système occulte destiné à permettre à Julien DRAY de surmonter ses difficultés financières grâce à l'aide des associations et non à celle de ses proches. Toutefois, l'enquête n'a pas permis de mettre en évidence un train de vie dispendieux de la part de Julien DRAY. Certes, celui-ci se livre à un commerce de montres coûteuses, mais ses achats s'équilibrent avec ses ventes. »

Le rappel à la loi n'est pas notifié dans le casier judiciaire, et n'entraîne pas d'inéligibilité. Le parquet ne fait pas appel de cette décision et les parties civiles possiblement victimes (la FIDL et l'association des Parrains de SOS, par définition proches de Dray) ne portent, évidemment, pas plainte. Et puis, Dray a remboursé une partie des sommes litigieuses.

Julien Dray : « Je n'estime pas que j'ai bénéficié d'une quelconque indulgence dans cette affaire. Dix mois d'enquête ! Plus de cent cinquante personnes entendues ! Des dizaines de gardes à vue ! Une clémence ? Pfff… Un lynchage médiatique, plutôt, et comme on n'en a jamais vu ! »

Le Baron noir est bien amoché mais il va pouvoir remonter sur le ring.

Le mercredi 6 janvier 2010, Dray est invité au micro de la journaliste Pascale Clark, sur France Inter. Il affirme que le procureur de Paris n'avait « rien à [lui] reprocher ». Dray en fait sans doute un peu trop. Il ne perd plus une occasion de claironner que le dossier était vide, que c'était un coup de ses ennemis, qu'il s'agissait d'une manipulation ourdie dans l'ombre, qu'il a manqué de finir enterré sous une conspiration.

Gonflé. C'est peut-être aussi ce qui fait son charme. Peut-être. Dray joue avec les faits, marche tout au bord de la vérité, enjolive la réalité. Dans *Paris Match*, il déclare : « Le rappel à la loi me concernant est extrêmement circonstancié, puisqu'il concerne non pas un ensemble d'infractions, ou une attitude en général, mais simplement un fait particulier – avoir emprunté de l'argent à son association – que je n'ai jamais nié et qui, s'il avait donné lieu à une poursuite, aurait donné lieu, dans le procès, vraisemblablement à un acquittement. »

En finissant de lire les conclusions du procureur, Jean-Baptiste Carpentier, le directeur de Tracfin, s'est dit qu'il avait décidément raté un épisode. Il n'avait pas tort. Il a raté l'épisode de l'amitié, qui peut faire de grandes choses. Prenez Pierre Mazeaud, l'ancien président du Conseil constitutionnel, le chaperon de Dray à l'Assemblée nationale. Il est allé, lui-même, voir Jean-Claude Marin dans son bureau pour lui expliquer de vive voix qu'il fallait arrêter d'embêter « Juju ».

Quelques mois plus tard, Carpentier déjeune avec un collègue à L'Orriu di Beauvau, le restaurant corse préféré de tous les flics de Paris, une institution située à deux pas du ministère de l'Intérieur. Il avance dans la salle sombre à la recherche de sa table et tombe nez à nez avec Bernard Squarcini qui ne déjeune pas seul. Il salue le grand flic mais n'échangera pas un mot avec l'autre. Julien Dray.

La boîte noire du Baron noir

« Il a tout foutu en l'air avec ses conneries. » Isabelle Thomas, ancienne eurodéputée.

Ça se passe lors d'une des nombreuses gardes à vue qui a lieu pendant le premier semestre de l'année 2009. Un membre éminent de la « bande à Juju » est interrogé par la brigade financière. Aux flics, il dit qu'il ne comprend rien à cette histoire, que Dray n'a pas beaucoup d'argent, que son appartement n'a rien d'une caverne d'Ali Baba. Alors, le gradé se lève, revient avec un volumineux listing qu'il pose sur la table et qu'il ouvre à une page, au hasard. C'est le relevé exhaustif de tous les mouvements de tous les comptes bancaires de Dray. Le copain de Dray, effaré, ne lit attentivement que les trois premières pages. Après, il a la nausée. Il y a des chiffres et des montres. Des montants vertigineux et des montres. Des pièces détachées, des bracelets, des stylos, des cartables, etc.

La tête du militant se met à faire des tours comme le grand huit à Luna Park. Il essaye de se souvenir. De tout recouper.

Oui, ils le savaient bien, tous, dans la « bande à Juju », que SOS Racisme, la FIDL, les associations satellites, c'était un joyeux couscous. Qu'une sorte de caisse noire existait pour payer les extras, les affiches, le train pour aller à une manif, pour filer quelques billets aux « bénévoles » qui font le service d'ordre, pour payer les cotisations des cartes aux nouveaux adhérents du Parti socialiste sans trop le sou. Oui, mais quelle importance ? La politique, ça ne peut pas fonctionner autrement. Les dures réalités de la vie associative, le bricolage financier en période de disette, il faut bien faire tourner la boutique. Alors, ils fermaient inconsciemment les yeux sur les « tours de passe-passe » de trésorerie, la comptabilité baroque, ces petites combines qui dépassaient un peu la ligne jaune, parfois… Mais c'était pour changer la société, pour peser dans le Parti socialiste… Rien à voir avec de l'enrichissement personnel. Rien à voir avec des Berluti et les sacs Hermès.

Oui, la gestion erratique de ce barnum financier a toujours été au service des idées. Pour la cause ! Rien que la cause, c'était ce qu'il y avait de plus important au monde. La spirale militante. Qui met les doutes sous le tapis. On ne veut pas voir. On n'a pas le temps. Ce qui est important, c'est la prochaine réu, le mouvement social de demain. On a le culte du chef aussi. À cent pour cent derrière lui. Et le militantisme coûte cher. Longtemps, les collaborateurs de Dray, même les plus proches, acceptent d'être payés en retard, parfois de plusieurs mois, et souvent, pour une bonne part, en liquide.

Alors oui, bien sûr… quand, dans les années 1990, ils voyaient Dray rouler en Mercedes, ils auraient dû tilter. D'habitude, il emprunte la 205 de son assistante parlementaire ou la Citroën ZX d'Isabelle Thomas. « C'est un pote garagiste. Une bonne affaire. » Mais la semaine suivante, il se pointe avec une autre « Merco », la taille au-dessus. Ils savaient le goût de Dray pour l'argent. Plus que ça encore. Ce sentiment diffus qu'il voulait compenser ses échecs politiques par une étincelante réussite financière. Qu'il enviait son pote Rozenblat avec sa baraque avec piscine. Pourquoi pas moi ? Bien sûr… La première affaire. 250 000 francs pour une montre. Un signal, une leçon et une promesse. « Je suis désolé et je vais faire gaffe. Je suis dans l'œil du cyclone… » Après le non-lieu dans cette première affaire, il essaye de se justifier, il raconte sans raconter. « J'ai dépensé pour la politique. J'ai avancé du fric et je dois le récupérer. J'ai dû acheter des cartes pour avoir la majorité… » Mais il y a tous ceux qui voulaient y croire et qui découvrent ses relevés de compte en garde à vue. C'est tout un monde qui s'écroule.

Julien Dray : « Il n'y a pas eu d'enrichissement. Je n'ai jamais vécu sur le dos des militants. »

Pour les proches de Dray, le séisme de l'affaire a permis de relier beaucoup de points d'interrogation ou de suspension. Cette caisse, grise ou noire… qui aurait toujours existé… Servait-elle vraiment à l'activité militante ou servait-elle aussi à assouvir les pulsions dépensières de « Juju » ? A-t-il vraiment été réglo ? « Juju » a-t-il trahi les serments sacrés ? Vocation militante, vocation personnelle ? Les grands desseins qui s'accordent si mal avec les petites affaires personnelles.

Le défendre ? Plus rien de tout ça ne compte. Une telle accumulation… Dray devient irrécupérable. Les potes de la « bande à Juju » perdent leurs illusions en l'espace d'une seconde. Les réactions sont variées, toujours violentes. Dépression, rupture fracassante, tentative de suicide. L'impression d'avoir été complices sans le savoir. Trahis. « Julien est dans le déni d'une quelconque atteinte à la morale, assure Bernard Pignerol. Je ne suis pas son professeur de conscience, mais il n'a jamais exprimé le fait qu'il avait fait des conneries. »

Il ne reste plus grand monde autour de Dray. Après l'affaire, le Baron noir a perdu la quasi-totalité de sa garde rapprochée. Il reste les derniers grognards : Nathalie Fortis, Fodé Sylla, Éric Ghebali, Robert Zarader, son frère Jean-Paul Dray, son pote producteur de cinéma Jacques Driencourt, ses parents. Laurence Rossignol n'a pas vraiment rompu. Thaima Samman non plus.

D'autres le débinent dans la presse, d'autres se taisent mais ne lui pardonneront pas. Rupture chirurgicale, nette et définitive. Les bébés Dray le plaquent les uns après les autres. Delphine Batho était encore avec Dray la veille de la perquisition. Elle apprend le déclenchement de l'enquête préliminaire, le 19 décembre 2009 dans la matinée ; elle ne lui adressera plus jamais la parole. *Idem* pour Patricia Philippe, qui quitte définitivement le monde politique, et ne le reverra plus. Éric Benzekri démarre une nouvelle vie de scénariste de séries avec *Le Baron noir*, inspiré de son expérience passée. Olivier Léonhardt aussi, ancien assistant parlementaire de Dray et maire de Sainte-Geneviève-des-Bois, ne veut plus en entendre parler. Mais celui avec qui le divorce est le plus violent, le plus éruptif, c'est Malek Boutih.

Il n'y a pas beaucoup de pitié, car Boutih estime qu'il y a eu beaucoup de trahison. Malek Boutih a 47 ans. Il estime que c'est le bon âge pour écrire sa première tragédie grecque. Boutih, qui est aussi le parrain d'un fils de Dray, s'en prend à ce que Dray a de plus cher en politique, ce qui lui a donné sa légitimité et assis son pouvoir : la Xe de l'Essonne, sa circonscription. On est en 2011 et pour les législatives de 2012, le Parti socialiste n'a pas encore investi de candidat officiel.

En décembre 2011, Boutih saisit la direction nationale du Parti socialiste et demande la « suspension » pure et simple de Dray. Dans une lettre à la Première secrétaire Martine Aubry, rendue publique par *Le Parisien*, il dénonce « tricherie » et « fraude ». Il accuse son ancien mentor d'avoir « manipulé, lui ou son entourage », le fichier national des adhérents dans les sections de Morsang-sur-Orge et de Grigny, deux villes de la Xe circonscription. Quelqu'un se serait introduit dans le fichier et aurait rajouté près de soixante noms de faux électeurs après la date limite d'inscription qui était fixée au 30 avril. Boutih affirme disposer de preuves matérielles. Parmi ces militants, il y a de la famille, des amis et des salariés de Dray. Une « manœuvre » orchestrée, selon Boutih, afin d'assurer une victoire de Dray au moment du vote des militants dans la Xe. Dray reste serein, nie tout en bloc. Dray pense avoir tout donné à Boutih. C'est lui qui avait fait le forcing pour qu'il soit nommé au secrétariat national du PS en 2002 à Dijon. Finalement, le vote des militants a lieu et c'est Dray qui obtient l'investiture. Boutih le menace de tout balancer. Dray se couche. Il n'avait pas le choix. Boutih voudrait juste que Dray disparaisse. « Dray a inventé Boutih et Boutih a voulu tuer son père, analyse Jean-Paul Huchon. Boutih a menacé : "On sait tout sur toi, on va tout sortir." Et Julien n'a pas eu le culot de dire "chiche". A-t-il vraiment des choses à se reprocher ? Je ne sais pas. En tout cas, à l'époque, il n'était pas en forme. Des soucis de santé. Il n'avait plus envie de se battre. »

Julien Dray : « Boutih, Batho, Benzekri et Léonhardt. Ce sont les quatre qui étaient les plus proches de moi. Ce sont les enfants gâtés de Julien Dray, ça. Ce n'est pas comme Laurence Rossignol, qui a fait sa vie politique avec moi, mais qui a sa propre histoire. Ces quatre-là, ce sont les enfants de SOS et de Dray. Pourquoi ils m'ont quitté ? Benzekri, je n'ai jamais eu l'explication. Il a disparu comme ça. Et puis, c'est l'ami personnel de Boutih. »

Les montres et Julien Dray. La tache indélébile. Dans un restaurant ou un café, Dray se fait souvent alpaguer : « Eh ! monsieur Dray, vous auriez pas l'heure, s'il vous plaît ? » Le temps ne change pas grand-chose à l'affaire. Radioactivité toujours maximale. Juin 2017. Le Parti socialiste se prend la raclée du siècle aux législatives et songe à mettre en vente son siège de la rue de Solférino. Il faut récupérer du cash pour payer le plan social et l'ardoise de la présidentielle. Le sujet est discuté en bureau national. L'un des rares à s'emporter, publiquement, contre la vente de l'hôtel particulier du VIIe arrondissement, un des quartiers les plus chics de Paris, c'est Dray. « Ce n'est pas ce qu'il faut faire ! Solfé, c'est un symbole qu'il faut conserver. Il faut organiser une grande souscription militante pour sauver Solfé. Moi je vous le dis, j'en suis sûr, il y a moyen de conserver notre siège. On peut même faire du crowdfunding, pourquoi pas ? » François Rebsamen murmure à son voisin, en souriant : « Ouais, bon, pour le crowdfunding, je sais pas… Mais il n'a qu'à vendre une dizaine de ses montres, Juju, et ça renflouera largement les caisses du parti ! »

Pierre Bergé et la définition de l'amitié

> « Bergé aimait les mecs à part. Et il aimait quand Juju parlait politique. » Pierre Mazeaud.

La grande table est dressée dans le salon de la villa Oasis, trésor d'architecture orientale, au bord du magnifique jardin Majorelle. Il y a des palmiers, des candélabres et des gens qu'il aime. Pierre Bergé est heureux. Encore un peu. Pierre Bergé a le teint blafard, il est de plus en plus faible, mais il a toujours des petits yeux bien vifs. Il souffre de myopathie depuis des années et son corps lâche, petit à petit.

La maladie gagne du terrain, la souffrance aussi. Même épuisé, il est pourtant hors de question qu'il déroge à la tradition. Comme chaque année et quoi qu'en disent ou qu'en pensent les médecins, il organisera son dîner pour la Saint-Sylvestre dans sa villa de Marrakech. Il trinquera avec ses amis, à minuit pile. Ce 31 décembre 2015 est son dernier réveillon à Marrakech.

Ambiance feutrée, douce et complice. Bergé aime la gastronomie française traditionnelle. Ce soir, ils ne mangeront pas marocain. C'est un chef français qui officie au piano. Jacky, le chef avec qui Bergé se déplace toujours. Il a fait venir des produits de chez Prunier. Il y a des œufs à la suissesse. Pour ce dîner annuel, Pierre Bergé a deux exigences absolues. Il fait spécialement expédier d'Angleterre en avion un stilton bleu entier (un fromage sous forme de cylindre qui peut mesurer jusqu'à vingt-cinq centimètres de haut et peser jusqu'à cinq kilos). Et il tient absolument à déguster un Christmas pudding de chez Harrods, tout aussi extraordinaire, et qui fait le voyage également.

Dray est arrivé quelques jours plus tôt avec Gaston, sa femme, ils séjournent au Royal Barrière, dans la Palmeraie. Cela fait quatre années de suite qu'il passe la soirée du réveillon à Majorelle. Le cercle intime. Autour de la table ce soir-là, Jack Lang et sa femme Monique habillée en Azzedine Alaïa, Thomas Doustaly, journaliste et ancien directeur de la rédaction de *Têtu*, le conjoint et futur mari de Pierre Bergé, Madison Cox, paysagiste star, qui n'a jamais trop accroché avec Dray, Louis Amsallem, qui a la particularité d'être le cordonnier le plus chic de Paris – il officie dans le VIIe arrondissement – et qui a travaillé avec Lang à la Culture. Quito Fierro, une des figures de Marrakech, l'entrepreneur Marc Gusils, Antoine Godeau, commissaire-priseur, Marie Collin, directrice artistique du festival d'automne, Louis Gautier, fidèle de Pierre Bergé, ancien de la Cour des comptes, secrétaire général à la défense que Dray connaît bien.

La discussion est très politique. Les convives s'animent autour du débat sur la déchéance de la nationalité. Ils conviennent que cette histoire de déchéance est une connerie majeure. Puis, Dray entame l'évocation de quelques souvenirs. Bergé adore entendre Dray raconter des histoires d'anciens combattants de la politique. Dray se lance dans la vraie histoire de la fondation de *Globe* avec des personnages principaux hauts en couleur. Georges-Marc Benamou, Bernard-Henri Lévy, et Pierre Bergé bien sûr… Une épopée. Dray raconte comment *Globe* fut un commando parti en guerre pour la réélection de Mitterrand. Dray était la courroie de transmission entre *Globe* et l'Élysée.

Dray est donc présent pour le dernier pudding de Bergé. Même après « l'affaire », Bergé ne lui a jamais manqué. Bergé aimait le dire et le répéter souvent, il a une idée très romanesque et impérieuse de l'amitié. Il en avait donné sa définition, lors d'un dîner des Parrains de SOS : « Imaginons qu'un ami vienne me voir et me dise : "Pierre, j'ai commis un crime." Je lui dirai : "Où est le corps ? Viens, on va le cacher." C'est ça, pour moi, la définition de l'amitié. »

Julien Dray : « Bergé, c'est le dernier grand mécène de ce pays. Le moindre mec qui entrait dans son bureau repartait avec 50 000 balles pour n'importe quel projet. Je le rencontre en juillet 1985. On cherche des sous et des parrains pour SOS. C'est Bernard-Henri Lévy qui me conseille d'aller le voir. J'ai rendez-vous dans son bureau au siège d'Yves Saint Laurent, avenue Marceau. Il est super sympa, je lui parle de SOS, de ce que l'on fait, il me coupe : "Arrête, c'est bon, j'ai compris. Ce n'est pas la peine de continuer… On s'est compris, toi et moi. Je vous aiderai, je vais être un parrain." Je ne l'ai plus jamais quitté. Je l'ai vu régulièrement toute ma vie. Pendant plus de trente ans, il a toujours été à mes côtés. On parlait politique, beaucoup, et un peu de la vie. »

Depuis SOS, Bergé est généreux, il a prêté de l'argent à Dray pour acquérir sa villa de Vallauris, il l'a conseillé également dans l'achat d'œuvres d'art. La note de Tracfin fait état de traces de versements pour plusieurs dizaines de milliers d'euros effectués par Bergé au bénéfice de Dray. Sous forme de prêts ? Pendant ses auditions, Dray affirme avoir commencé à rembourser Pierre Bergé. De quoi remplir encore de longues heures d'audition pour le député. Bergé ne l'a jamais renié. Jamais. L'affaire Dray lui vaut d'être entendu longuement par la police. « Julien est un ami, je suis le parrain de sa fille, il est possible que je l'aie soutenu et je suis prêt à le faire de nouveau », confirme Bergé au *Journal du dimanche*. Bergé concède ne pas se souvenir « précisément » de ces versements mais conclut ainsi : « Je n'ai aucun compte à rendre. Julien Dray est un ami. Il l'était hier. Il le sera demain. »

Pendant l'été 2017, Dray envoie un texto à Emmanuel Macron pour lui dire que Bergé, hospitalisé à Avignon, est au plus mal. Le 8 septembre 2017, Pierre Bergé est mort. Fodé Sylla : « Quand Pierre est mort, il y a eu une cérémonie organisée dans un café parisien par son mari. C'est la première fois que j'ai vu Julien pleurer. »

SAISON 7

Le cocu de Hollande

« Avec François, on peut s'engueuler, se rabibocher. On s'est vus en slip. Je le connais depuis trente-deux ans. » Julien Dray.

Mon meilleur pote est président

Dray est blanc comme un mort ; soudain, sous son crâne, c'est devenu tout mou. La violence du choc est tellement inattendue qu'il voudrait que ses jambes l'emportent très loin. Pour être certaine de bien se faire comprendre, Valérie Trierweiler articule, avec une froideur clinique : « Toi, tu dégages. Tu n'as rien à foutre ici. Tu dégages immédiatement. » Elle a des yeux en feu, stupéfiants de haine. Dray, ça le crucifie sur place ; il a bafouillé quelque chose ; mais en fait, il n'y avait rien à dire. Alors, il a dégagé.

Cela se passe le mercredi 9 mai 2012, en fin de matinée, au 59, avenue de Ségur, à Paris, dans le VIIe arrondissement. Trois jours plus tôt, le meilleur ami politique de Dray est élu président de la République. Avant de prendre possession de l'Élysée, François Hollande organise un « pot » de fin de campagne à son QG, où le nouveau président réunit trois cents personnes. Dray est sur la liste des invités, il a même reçu un mail.

Avant l'arrivée des convives, dans les étages, les « permanents » de la campagne du candidat socialiste ont la tête dans les cartons et surtout la tête ailleurs. Le plus gros de la troupe suivra Hollande à l'Élysée ou bien se répartira dans les ministères. Valérie Trierweiler, première dame depuis quelques heures, est affairée à débarrasser son bureau. Elle demande à Nathalie Mercier, responsable de la presse du candidat Hollande : « Tu sais si Dray vient ? — Ben non, j'en sais rien… », répond Mercier un peu sèchement, qui a vraiment la tête ailleurs. Nathalie Mercier vit ses dernières heures aux côtés de Hollande et aussi, et surtout, de Valérie Trierweiler, dont les humeurs et la jalousie, et les menaces, et la paranoïa, ne l'ont pas ménagée durant la campagne. Mercier retrouve son poste à la tête de la communication du musée du Quai Branly. Ce matin-là, elle s'en fiche complètement de savoir si Dray sera là ou pas. Mais Trierweiler est en boucle : « Mais Dray, il vient ou pas ?!?! Est-ce que quelqu'un sait ?!?! »

Dans son bureau du conseil régional d'Île-de-France, rue Barbet-de-Jouy, dans le VIIe arrondissement de Paris, l'intéressé se tortille, hésite, n'est pas sûr de vouloir se rendre au QG. Il s'est fait rare durant la campagne… Vincent Peillon, futur ministre de l'Éducation, le convainc *in extremis* de l'accompagner : « Allez ! Tu ne discutes pas et tu viens. Il y en a marre de ces conneries. »

Une heure plus tard, Trierweiler et Mercier descendent les escaliers rejoindre la petite foule, à l'instant précis où Dray pénètre dans le salon d'accueil de l'immeuble.

« Trierweiler : Regarde, il y a Dray ! Va le voir et dis-lui de partir.

« Mercier : Non. Je n'irai pas. Je n'ai pas à mettre à la porte Julien Dray.

« Trierweiler : Si. N'oublie pas, c'est grâce à moi si tu es là.

« Mercier : Non, il ne m'a rien fait, je n'irai pas. Et puis, imagine qu'il le prenne vraiment très très mal. Tu as vu le monde qu'il y a ? Il y a des journalistes et tout. Allez, fais comme si tu ne le voyais pas.

« Trierweiler : Alors, je vais le faire moi-même. »

Trierweiler fend la foule, les gens s'écartent doucement, elle prend sa place aux côtés de François qui serre les mains à tour de bras. C'est bondé. Dray s'est placé dans le passage. Il échange trois mots avec Jérôme Guedj, un ancien copain de la Gauche socialiste. Celui-ci se souvient : « On est au milieu, serrés. Quand Hollande et Valérie arrivent pour traverser, Julien ne cherche pas à se dégager de l'axe central. Le couple arrive à sa hauteur et je vois bien que Valérie Trierweiler ne voit que Julien. Elle lui dit, deux fois : “Toi, tu dégages. Tu n'as rien à foutre ici. Tu dégages immédiatement.” »

« Dray : Hein ? Je comprends pas ce que tu dis.

« Trierweiler : Dégage. On a failli perdre la présidentielle à cause de toi. T'es un sarkozyste.

« Dray : Ça va pas ? Calme-toi.

« Trierweiler : Je t'ai dit de dégager. »

Hollande n'a rien entendu, il est déjà passé.

Trierweiler articule sa sentence de façon suffisamment audible pour qu'on l'entende dans l'assistance et que ça se sache. Mais pour être certaine de bien se faire comprendre, elle appelle un journaliste du *Parisien* qui rédige un écho dans le journal du lendemain. Une humiliation de cour d'école.

Julien Dray : « J'ai eu des saloperies, mais ce moment-là est un moment terrible. François n'entend pas et je pense qu'elle s'est bien gardée de lui raconter. J'envoie un SMS à François deux jours après : "Pourquoi elle fait ça ? C'est toi qui es derrière ? — Mais non. Mais c'est pas grave...", me répond-il. »

« C'est ton tour »

« Hollande président, j'ai été le premier à y penser. Bon, peut-être lui en premier, et moi, en deuxième... » Julien Dray.

21 avril 2002. La puissance et la singularité de ce moment historique, Dray les vit avant tous les autres. Il y a des privilèges dont on se passerait sans difficulté. Il est 18 heures, il vient d'arriver à l'« atelier de campagne » de Lionel Jospin. Au 325 de la rue Saint-Martin, dans le IIIe arrondissement de Paris. Tous ces journalistes agglutinés dans le hall... Dray ne peut résister à la tentation. Il y va de son petit commentaire devant les caméras. Il plastronne, même : « C'est plié, on est au deuxième tour. » Il ne peut pas raisonnablement l'imaginer, mais cette petite phrase fera de lui le héros du zapping de Canal + pendant plusieurs jours.

Une demi-heure plus tard, le commissaire Yves Bertrand, patron des RG, sur le portable de Dray :

« Yves Bertrand : Salut Juju, j'ai les premiers résultats. Il y a comme un problème. Selon les chiffres dont je dispose, Lionel Jospin ne serait pas au second tour.

« Julien Dray : Ah bon ??!! C'est pas possible... Mais non...

« Yves Bertrand : Oui, bon... Je sais pas, tu as raison, rien n'est sûr, ça doit être une erreur informatique. Je te rappelle. À plus tard. »

Dray raccroche. Le commissaire Bertrand, Dray le connaît depuis les années 1980, quand ce futur grand flic était chargé de « suivre » les agissements de SOS Racisme. C'est une source plutôt fiable. Dray fait signe à Delphine Batho, lui résume la conversation dans le creux de l'oreille. Il est installé dans la salle de réunion à l'étage, tous les membres de la direction de campagne sont présents, à l'exception de Lionel Jospin, pas encore dans les murs. Les ondes ne sont pas forcément très positives.

Re-coup de fil du commissaire Bertrand. Pour confirmer à Dray l'élimination de Jospin au premier tour. L'impression de tomber dans le vide. Il n'est pas le seul. La gauche est absente du second tour d'une élection présidentielle pour la première fois depuis 1969. Jean-Marie Le Pen obtient 16,86 % des voix, derrière Jacques Chirac, 19,88 %. Un bureau national extraordinaire se réunit dans la foulée. Dominique Strauss-Kahn est le premier à dire qu'il votera Chirac au second tour.

À la sortie de la réunion, Hollande prend Dray par le bras. « Viens avec moi, on s'en va. » Avec Frédérique Espagnac, l'attachée de presse de Hollande, il accompagne le Premier secrétaire du Parti socialiste en tournée sur les plateaux télé. Il faut bien assurer le service minimum médiatique. Hollande appelle sans détour à voter Chirac. Dans les loges des studios télé, le Premier secrétaire enchaîne les petits-fours. Hollande, Dray et Espagnac rentrent à l'« atelier » un peu avant minuit. Ils ont raté les adieux de Jospin à la politique. Les lieux sont presque déserts, il y a seulement quelques journalistes qui traînent encore. Hollande analyse le séisme et ses conséquences en direct, sur le trottoir de la rue Saint-Martin. On ne se refait pas, il adore ça, faire le commentateur politique. À la fin de la miniconférence de presse improvisée, Dray vient le voir et l'emmène à l'écart sur le trottoir. Lui aussi a réfléchi dans son coin.

« Dray : T'as compris ce qui se passe, là ?

« Hollande : Hmm.

« Dray : C'est ta chance, maintenant ! Ils sont tous partis, tu es le patron du parti, toute une génération s'en va. C'est ton tour. Il faut que tu te prépares.

« Hollande : Peut-être mais ils ne me laisseront pas faire…

« Dray : Si, tu verras. »

Les deux amis sont rejoints par Gérard Filoche, Rocky, Harlem Désir, et quelques autres. Ils sont une dizaine. Ils ne veulent pas se quitter, mais ne savent pas où aller. Filoche a une idée. Il emmène la petite troupe vers le square Émile-Chautemps, à quelques centaines de mètres du QG, et pénètre dans l'hôtel Little Palace, en bordure de jardin. « Je vais voir le gardien et je lui dis : “Bonjour monsieur, je me présente, Gérard Filoche, inspecteur du travail.” Le gars est étonné et répond : “Mais… Vous allez faire un contrôle à cette heure-là ?” Je le rassure : “Non, pas du tout ! Mais est-ce que vous pouvez nous ouvrir le bar ? Tout est fermé à cette heure-là dans le quartier !” »

Filoche avait déjà contrôlé, de jour, cet établissement hôtelier, le gardien accepte. Ils finissent la nuit effondrés dans les fauteuils du bar, à tenter de comprendre pourquoi le ciel vient de tomber sur la tête du peuple de gauche. Le soleil se lève ; bientôt ils parent au plus pressé, préparent la mobilisation du 1er Mai et les législatives. Jospin prononce un dernier discours le lendemain à Solférino. Une nouvelle aventure commence.

Embourgeoisement

« J'ai écrit une bande dessinée, *Ségo, François, papa et moi*, dont le personnage principal est en partie inspiré par Julien.

Quand je l'ai connu, au début des années 2000, il avait des lunettes rondes, il portait un bouc qui me faisait penser à *Léon*, le héros du film de Luc Besson. C'est sûr qu'il vaut mieux écrire un roman ou une BD sur Julien Dray que sur Bernard Cazeneuve. L'un est plus proche de Mendès France, l'autre a un petit côté bandit supposé qui fait fantasmer… »
Olivier Faure, Premier secrétaire du PS.

Été 2003. Paris est désert. Il règne, à Solférino, un calme olympien ou végétatif, c'est selon. François et Ségolène ont pris leurs quartiers d'été dans leur maison aux tuiles rondes de Mougins, sur les hauteurs de Cannes. François bouquine au bord de la piscine. Il finit par appeler Dray pour savoir quand celui-ci a prévu de descendre dans le Sud. Il attend avec impatience de pouvoir renouer avec leur petit rituel estival : couscous-merguez, palabres politiques pendant le digestif, mais seulement entre hommes, à l'époque ; la politique est affaire sérieuse et donc, visiblement, strictement masculine. Ségolène Royal en profite pour jouer aux cartes avec les enfants. Dray n'est jamais pressé de partir en vacances, parce qu'il s'y ennuie vite. Il se décide finalement à prendre la route fin juillet. Au moment précis où l'été, brusquement, prend un gros coup de chaud. La canicule vient de s'abattre sur la France.

Julien Dray : « C'est un des moments où on s'est le plus marrés avec François. Il m'a flingué mes vacances, mais ça valait le coup. On a tout de suite vu la faute du gouvernement. On est immédiatement montés en contre. On a pris tous les risques. Aller ouvrir des polémiques au moment où il y a des morts… On pouvait se mettre l'opinion publique à dos. »

Le point de départ : Patrick Pelloux, médecin urgentiste pas encore célèbre, prend la parole le 10 août au journal de 20 heures de TF1, et annonce une hécatombe chez les personnes âgées.

La faute majeure : Jean-François Mattei, ministre de la Santé du gouvernement Raffarin, répond dans le 20 heures du lendemain, depuis sa résidence de vacances. Bronzé, souriant, en polo, à l'ombre chaude des pins provençaux, le ministre minimise la gravité sanitaire et annonce la mise en place d'un numéro vert. Pendant ce temps, Pelloux compte les morts.

L'offensive : Hollande et Dray n'ont même pas besoin de se parler, ils voient la faille en même temps. Au sein de ce gouvernement décidément à la dérive, le soleil a dû leur taper sur la tête, c'est bien une catastrophe sanitaire qui s'annonce.

Plan de bataille médiatique. Le 11 août, le Premier secrétaire du PS prend la parole sur RTL. Il accuse le gouvernement de rester « passif et inerte » face aux conséquences de la canicule. Hollande martèle le message, remet en cause la capacité du gouvernement à diriger le pays, politise la catastrophe météorologique, pointe l'incapacité de Mattei à donner des chiffres fiables du nombre de morts. Dray multiplie les communiqués de presse, demande, et obtient, la création d'une commission d'enquête parlementaire.

Le gain politique de la « rigolade » : le Pr Lucien Abenhaim, patron de la Direction générale de la santé (DGS), démissionne le 18 août. Mattei saute quelques mois plus tard. La canicule et ses quinze mille morts resteront comme une tache indélébile sur le gouvernement de Jean-Pierre Raffarin. Mission accomplie. « Avec Julien, nous faisons en sorte, non pas de créer la polémique, mais de montrer que le gouvernement n'était pas à la hauteur du drame qui se jouait, analyse *a posteriori* François Hollande. L'été 2003 a été un tournant dans le quinquennat de Jacques Chirac. »

Dray a 48 ans. Il ne regrette rien de sa rupture avec Jean-Luc Mélenchon, c'était la bonne décision. Désormais, Dray fait de la politique avec son pote François, Premier secrétaire, son nouveau champion. Ce poste de porte-parole du PS est idéal. Dray sait fomenter des manifs mais ne maîtrise pas grand-chose des subtilités du fonctionnement interne du Parti socialiste. Il apprend vite. « Julien a pris une place importante auprès de Hollande, confirme Jean-Pierre Mignard. Il adorait la vie du parti, les fédérations, les courants, les sous-courants, les manœuvres d'appareil... Il était devenu très doué. Un cartographe. Quand on dirige le Parti socialiste, il est plus utile d'avoir un conseiller comme lui que quelqu'un qui va disserter sans fin sur la mondialisation... Julien fut influent auprès de François et le porte-parolat lui donna beaucoup de visibilité. Il vaut mieux, en effet, être porte-parole qu'un Secrétaire national du parti qu'on ne voit jamais. »

Finalement, après quinze ans d'activisme souterrain, Dray s'embourgeoise politiquement. Un frondeur catapulté au cœur du réacteur. Avant d'être ingéré et digéré par la machine. Il ne joue plus à faire la révolution, il a la charge des points presse hebdomadaires du lundi, et, dans la nuit du mercredi au jeudi, il relit les épreuves de *L'Hebdo des socialistes* dont il est rédacteur en chef. Il débarque toujours avec une grosse boîte de loukoums pour toute l'équipe. Il n'a pas de bureau à Solfé, pas besoin. Il préfère pousser la porte du bureau du chef et mettre les pieds sur la table, s'éterniser avec François à la tombée du jour. Dray est l'ombre portée de Hollande. « Julien se met dans les mains de Hollande, raconte Pascal Cherki, ancien de la GS. Et il en perdra progressivement toutes ses troupes. Il perd les jeunes avec l'Unef, il n'a plus de courant politique au sein du PS, SOS Racisme s'épuise. Il lie son destin à celui de Hollande. Il sera “au service de” et n'aura plus d'autonomie. »

Le tandem fonctionne à merveille. En 2004, la campagne des régionales est un énorme succès pour le Parti socialiste. Contre toute attente, il remporte vingt Régions. Le tandem est au sommet. Jusqu'au référendum sur le traité constitutionnel européen, l'année suivante. Marie-Noëlle Lienemann constate froidement : « En appelant à voter “Oui”, Dray renonce à tous ses engagements antérieurs. Il est désormais dans la stratégie pure. » Une prise de position en contradiction flagrante avec tous les idéaux défendus pendant des années par la Gauche socialiste. La vision de demain limitée par les appétits d'aujourd'hui. Ultime reniement.

Julien Dray : « La vraie grosse erreur que j'ai faite, c'est d'avoir appelé à voter “Oui” en 2005 alors que sur le fond, je n'étais pas d'accord. Je l'ai fait pour faire plaisir à Hollande. J'ai fait une connerie. »

Le 29 mai 2005, le « Non » l'emporte avec 54,6 % des suffrages. Le référendum a provoqué une fracture qui ne sera jamais vraiment refermée entre l'aile droite et l'aile gauche du PS. Et les anciens de la Gauche socialiste qui voient Dray se dissoudre sous la langue de Hollande comme un bonbon.

La haine de Valérie

Un soir d'octobre 2007, le téléphone sonne dans le bureau de Dray à l'Assemblée. François Hollande a besoin de conseils. Revenir avec Ségolène ? Maintenant qu'il y a Valérie... Ségolène avait tenté de le retenir, elle l'avait même demandé en mariage pendant la campagne, mais c'est aussi elle qui avait pris l'initiative d'annoncer que leur histoire était définitivement terminée.

À la rentrée, Dray et Hollande se sont laissés aller à une nostalgie mutuelle ; les vacances à Mougins et à Vallauris, les discussions politiques autour du couscous réglementaire, c'est du passé désormais. Cet été, les premières photos volées de François Hollande et de Valérie Trierweiler ont été publiées dans *Paris Match*. Bref, c'est une nouvelle vie avec une nouvelle femme qui commence.

Oui, d'accord, mais... à l'automne, François repense quand même beaucoup à Ségolène. Il s'offre même des raisons d'espérer recoller les morceaux. Ce n'est pas que « Juju » soit d'un grand secours pour résoudre les peines de cœur, mais il connaît si bien le couple François-Ségolène, il est tellement au courant de tout depuis toujours, qu'il a forcément un avis sur les chances du Premier secrétaire de reconquérir Ségolène Royal et sur la manière d'y parvenir. Dray a un pressentiment qui vaut ce qu'il vaut : « Vas-y, la porte est encore ouverte. » Il a aussi un tuyau qui ne vaut pas beaucoup mieux : « Tu n'as qu'à lui offrir des fleurs. »

Quelques années et paquets de kleenex plus tard, les tentatives multiples et avortées de rabibochage du couple, avec Dray dans la coulisse, ont laissé des traces. À mesure que la candidature de François Hollande à la présidentielle de 2012 se précise, Valérie Trierweiler, désormais compagne officielle de Hollande, a une conviction : Dray fait tout depuis des mois pour lui savonner la planche auprès de son pote François. *La Femme fatale* (de Raphaëlle Bacqué et Ariane Chemin), livre publié en mai 2007, avait révélé la liaison extraconjugale de Hollande. Trierweiler a toujours soupçonné Dray d'être la source privilégiée des deux journalistes. Dray est l'ennemi ultime, elle a juste envie de le détester.

Trierweiler fait une fixette : évincer l'ami historique du couple, témoin trop gênant de cette longue vie d'avant, celle, aussi et malgré tout, où Valérie Trierweiler et Dray rigolaient ensemble. À la fin des années 1990, Trierweiler, alors journaliste politique à *Paris Match*, appelait souvent Dray pour avoir des anecdotes sur la vie politique.

Julien Dray : « Pourquoi elle me hait ? La théorie qu'elle avait bâtie, c'est que c'était moi qui avais fait courir le bruit qu'elle aurait eu une aventure avec Patrick Devedjian… C'était totalement faux… Elle a dit aussi que j'avais fait "campagne" contre elle dans tout Paris… Je n'ai jamais pu avoir d'explication avec elle là-dessus. Elle n'a jamais voulu parler avec moi. Jamais. Dix fois, je lui ai proposé de se voir. Elle n'a jamais voulu. Même Pierre Bergé ira la voir pour intercéder, ce qui n'y changera rien. »

Avant la primaire socialiste, en juillet 2011, Hollande et Dray se voient à la buvette de l'Assemblée. Hollande est déjà sur les rails pour remporter la primaire socialiste après le scandale du Sofitel ; Dray est un député en sursis, cramé par l'affaire des montres, menacé de perdre sa circonscription au profit de Malek Boutih.

« Dray : T'es en train de soutenir Malek dans ma circonscription. C'est pas sympa.

« Hollande : J'y suis pour rien. Je vais en parler avec Le Foll, on va arrêter ça.

« Dray : Par ailleurs, on a un problème, c'est Valérie. Je ne comprends pas pourquoi elle me déteste.

« Hollande : Oui, je ne comprends pas pourquoi.

« Dray : Je ne sais pas… C'est toi, tu as dû lui dire des conneries.

« Hollande : Pas du tout. De toute manière, je vais en parler avec Valérie, on va arranger ça. Mais j'ai besoin de toi pour la présidentielle. Tu ne peux pas me laisser tomber. »

Profitant de cet espace inespéré, Dray joue un rôle, enfin. Il organise, en octobre 2011, quelques jours avant la primaire, un meeting de soutien au futur candidat avec des artistes, place de Clichy, dans le cinéma de Jean-Jacques Beineix. S'y retrouvent Denis Podalydès, Jean-Michel Ribes, Manu Dibango, Vincent Delerm, Antoine Gallimard, Michel Boujenah bien sûr. Et Julie Gayet, qui rencontre François Hollande pour la toute première fois ; ils ne se quittent pas des yeux, ils sont seuls au monde.

Julien Dray : « Julie Gayet, je lui parle pour la première fois pendant le Festival de Cannes. La nuit, à la sortie d'une fête. C'était bien avant qu'elle ne connaisse François. C'est moi qui les fais se rencontrer. »

C'est ici un intermède festif.

Cannes, extérieur jour. Dray a enfilé sa panoplie spéciale Croisette qui ne change pas d'une année sur l'autre. Costume noir, polo noir et lunettes noires. La panoplie d'un producteur américain. On repère de loin sa silhouette massive qui marche sur la plage. Tous les ans, le vice-président à la culture de la Région Île-de-France passe deux à trois jours aux frais de la princesse – la Région, donc – à Cannes pendant le festival. Monter les marches du Palais des festivals fait toujours son petit effet. Il assiste aux projections des films financés par la Région, qui font partie de la sélection officielle. Qui pourrait lui en tenir rigueur ? Ça fait partie du job…

Cannes, intérieur nuit. Dray aime vivre comme un hibou. Il fréquente le Magic Garden, boîte de nuit située au sommet du Palais des festivals, animée par les soirées people d'Albane Cleret, il a ses entrées à la villa UGC, lieu éphémère du festival. On peut le croiser au Baron, avec Benicio Del Toro, Julian Lennon, Louise Bourgoin, assistant au concert privé de Matthieu Chedid. « Julien découvre le monde des cultureux qu'il avait entrevu avec SOS Racisme, relate Éric Ghebali, secrétaire général de SOS Racisme pendant sept ans. Je suis un habitué de longue date du Festival de Cannes. Je l'embarque pour faire la bringue, je lui présente des gens. Notamment Julie Gayet qu'on croise, une nuit, à 2 heures du matin en sortie de boîte. » La Région Île-de-France est un acteur majeur du cinéma français. Dray en est le vice-président à la culture. Dray est donc un acteur majeur du cinéma français.

Julien Dray : « Vice-président à la culture, c'est le poste qui m'a rendu le plus heureux. J'ai adoré ça. Quand je m'occupe de la culture pour la Région Île-de-France, on a toujours un film qu'on a financé qui récolte un prix à Cannes. Ma dernière année de mandat, en 2015, on repart avec la Palme d'or (*Dheepan* de Jacques Audiard), le prix d'interprétation masculine (Vincent Lindon) et féminine (Emmanuelle Bercot) ! Après mon départ de la culture ? Plus rien… »

Retour sur Terre.

Quand la campagne présidentielle débute, le couple Hollande-Trierweiler commence à tanguer. La faute à qui ? À Dray, évidemment, selon Valérie qui multiplie les scènes à l'encontre de son compagnon. Officiellement, Dray est nommé responsable de la thématique culture. Mais il n'a pas de bureau et Trierweiler invalide son implication à quelque niveau que ce soit. Pour le premier séminaire de la direction de campagne qui doit avoir lieu en décembre 2011, Stéphane Le Foll appelle Julien très embarrassé en lui disant : « Est-ce que ça t'embêterait de ne pas venir demain ? Parce que Valérie sera là... » L'oukase ne sera jamais levé. À peine présent sur les meetings, aucune influence dans la préparation du fameux discours du Bourget, jamais dans les déplacements. Même pour la visite au Salon du livre, où Dray, vice-président à la Région chargé de la culture, devait logiquement accompagner le candidat, le Baron noir est biffé par Valérie. Que reste-t-il ? Des SMS, de temps à autre, et quelques rencontres en cachette dans les bistrots.

Après dix ans à suer pour Hollande auprès duquel il se pensait indispensable, il est disqualifié dans la dernière ligne droite. Hollande a temporairement sacrifié son amitié sur l'autel de son couple.

Il y a bien un dernier trou de souris dans lequel Dray tente de s'engouffrer pour ne pas terminer la campagne bredouille. Le 15 avril, quelques jours avant le premier tour, Hollande veut marquer un grand coup, organiser un meeting en plein air pour concurrencer celui que Nicolas Sarkozy doit tenir sur la place de la Concorde le même jour, à seulement dix kilomètres de distance. Le staff de campagne a déjà repéré les lieux : l'esplanade du château de Vincennes.

Mais, en parallèle, Dray a vendu à Hollande une autre idée, beaucoup plus originale : plutôt qu'un meeting classique, pourquoi ne pas organiser un gigantesque pique-nique festif dans le bois de Vincennes avec des guinguettes, des concerts, des clowns, la présence d'artistes soutiens de Hollande, quelque chose de très familial, de populaire, une sorte de Charléty *bis*. Dray a même ficelé le casting et le financement. Entre les deux propositions, François Hollande, comme à son habitude, n'a pas voulu trancher.

On prendra donc une décision lors de la réunion du 30 mars 2012 au QG de campagne.

Une réunion à laquelle Dray a le malheur d'arriver avec vingt minutes de retard mais où, de toute façon, les jeux sont faits. L'idée de Dray n'était sans doute pas idiote, mais le seul fait que ce soit lui qui porte le projet suffit à exciter Valérie Trierweiler. Elle a déjà briefé Manuel Valls, directeur de la communication de Hollande : le projet de Dray, ce n'est même pas la peine d'y penser, on est d'accord ?

Julien Dray : « J'arrive à la réunion et Nacer Meddah, un préfet qui était chargé de l'organisation pour la campagne de François, me dit : "De toute manière, ça a déjà été décidé. On ne fera pas ton truc. Trop cher." Je l'avais budgété à 900 000 euros alors qu'ils en ont dépensé finalement 1,2 million ! Je m'énerve, Meddah me parle mal. Le ton monte. Je comprends vite que Valérie est derrière. Je me lève et je me casse. Et quand je sors, je prends un taxi et je fais une sorte de malaise. »

Coma diabétique. Dray est hospitalisé au Val-de-Grâce, il se réveille le lendemain, le 31 mars. Il avait prévu de fêter son anniversaire le soir même. Il est contraint de le repousser de quelques semaines.

Le dîner à la con

« À l'été 2012, je ne suis plus rien. Même plus député. Je suis tout seul. » Julien Dray.

Mi-avril : de nouveau sur pied après son malaise, Dray peut s'atteler à l'organisation de son cinquante-septième anniversaire. Il a arrêté une date, le 28 avril 2012. Sans faute. L'anniversaire de « Juju », c'est une tradition, toujours réussie. L'année précédente, il avait organisé ça chez l'ami Driencourt à Montreuil, dans un énorme studio de cinéma.

Cette année, il faut organiser cette fête qui doit répondre à une double problématique : 1. Rassembler un maximum de monde pour attester sa sortie du purgatoire politique trois ans après l'« affaire ». 2. Montrer aussi qu'il peut faire profil bas. Rien de tapageur, seulement 3 000 euros de budget, quelques amis people – Dominique Besnehard, Yvan Attal, Smaïn, Jean-Pierre Elkabbach, Djamel Bensalah, Benjamin Biolay, Hélène Rolles, Denis Podalydès, MC Solaar… –, les amis et relations politiques – Manuel Valls, Pierre Moscovici, Claude Bartolone, François Hollande, Ségolène Royal, Jean-Christophe Cambadélis – et des affichettes partout dans un bar moyennement branché de la rue Saint-Denis, quartier central à Paris : « Ceci est une fête privée, veuillez respecter l'intimité de chacun. Aucun tweet ni aucune photo, svp. »

Dray envoie un SMS à tous les copains : « Je compte vivement sur votre présence et il va sans dire qu'aucune excuse, aucune absence ne sera tolérée ou acceptée. Bises et à samedi. Juju. » Avec Dray, il y a toujours des hauts et des bas. En 2009, Dray est tellement radioactif que plus personne ne voulait lui serrer la main. Plus bas que ça, il était six pieds sous terre. Trois ans plus tard, pour fêter « Juju », ils seront tous là, y compris l'état-major de campagne de François Hollande au complet.

Il faut savoir que, dès l'origine, cet anniversaire recèle des vices cachés qui se révéleront fatals : le bar privatisé est un ancien sex-shop sis dans une rue célèbre pour abriter des prostituées et des magasins olé olé. Son enseigne n'est pas « José » comme a pu le croire Dray, mais « J'ose ». Deuxième erreur fatale : Dray a placé sur la liste des invités LA personne qu'il ne fallait pas, Dominique Strauss-Kahn. L'origine de cette invitation ? Une semaine avant l'événement, il se rend au domicile des Strauss-Kahn, place des Vosges, à Paris, pour une réunion de travail. Anne Sinclair, nouvelle rédactrice en chef du site d'information *Le Huffington Post*, a sollicité Dray pour rédiger des chroniques. DSK est là, qui se calfeutre depuis des semaines. Dray évoque son anniversaire, invite Anne… Et Dominique, bien sûr, s'il veut venir.

Il n'y a jamais eu d'atomes crochus entre Dray et DSK. Pas de combat mutuel, ni d'obédience commune au sein du PS. Entre les deux, il y a autant qu'une indifférence polie. Une indifférence qui manque de tourner au pugilat pendant la campagne de Ségolène Royal. Mais Dray, depuis l'affaire des montres, que ce soit pour de bonnes ou de mauvaises raisons, quel qu'en soit le motif, ne supporte plus que quelqu'un soit traîné dans la boue. En revanche, Dray n'a prévenu personne de l'éventuelle présence de DSK. Du Dray tout craché. Ménager des effets de surprise, même les plus tordus. Une imprudence de gamin fripon…

20 h 30 : Jacques Driencourt, le pote de toujours, passe prendre Dray chez lui pour se rendre ensemble au J'ose afin d'être à l'heure pour accueillir les premiers invités. Qui sont, roulement de tambour : le couple DSK-Sinclair, costume classique pour lui, tailleur rose pour elle. Un Dominique Strauss-Kahn pas trop à l'aise qui effectue sa première sortie semi-publique depuis son arrestation à New York.

22 h 30 : les invités affluent. Jean-Marie Le Guen tombe dans les bras de DSK. Ségolène Royal arrive. Dray lui dit :

« DSK est là. » Ségolène Royal : « On s'en fout ! On n'ira pas le voir, c'est tout. »

23 h 15 : Laurence Rossignol arrive. Dray lui dit : « DSK est là. » Elle tourne les talons, quitte immédiatement la fête. C'est le début de la réaction en chaîne. La sénatrice de l'Oise appelle Dominique Bouissou, l'ancienne assistante parlementaire de Dray qui s'est fait porter pâle. Bouissou, qui s'occupe de la presse pour Hollande pendant la campagne, prévient le futur Président et Trierweiler qui assistent, en compagnie de Claude Bartolone, à la finale de la Coupe de France de football, puis à la remise du trophée, au Stade de France. Attention ! Piège. Quand ils quittent le stade, Hollande glisse à Bartolone : « Je rentre. Dis à Juju que je m'excuse. Je suis de tout cœur avec lui. »

00 h 00 : DSK quitte l'anniversaire. Royal ne l'a pas croisé. Au même moment, Saïd Mahrane, journaliste au *Point*, prend une photo de DSK qui se répand sur les réseaux sociaux. Une autre de Manuel Valls. Mahrane légende ces deux photos en étant persuadé qu'il s'agit de l'anniversaire de DSK.

0 h 30 : Ségolène Royal quitte le J'ose. Elle glisse à Dray : « C'était génial. Il faudra qu'on fasse un dîner à Boulogne, à la maison. »

1 heure : Dominique Bouissou infirme la « fuite » de Saïd Mahrane : « Non, c'est l'anniversaire de Julien Dray. » Les réseaux sociaux ne s'emballent pas moins.

4 heures : Dray et quelques amis finissent la soirée au Pied de Cochon, un restaurant ouvert vingt-quatre heures sur vingt-quatre à quelques centaines de mètres. Au même moment, Ségolène Royal est interviewée par Sylvie Maligorne, journaliste à l'AFP. C'est le point de bascule. Sans dépêche AFP, la polémique a encore une chance de s'éteindre. Avec, c'est plus compliqué.

Nathalie Fortis joint Dray : « Il y a un gros problème, Juju. Il y a une dépêche AFP sur ton anniversaire. Si, si. C'est Ségolène qui a fait la dépêche. Elle dit qu'elle a découvert qu'il y avait DSK à ton anniversaire, que tu ne l'avais pas prévenue, que c'est un scandale, qu'elle a quitté l'anniversaire et qu'elle a demandé à Manuel Valls et Pierre Moscovici de quitter l'anniversaire aussi. — C'est une blague ? »

Ségolène Royal déclare prudemment à la journaliste de l'AFP : « Dire que j'aurais rencontré DSK à cette occasion serait diffamatoire. » Mais elle va plus loin, ce que Dray ne lui pardonnera jamais : « Je ne savais pas que DSK était également invité. En l'apprenant, [je] suis tout de suite repartie et je ne l'ai pas croisé. »

7 heures : Repus, Dray et son ami Driencourt sortent du restaurant au petit jour. « On repart en voiture, se souvient Jacques Driencourt. On allume la radio et le premier titre sur France Info, c'est l'anniv de Juju ! Et il y a le dernier meeting de François Hollande l'après-midi même, à Bercy… Juju comprend tout de suite : "Il va falloir se faire tout petit." On devait aller au meeting. Mais là, tout à coup… On le sent moins. »

Les jours qui suivent : gros orage médiatique. Nicolas Sarkozy s'empare du sujet : « Aller rue Saint-Denis festoyer avec DSK, dans un restaurant qui s'appelle J'ose, dont le plat de résistance, c'est "Orgasme"… Quand on sait ce qui est reproché à DSK et qu'on est à quatre jours de l'élection présidentielle. Je me demande si les gens réfléchissent. Il n'y a pas de limites à ce qui se fait et à ce qui ne se fait pas. » Le retour de Dray pulvérisé. Dray et Sarkozy seront beaucoup moins amis. « En 2012, je me suis posé la question de le nommer au gouvernement, assure François Hollande. Ce n'est pas tant l'histoire des montres, la justice l'avait dispensé de toute peine, mais il avait renoncé à être député et donnait l'impression de s'éloigner de la vie politique active. Il y avait aussi eu cette histoire d'anniversaire juste avant le scrutin avec la présence de Dominique Strauss-Kahn. Je n'y étais pas allé, je préparais le débat du second tour. Nicolas Sarkozy l'a utilisé contre moi : "Alors, votre ami DSK..." La polémique a beaucoup affecté Julien. »

Julien Dray : « Cet anniversaire m'a tué. Ministre, c'est devenu impossible. À cause de Valérie et de l'anniv. Les proportions que ça prend cette histoire, c'est dingue. Alors que je n'y suis pour rien. J'ai juste voulu être sympa avec Dominique Strauss-Kahn. »

Anne d'Autriche et Buckingham

« Durant mon quinquennat, il venait régulièrement me parler, me donner des conseils. Il passait me voir tout seul, le dimanche le plus souvent. » François Hollande.

« Toi, tu dégages. Tu n'as rien à foutre ici. » La sortie de la première dame au QG de campagne, trois jours après l'élection, n'était pas une menace en l'air. Ce qui aurait pu être un moment de grâce pour lui, enfin conseiller de l'ombre au plus près du pouvoir, tourne court, Dray est sur la liste noire de l'Élysée. L'« affaire » encore fraîche, l'anniversaire catastrophe, tout est de trop.

François Hollande, qui ne peut raisonnablement ni contredire sa compagne sans déclencher une énième scène de ménage ni se passer bien longtemps de son alter ego politique, a trouvé une combine. Il a confié en douce à Dray les plans de l'Élysée, celui avec les portes dérobées et les passages secrets. C'est Buckingham qui rend visite à Anne d'Autriche au nez et à la barbichette de Richelieu.

Julien Dray : « François me reçoit le dimanche après-midi en costard-cravate. Je ne comprenais pas pourquoi il me recevait comme ça. Et un jour, j'ai compris. Il fait croire à Valérie qu'il a un rendez-vous de Président et comme ça, il peut recevoir son pote à l'Élysée. »

Hollande a été précis : alors, tu vois, il faut que tu empruntes la petite porte de côté de l'avenue de Marigny. Tu salues les gendarmes, ils savent qui tu es, je les ai prévenus. C'est l'astuce, c'est par là que je fais entrer les visiteurs du soir. Après, tu ne passes surtout pas par la cour d'honneur, elle est à découvert. Tu prends l'escalier, tu montes un étage, tu prends par le couloir dérobé sur ta gauche, celui qui longe le salon d'honneur, et tu arrives à mon bureau. Ni vu ni connu.

Seulement, un soir, ça ne se passe pas tout à fait comme prévu. En octobre 2013, en pleine affaire Leonarda, cette jeune fille de 15 ans dont la famille devait être expulsée de France et qui avait été interpellée pendant une sortie scolaire, Dray rend visite à un Président déjà affaibli et en demande pressante de conseils. Dray reste quatre heures à l'Élysée. En partant, plus tardivement que d'ordinaire, il voit arriver la maîtresse de maison escortée par son garde du corps, il accélère le pas et lui lance un « Bonsoir » sans demander son reste. Trierweiler est suffisamment surprise pour laisser échapper son sac à main qui tombe à terre. Dray se sauve et une fois à l'abri, dehors, envoie un SMS à Hollande : « Je m'excuse. J'ai rencontré Valérie dans le couloir… » Hollande répond : « Pas grave. »

Dray est quand même content de pouvoir revenir de temps à temps à l'Élysée. Mais il aimerait venir plus souvent. Alors, il trouve un second subterfuge pour passer, cette fois, par la fenêtre : il devient copain avec le secrétaire général adjoint, Emmanuel Macron. C'est donc lui, et pas le président, dorénavant, qu'il vient visiter au château. Mais il faut les départs conjugués de Valérie Trierweiler, fin janvier 2014, et de Jean-Marc Ayrault de Matignon, pour que Dray retrouve un droit d'entrée au grand jour. Il a tout de suite du pain sur la planche : la vie commune du Président avec son Premier ministre, Manuel Valls, nommé à Matignon le 31 mars 2014, s'annonce plus sportive qu'avec le docile Ayrault.

Vallauris, été 2015. Hollande songe à remanier le gouvernement à la rentrée, il appelle Dray. Et voilà que Dray se pense investi de la mission de composer un nouveau gouvernement. Fodé Sylla est passé le voir quelques jours. Les deux anciens de SOS y consacrent leurs soirées. Ils gambergent en buvant l'apéro au bord de la piscine. « Ah le ministre du Travail… J'ai une idée, Christian Larose, syndicaliste CGT, président du CESE. Oui, c'est pas con, ça », lance Julien. Et il l'appelle… Pour le sonder. Il en parle aussi avec Jean-Vincent Placé, son copain écolo qu'il a longtemps côtoyé à la Région Île-de-France. Il a une belle histoire, c'est un enfant adopté, il est sympa, il serait parfait pour la Jeunesse et les Sports, non ? Et puis, il y a Emmanuel… Dray ne cesse de l'avoir au téléphone. Ce remaniement, ce serait l'occasion d'élargir encore le périmètre de son protégé, d'ajouter la formation professionnelle, le budget… Dray se rêvait un peu à la Culture, mais il est réaliste, ça ne marchera jamais. Un soir de la fin août, Hollande lui donne quelques nouvelles et lui glisse : « Ah, au fait, j'ai réfléchi… Finalement, je ne vais pas faire de remaniement tout de suite. »

La rigidité républicaine de Valls, sa rigidité tout court, son ambition à peine dissimulée n'augurent rien de bon pour Dray qui est déjà dans le coup d'après : la réélection de Hollande. Donc, retour probable des intrigues et des chausse-trapes… Dray, comme toujours, est prêt à l'action. D'ailleurs, il a une idée pour que François se refasse une santé politique. On schématise : 1. Mise à feu : exfiltrer Manuel Valls, trop clivant, de Matignon et rival potentiel. 2. Sortir le lapin Bertrand Delanoë – ancien maire de Paris – du chapeau et de la retraite pour l'installer à Matignon jusqu'à la prochaine présidentielle. 3. Opération séduction. Delanoë, le plus rassembleur à gauche, est le seul à pouvoir rallier les écologistes à la candidature Hollande et à extraire les communistes du Front de gauche, laissant Mélenchon trop orphelin pour se présenter. 4. Bingo. Hollande s'imposerait comme le seul candidat de gauche. Tellement de *scenarii* tactiques et insolites qui germent dans son crâne… « Non », a fait Hollande.

Au cours de ce quinquennat plus que morose, sans grandes envolées politiques, Hollande dira souvent « non » aux idées terribles de Dray.

S'éviter la séquence déchéance de nationalité pour les binationaux condamnés pour terrorisme, qui fera tant de mal, encore une fois, à la cohérence hollandaise ? « Non. »

Julien Dray : « J'étais contre dès le début. Après les attentats du 13 novembre 2015, Hollande annonce cette mesure à la surprise générale, et je lui dis tout de suite : “Je peux comprendre que tu aies mis cette idée sur la table mais oublie ça…" On est plusieurs à le mettre en garde : "C'est une ligne rouge à ne pas franchir." Je lui en reparle quelques jours avant Noël. Il peut encore reculer, je lui répète que c'est une erreur, qu'il doit tout arrêter. Il me répond : "OK, ne t'inquiète pas." Mais le 23 décembre, la mesure est malgré tout présentée en Conseil des ministres… »

Macron Premier ministre ? « Non. »

Dray : « J'ai testé l'idée et j'ai vu que ça ne passait pas, j'ai laissé tomber. »

Réagir à la publication du livre *« Un président ne devrait pas dire ça… »*, de Davet et Lhomme, qui suscite une énorme polémique ? « Non. »

Dray : « Je perds la bataille contre Gaspard Gantzer, qui gère la communication de Hollande. Je voulais que François riposte. Il s'est tu. »

Sanctionner la mutinerie Montebourg-Hamon, le 24 août 2014, lors de la fête de la Rose à Frangy-en-Bresse avec la saillie de trop sur la cuvée du « redressement productif » ? « Oui. »

Dray : « Ce dimanche-là, je suis à l'Élysée. On a un projet avec Djamel Bensalah, mon ami réalisateur. Il voulait monter une sorte de télévision de l'Élysée. Quand on arrive dans son bureau, les images de Montebourg et de sa blague tournent en boucle, la situation est tendue, donc on en discute. François est hésitant. Je lui dis qu'il ne faut pas qu'il hésite longtemps, qu'il doit virer Montebourg et Hamon du gouvernement car son autorité n'y survivra pas. "Je vais réfléchir." Il ne m'en parle plus. Je ne suis évidemment pas le seul à le pousser à les virer mais j'étais sur place ce jour-là. »

Le lendemain, Montebourg et Hamon sont démissionnés du gouvernement.

Il y a quand même une grande chose accomplie par Dray, qui fut décisive mais qui est passée inaperçue.

La bataille de Kobané

> « J'ai sauvé Kobané. Tout a commencé un soir tard, au Café Français, place de la Bastille. » Julien Dray.

Dray est aux anges. Le vice-président à la culture de la Région Île-de-France a passé les tout premiers jours de ce mois d'octobre 2014 dans la capitale libanaise pour assister à la 14e édition du Festival international du film. Il adore Beyrouth, ses cafés, son atmosphère de fête permanente. Il a vu un tas de bons films et, comble de la félicité, il était avec Julie Gayet, présidente du jury du festival cette année. Et Dray aime beaucoup Julie.

Dray rallume son portable, découvre ce message : « Bonjour, Julien ! C'est Khaled, de Grigny. Tu te souviens de moi ? Rappelle-moi ! J'ai besoin de te voir de toute urgence. »

Dray se souvient parfaitement de Khaled Issa. Un Kurde de Syrie, arrivé en France au milieu des années 1980, professeur et socialiste. Ils se sont croisés dans des réunions de section, dans sa circonscription de l'Essonne. Dray avait même réussi à le convaincre de rejoindre les rangs de la Gauche socialiste. Mais ça remonte à loin…

Dray lui donne rendez-vous le soir même, dans un de ses repaires parisiens, au Café Français, place de la Bastille. Juste le temps de poser ses valises chez lui et de prendre la voiture. « Nous, les Kurdes de Syrie, avions déjà fait face à des groupes terroristes, explique Khaled Issa. Mais avec la montée en puissance de Daech, qui a récupéré des armes très sophistiquées, on ne pouvait pas rivaliser. J'ai rencontré beaucoup de députés et de sénateurs pour les sensibiliser au sort de la ville de Kobané. Ils exprimaient leur sympathie mais rien ne bougeait. On avait organisé une manif de dix mille personnes devant l'Assemblée nationale mais ça ne prenait toujours pas. J'avais des contacts avec le quai d'Orsay mais les rencontres ne débouchaient sur rien… Alors, j'ai appelé Julien. »

À peine Khaled Issa s'est assis qu'il ne peut plus s'arrêter de parler. Il est tellement perturbé par un sentiment d'urgence, de désastre imminent, que parfois, il a besoin de s'interrompre quelques instants pour reprendre son souffle. Issa est devenu le représentant pour l'Europe du Kurdistan syrien. Issa sait que tout est complexe, que Dray n'y connaît rien. Issa prend un papier, un crayon, dessine un plan de la zone de conflit, avec les frontières, les forces en présence et entoure la ville de Kobané en rouge. Kobané est une ville-enclave kurde coincée entre la Turquie et la Syrie. Quelques semaines plus tôt, en septembre 2014, l'État islamique a lancé une offensive sur la ville, défendue par les troupes kurdes des YPG et du PKK. La coalition a mené quelques bombardements mais n'empêche pas les djihadistes d'atteindre Kobané le 1er octobre et de pénétrer *intra muros* cinq jours plus tard. Khaled Issa se souvient : « J'ai conclu mon exposé comme ça : "Julien, tu es la seule personne qui puisse nous sauver. C'est très grave. Si Kobané tombe, le Kurdistan syrien sera coupé en deux et on va tous mourir. Les combattants kurdes sont dos au mur. Personne ne nous aide ! Tu as accès à François Hollande, tu dois faire quelque chose." »

L'euphorie libanaise de Dray s'estompe d'un coup. Dray se passe la main sur son crâne lisse, se tasse encore un peu plus sur son siège. Il quitte Issa dans la nuit sur la place de la Bastille. Il promet de donner des nouvelles rapidement. Il rentre chez lui et appelle Rocky. Il débriefe avec son vieux copain journaliste, ancien otage, libéré au printemps précédent, après des mois passés en Syrie aux mains de Daech. Dray s'invite le lendemain au 55 de la rue du Faubourg-Saint-Honoré. Il refait le pitch de Khaled Issa à François Hollande.

Le Président semble convaincu. Vraiment convaincu. Pour une fois, il n'a pas l'air de faire semblant juste pour faire plaisir à Dray. Oui, la France doit aider les Kurdes. Des contacts s'établissent. Hollande se mouille personnellement, va même contre l'avis de certains de ses conseillers diplomatiques. Dray s'est déniché un combat d'envergure, il ne vit plus que pour la libération de Kobané. Il active ses nombreux réseaux journalistiques, fait le siège des télés et des radios. Option matraquage. Sur France Inter, le 14 octobre, celui qui ne savait pas où se trouvait Kobané quinze jours plus tôt dénonce « l'hypocrisie des organisations internationales qui savent particulièrement bien ce qui va se passer si la ville tombe » aux mains des djihadistes. Étape suivante : organiser un rendez-vous (secret) entre Khaled Issa et François Hollande. Il a lieu un dimanche après-midi, en présence du général Benoît Puga, chef de l'état-major particulier du président de la République.

Julien Dray : « Il fallait faire très attention. Ce rendez-vous n'était pas inscrit à l'agenda officiel. Il ne fallait pas que cela se sache. D'autant que le Quai d'Orsay n'était pas très chaud pour cette rencontre… »

Dray fait passer discrètement un papier au Président. Avec Khaled Issa, il a établi une liste d'armes dont les Kurdes auraient besoin. La diplomatie parallèle de Dray fonctionne à plein régime. Le Président officialise finalement son soutien aux Kurdes de Kobané par une décision de conseil restreint de défense, le 22 octobre 2014. Le Président déclare : « Aujourd'hui, l'appui à la résistance des défenseurs de Kobané est une priorité. » La France intervient en Syrie, Daech perd la bataille de Kobané. Elle a duré cent soixante-trois jours.

Hollande renonce

> « Je l'ai prévenu de ma décision de ne pas être candidat une heure avant de l'annoncer. Il souhaitait que je me représente. Il avait commencé à préparer ma candidature et avait déjà beaucoup travaillé. Il a été extrêmement déçu de ma décision. » François Hollande.

Il y a au moins un moment pendant lequel Dray ne fait pas de politique. Quand il fait du sport. Dans une salle homologuée dédiée à cet effort physique qu'il s'impose au moins une fois par semaine. Vélo, rameur, culturisme… Depuis quelques années, il y consacre plusieurs heures par semaine. L'exercice musculaire lui a fabriqué une carrure de pilier de rugby. Ce jeudi 1er décembre 2016, dans l'après-midi, il prend le chemin de son club de gym.

Julien Dray : « J'étais en train de faire du vélo et je vois le nom de François s'afficher sur l'écran. Je ne décroche pas. Je n'ai pas envie d'entendre ce qu'il a à me dire. Je sais ce qu'il va m'annoncer. J'ai compris… J'avais eu une conversation avec lui la veille au soir, il revenait juste d'un voyage officiel. Il m'avait dit : "Le moment de la décision approche… On est début décembre, et, tu vois, ça ne prend pas dans l'opinion. Je n'ai pas d'espace…" Je réponds que je ne suis pas d'accord, que la campagne ne va pas se dérouler comme prévu, que Fillon est vulnérable. Je lui dis que la nuit porte conseil et lui fais promettre de prendre son temps, de bien réfléchir. Mais je sens qu'il ne changera pas d'avis. »

Et pourtant, tout est prêt. Dray, jamais résigné, est persuadé qu'il existe une infime chance de décrocher la timbale d'un second mandat. Il y a aussi un espoir très personnel, celui d'être – pour une fois – au cœur de la campagne à venir. Plus préoccupant : il devine que si François Hollande n'est pas candidat en 2017, la vie politique va sérieusement se compliquer pour lui. Leurs destins politiques sont intimement liés depuis 2002.

Dray commence à réfléchir au « dispositif » Hollande II, très tôt, dès l'automne 2015. Concentré sur l'objectif, plus rien d'autre n'a d'importance, imaginant mille et un sortilèges pour réussir la mission impossible qu'il s'est assignée. Dray enrôle dans l'aventure son compagnon de route. Romain Pigenel, jeune normalien très brillant, très dandy XIXe siècle, directeur adjoint du Service d'information du gouvernement, expert du numérique. Vincent Feltesse, conseiller politique de l'Élysée, est également de la partie.

Hollande, qui pour le moment a des accents de chef d'État conquérant, est d'accord pour tout. Il encourage même son ami Dray à « structurer ». Il l'adoube en tant qu'organisateur en chef. Le problème, c'est que dès que Dray a le dos tourné, il se fait beaucoup plus mesuré, hésitant, indécis. Comme si Hollande donnait le change face à un Dray surmotivé pour avoir la paix, mais qu'il doutait secrètement déjà de sa réelle capacité à se présenter. Le bulldozer Dray ne voit rien et, à partir de septembre 2016, se lance à corps perdu dans la conception de la future campagne.

Dray s'agite, fort. Il se met en quête d'un QG. Il en a un dans le viseur, dans le VIIe arrondissement, pas loin de l'Élysée. Dray est emballé, parce qu'on peut y pénétrer par le sous-sol en voiture, en rentrant par le garage. Confidentialité des visiteurs garantie. Mais Sarkozy lui pique le QG. Il en avait pourtant parlé à Hollande, mais il avait renvoyé le sujet à plus tard… Pour la com, Dray choisit une agence canadienne, Bensimon Byrne, celle qui a élaboré la campagne de Justin Trudeau, futur Premier ministre canadien. Hollande les rencontre. Dray réfléchit beaucoup sur la France de demain, la France de la réussite. Il pense à emballer la campagne comme ça : Hollande a fait un premier quinquennat pour remettre la France à flot et maintenant, avec le second, il va construire une nouvelle France. Le slogan de la campagne est pompé sur le titre d'un livre de Natacha Polony : « Nous sommes la France. »

Le concept programmatique est trouvé : « les AG », comme Assemblée générale. Une série de réunions qui incluent – c'est la mode du moment – les citoyens, pour élaborer les promesses du candidat. Le logo aussi : blanc sur fond rouge. Dray imagine un enchaînement de réunions d'appartement avec Hollande au rythme de trois, quatre par semaine retransmises en direct sur Facebook. La « première » est programmée pour le week-end du 11 novembre. Dray, Feltesse et Pigenel ont même trouvé le HLM idéal en Seine-Saint-Denis.

Julien Dray : « Sinon, il allait faire quoi ? Des débats avec les autres, avec Valls, Montebourg, Hamon, qui l'auraient cartonné… Il avait dit d'accord pour les réunions, il avait validé le concept. »

Au dernier moment, Hollande chipote sur le moindre détail. Le lieu n'est pas le bon, les hôtes non plus, l'horaire ne convient pas, etc. Le Président pose un ultimatum : soit vous trouvez un autre endroit, soit on laisse tomber. Sachant pertinemment qu'à vingt-quatre heures de l'événement cela revient à tuer net l'initiative. Dray est très en colère. Tant d'efforts pour rien… Il tourne en rond en hurlant que si c'est comme ça, il va rejoindre Macron ! Qu'il montera un courant de gauche chez Macron ! Et puis, c'est toujours la même histoire… Dray finit par se calmer, reçoit un texto de Hollande et il retourne au charbon pour son ami pendant que celui-ci continue sa stratégie d'évitement… Un compte Twitter des AG est inauguré… Hollande se retire de la course deux jours plus tard.

Dray, orphelin de François Hollande, ne s'impliquera pas dans la campagne présidentielle. Hormis quelques jours, pendant la primaire, pour le compte de Vincent Peillon, mais il lâche vite l'affaire. Mais Dray, même sans poulain officiel, ne peut pas se désintéresser complètement de la campagne. Pas son genre…

Julien Dray : « Je suis allé à la manif pro-Fillon du dimanche 5 mars 2017. En politique, si tu veux comprendre, tu ne te fais pas raconter, il faut voir par soi-même. Je me suis mis dans un café sur la place du Trocadéro, au Kléber, je me suis caché derrière un journal et j'avais un chapeau à la Mitterrand. Personne ne m'a repéré… J'ai pu observer tranquillement. Ce n'était pas la marée humaine qu'on a décrite. Il n'y avait pas deux cent mille personnes, mais plutôt vingt mille à vingt-cinq mille bien organisées, bien entassées, avec des images prises sous un certain angle. Le public était bien catho, blanc de chez blanc, avec des femmes en jupes plissées. J'ai compris que Fillon ne rassemblait qu'une petite frange de la droite et qu'il allait échouer. »

Dimanche 23 avril 2017, premier tour de l'élection présidentielle. Ses amis sont sur son dos. « Hé ! Julien ! Tu votes pour qui aujourd'hui ? » Question perfide. Qui tiraille sa conscience. Ils savent pertinemment qu'il sera difficile pour lui de voter pour le candidat du Parti socialiste, Benoît Hamon, qu'il hait copieusement depuis l'époque, les années 1990, durant lesquelles le MJS (Mouvement des jeunesses socialistes) concurrençait la Gauche socialiste. Ils savent qu'en face il y a son ancien protégé, qui a trahi, peut-être, mais pour qui il conserve une affection presque coupable. Ils savent enfin qu'il y a son vieux compagnon de route, son ami Jean-Luc Mélenchon, qui est peut-être en train de réaliser le hold-up du siècle… Dray est affalé dans le canapé de son appartement de l'Est parisien, son chien à ses pieds. Il a tout prévu. Il saisit son iPhone 6, cherche le meilleur angle et la bonne lumière, fait la photo et l'envoie à une liste de diffusion de copains. C'est la photo d'une enveloppe électorale de couleur beige, un bulletin de vote est glissé à l'intérieur, seules deux lettres dépassent : « ON ». Mélenchon, Macron, Hamon ? Ah, ah, Dray ricane tout seul devant son Coca Zéro. Il ne dira à personne pour qui il a voté.

À la Boule rouge

« Le samedi 13 mai 2017, la veille de la passation des pouvoirs, je vais voir François l'après-midi à l'Élysée. C'est d'une tristesse absolue, les cartons sont là, il est quasiment tout seul avec le pool des secrétaires. On essaye de faire bonne figure. Lui, il plaisante. Il y a Rachid Temal – numéro 2 du PS – qui est chargé d'organiser la venue de François à Solférino, le lendemain. Cambadélis, Premier secrétaire, ne s'en est pas occupé. On vérifie que tout va bien se passer, que ça ne va pas être ridicule. On fait une dernière photo dans le jardin. Ce sont les derniers instants à l'Élysée. » Julien Dray.

François Hollande est assis à l'arrière de sa berline de président de la République qu'il n'est plus, depuis précisément deux minutes. Il vient de quitter le tapis rouge de la cour de l'Élysée, il vient de serrer la main d'Emmanuel Macron à qui il a laissé le pouvoir, Macron qui était son secrétaire général adjoint il y a encore à peine trois ans. Mais Hollande ne trahit aucun sentiment, ce qui ne signifie pas qu'il ne ressent rien. Hollande a rendez-vous rue de Solférino, juste de l'autre côté de la Seine, au siège du Parti socialiste. Il y a vingt-deux ans, François Mitterrand empruntait exactement le même itinéraire pour se faire offrir une Twingo verte par ses amis socialistes et reconnaissants. Aujourd'hui, ce n'est pas exactement la même histoire.

Brusquement… arrivé à la hauteur de l'entrée principale du Grand Palais, un coin parisien franchement désolé, le chauffeur de François Hollande se range le long du trottoir et enfonce le klaxon.

Julien Dray : « Après la passation, je propose à Hollande de le prendre directement à l'Élysée. Mais Hollande ne veut personne de son entourage pour la cérémonie. Donc, on convient que c'est lui qui me récupère devant le Grand Palais où je l'attendrai discrètement. Pour filer à Solférino. »

Dray et Hollande sont assis dans la voiture. François Hollande avait demandé à Bernard Cazeneuve de l'accompagner rue de Solférino pour ses adieux aux socialistes, mais le Premier ministre devait assister à la cérémonie d'intronisation d'Emmanuel Macron, dans la salle des fêtes du palais. Pour ne surtout pas rester seul, le désormais ex-Président a appelé le complice de toujours.

Julien Dray : « François me raconte l'entrevue qui vient d'avoir lieu avec son successeur : "J'ai compris que Macron ne faisait que gagner du temps et qu'il se fichait de ce que je disais. Il n'écoutait pas." »

Dray et Hollande filent vers la rue de Solférino. Hollande ne voulait pas y aller seul, il avait une peur panique de se faire siffler.

Julien Dray : « J'ai les infos par Rachid Temal du remplissage du siège, rue de Solférino. Il me dit : "Prenez votre temps, il fait beau, les gens ne sont pas encore tous là. Ils arrivent doucement." Je sens que François n'a pas envie d'y aller tout de suite, donc on fait un tour en voiture, on tourne pendant dix minutes, un quart d'heure. Pendant ce temps, il me prévient qu'il va aller manger à la Boule rouge, un restaurant tunisien dans le IXe arrondissement. "Viens !" Il y a Cazeneuve, Ayrault, Le Foll… Je lui dis "Non, non, laisse tomber. Je ne veux pas manger avec eux. Mais je vais quand même y manger avec mes potes, à la Boule rouge. À une table à côté. Comme ça, si tu as besoin…" »

À Solférino, Hollande reste une heure et demie. Il reçoit un cadeau. Un tableau d'une jeune artiste, Catherine Duchêne, intitulé *La Belle Étoile*. C'est Jean-Christophe Cambadélis qui lui remet. Il n'y a sans doute aucun sens à ce cadeau.

Julien Dray : « Je suis un peu triste, je pensais qu'il y aurait plus de monde mais comme Cambadélis n'a rien branlé… C'est correct, mais pas extraordinaire, il n'y a pas beaucoup de gens devant. »

Le patron de la Boule rouge s'appelle Raymond Haddad. Son restaurant est fermé le dimanche. Sauf pour les grandes occasions. C'en est une. Bernard Cazeneuve, Premier ministre, a appelé le patron pour savoir s'il était possible de privatiser le restaurant. Haddad n'a pas fait d'histoire et il a préparé une grande table : Stéphane Le Foll, Jean-Yves Le Drian, Frédérique Espagnac, Michel Sapin, Jean-Pierre Jouyet, Jean-Marc Ayrault. Parmi les fidèles, le maire de Dijon, François Rebsamen, manque à l'appel.

La Boule rouge a servi de décor au *Grand Pardon*, dont le héros est Roger Hanin, le beau-frère de François Mitterrand. Bertrand Delanoë, quand il est à Paris, vient y manger tous les jeudis. On y sert un très bon couscous. C'était aussi le resto de Philippe Séguin. Par la suite, Rachida Dati, qui y a dansé lors d'une soirée arrosée, y a emmené souvent

Sarkozy. Le patron aime beaucoup l'ancien Président, il y a des photos de lui sur tous les murs du restaurant. François Hollande honore donc son premier repas d'ex-Président sous le haut patronage de Nicolas Sarkozy.

En réalité, Raymond Haddad a menti à Bernard Cazeneuve. Le patron de la Boule rouge n'a pas pu s'en empêcher, il a appelé quelques copains dont Enrico Macias pour être les témoins privilégiés de ce déjeuner pas comme les autres. Il a aussi dressé une petite table pour Dray. Quand les convives ont vu Dray débarquer, ils se sont raidis. Beaucoup se sont demandé à quelle catégorie de nuisibles appartenait le Dray : la punaise ? le morpion ? D'autres se sont simplement agacés sans rien en laisser paraître à François Hollande, qu'il ne fallait pas contrarier ce jour-là. Enrico Macias et les photos de Nicolas Sarkozy assistent donc à une scène assez lunaire : François Hollande déjeune avec ses plus proches collaborateurs et quelques-uns de ses anciens ministres alors que son ami politique de toujours est attablé trois mètres plus loin dans un restaurant qui est censé être fermé. C'est peut-être lunaire, mais c'est aussi le symbole d'une habitude et d'une idée persistante : Dray est absent et terriblement présent.

Julien Dray : « Je suis avec quelques potes. À une table, à côté. Je dis bonjour à Enrico [Macias]. Ce resto, je le connais, tout le monde le connaît. J'y suis encore quand François part du restaurant. Il vient nous serrer la main, il nous dit "merci". »

Tentative d'analyse de l'amitié en politique

« Julien, c'est un affectif qui se met au service de tueurs politiques. Après, il s'étonne… » Laurence Rossignol.

Pour François Hollande, Dray a une tête d'appareil ménager. Quand il en a l'utilité, il le sort du placard. Mais seulement quand il en a l'utilité. Hollande et Dray dansent le twist politique depuis les années 1980. Ils se sont tant aimés, quand il fallait imaginer une destinée à SOS Racisme. Ils étaient comme les doigts des quatre mains au début des années 2000, quand Hollande était Premier secrétaire du PS et Dray son porte-parole. Le duo régalait les journalistes et tapait dur sur la droite chiraquienne. Ils se sont tant déchirés, en 2007, quand Ségolène Royal est devenue candidate à la présidentielle. Ils se sont tant éloignés quand Hollande aimait Valérie Trierweiler. Mais, toujours, leur proximité générationnelle est revenue au galop. Ils ont seulement dix-huit mois de différence.

Dans leur couple, il n'y a jamais eu de routine. Dans leur couple, c'est Hollande qui porte la culotte. Dray a un cœur d'artichaut et trop de sentimentalisme politique, Hollande n'en a aucun. Dray a toujours tout fait pour obtenir la reconnaissance de Hollande. Hollande ne l'a jamais vraiment considéré. Pour Hollande, l'amitié n'est jamais plus importante que ses intérêts politiques. Durant l'affaire des montres, Hollande n'a jamais été là. Trop dangereux. Hollande ne donnera jamais rien à Dray, car il sait qu'il lui reviendra toujours. Jacky Benazerah acquiesce : « Hollande n'a pas de sentiments et Julien en a trop. Il faut comprendre notre mentalité : on est des juifs d'Algérie. On est des affectifs. On est des grandes gueules, on fait les machos, mais on sait pas rompre. Et si on fait de la peine, on va s'excuser. On culpabilise. Et quand on a donné l'amitié à quelqu'un, on ne la trahit pas. »

En 2014, Dray se serait bien vu Premier secrétaire du PS, mais c'est son vieil ennemi Camba que Hollande lui préfère. Hollande joue sur le besoin d'affection de Dray quand il en a besoin, et le laisse tomber quand il a pris ce qu'il avait à prendre. « Depuis quarante ans, c'est François Hollande qui bloque le plus Dray, résume Robert Zarader. D'ailleurs, Hollande le dit un peu dans le bouquin de Davet-Lhomme. Il dit que de toute façon, les mecs qui lui sont fidèles, il ne voit pas pourquoi il ferait un effort pour eux. Avec François Hollande, on a souvent parlé des possibles promotions de Julien. Mais Hollande s'en sort toujours avec une espèce de feinte de balayeur. Il a toujours quatorze raisons pour ne pas le prendre. » Dray n'est dupe de rien. De temps en temps, Dray n'est pas en reste. Il peut pourrir Hollande auprès des journalistes. Dray peut même houspiller Hollande quand celui-ci l'énerve trop.

Julien Dray : « Je pense qu'il a de l'affection pour moi. Il a toujours fait attention. Pendant toute la campagne de 2012, que je sèche plus ou moins, il passait son temps à leur demander si ça allait. Aux Valls, Peillon, Moscovici… "Vous avez eu Julien ? Vous avez parlé avec Julien ?" Quand j'ai eu mon accident cardiaque, il a eu très peur. Je le sais. Il m'a appelé cent fois. Il m'a donné l'ordre du mérite. Mais il a pas été capable de me donner la Légion d'honneur. Parce que j'avais des dettes avec les impôts soi-disant. J'ai fait une vanne qui l'a vexé : "Putain, t'as donné la Légion d'honneur à tout le monde et pas à moi ? — Mais tu t'intéresses à ça, toi ? — Ben, puisque tu la donnes à tout le monde… — Mais tu dois encore de l'argent aux impôts. — Ouais ben ça arrive, ça prouve bien que je suis pas riche moi, que je ne suis pas voleur." Pendant les cinq ans à l'Élysée, mon dossier était sur le bureau de Hollande en permanence. Il avait peur qu'il m'arrive une histoire et que ça lui retombe dessus, pas pour me protéger moi, mais lui. Pour lui, je suis le bon copain du Sentier. Je ne suis que ça, je ne suis pas énarque, j'ai pas fait d'études… Le bon copain du Sentier à qui il faut parler de temps en temps. Mais quand vient l'heure de t'associer à une responsabilité, c'est inimaginable de le faire. Moi, j'ai toujours été loyal. »

Finalement, le mystère de la relation Dray-Hollande est aussi insoluble que celui de l'île de Pâques. Il y a l'ingratitude de Hollande, il y a la fidélité irrationnelle de Dray. Il y a une fascination du pouvoir de Dray, il y a un mépris de classe chez Hollande. « Quoi qu'il fasse il ne sera jamais de leur monde, ce sont des bourgeois, des énarques, qui aiment l'entre-soi et Julien a passé sa vie à espérer, dans la politique, une promotion républicaine qui effacerait les castes ou les classes sociales. Eh bien non… », souffle Laurence Rossignol.

François Hollande se justifie : « Julien Dray peut ressentir parfois une forme de tristesse face à plusieurs rendez-vous manqués. Il a toujours été apprécié pour son intuition politique, son sens de l'initiative, la qualité de ses analyses, et a souffert d'être perçu comme un agitateur, alors qu'il aurait pu être un acteur au plus haut niveau. Je comprends sa frustration. Il peut m'en faire le reproche aussi. Mais Julien Dray n'est pas un carriériste. Il aime être dans l'ombre, ce qui ne veut pas dire renoncer au soleil. Ce qu'il aime par-dessus tout, c'est conseiller, mais il a su aussi agir pour lui-même et il a été un député présent et brillant. »

Le pire, c'est qu'ils vieilliront ensemble.

Épilogue

« On a eu quand même des vies vachement marrantes… On est des juifs pieds-noirs de la banlieue qui dînons avec François Hollande ou Emmanuel Macron. On n'était pas destinés à ça… » Robert Zarader.

… Et on est revenu s'asseoir avec Dray, au printemps 2019. Il était au mieux de sa forme. Aucun pépin de santé en vue. Enfin… presque. « Je dois passer des examens avant l'été. On ne sait jamais, votre bouquin ça peut être une épitaphe. » Dray était assez volumineux, comme s'il était habillé en scaphandrier. On est revenu s'asseoir dans un de ses restaurants parisiens préférés, le Square Trousseau, près de la place de la Bastille. Le hasard, ou le destin, veut que, il y a quelques années, il soit tombé nez à nez avec son double télévisuel, Philippe Rickwaert. Qui est joué par Kad Merad. Qui est aussi dégarni que Dray. Ils se sont vus juste après la saison 1 de *Baron noir*. Et ils ont discuté. « Je vais lui serrer la main, il me reconnaît. "Alors, c'est vous le Baron noir ?" Mais il ne connaissait pas trop mon histoire. D'ailleurs, dans la première saison, il n'est pas trop dans le rôle, je trouve. Pour la seconde, il a travaillé, il a intégré le personnage, travaillé mes attitudes, il a dû m'observer sur Internet, regarder des vidéos. »

Avec Dray, il n'y a jamais un ange qui passe. Il a toujours des tonnes de projets en cours et d'histoires à partager. Là, il sourit avec une grande fierté, car il a su toucher du doigt le nouveau phénomène sociétal de masse. Il s'amuse à raconter ses aventures avec les Gilets jaunes. Quand, attifé d'une casquette et d'un foulard pour ne pas être reconnu, il a écumé les bistrots pendant les manifs pour essayer de prendre l'ampleur du phénomène. « Avec les Gilets jaunes, on est entré dans une nouvelle phase de contestation du capitalisme financier, c'est le réveil de la lutte des classes. Et que c'est beau ! »

Dray conserve toujours, dans son portefeuille, sa carte bancaire Centurion, réservée à une clientèle d'élite. « En fait ça s'appelle une Carte American Express "black". Eh oui, je l'ai toujours. La banque m'en a fait cadeau. Si je l'avais rendue après l'affaire, j'aurais paru céder, et moi, je ne cède pas. »

Au prochain anniversaire de Dray, il n'y aura pas Emmanuel Macron. Dray n'a plus jamais revu le Président. Visiblement, ce n'est pas très important. « Macron, ça va mal finir. » Mais Dray a revu Philippe Grangeon, juste avant que ce dernier, après un intérim à la tête de LREM, ne prenne ses fonctions de conseiller officiel à l'Élysée. Dray parle aussi d'Izzat Khatab, un riche Syrien un peu nébuleux qu'il a côtoyé pour reconstruire Kobané. Khatab aurait aussi hébergé Alexandre Benalla, en pleine affaire élyséenne. Dray n'est jamais très loin du barouf, c'est une manie.

Dray commande du poisson. Il est en rogne contre François Hollande. Qui ne l'a pas aidé à être tête de liste du Parti socialiste pour les élections européennes. Dray promet qu'il ne lui court plus trop après même s'il a aussi été considérablement bluffé par le nombre de livres que François Hollande a vendus. Une fois, il est allé à une séance de dédicace de l'ancien Président et il n'en est pas revenu. Ça a duré une éternité, de 17 heures à 22 heures. « La libraire m'a dit : "Juppé est venu, il a vendu cent vingt bouquins, il a fait une heure, et c'était totalement déshumanisé." D'après les déductions de Dray, Hollande espère redevenir président de la République, ça ne fait pas un pli. « Hollande pense que le PS va se planter et qu'il va ramasser la mise. Il n'y a que ça qui l'intéresse. »

Dray veut redevenir très pur. Idéologiquement, s'entend. Depuis quelque temps, il essaye de se rapprocher de Jean-Luc Mélenchon. Après la perquisition au domicile du leader de La France insoumise, Dray lui a envoyé un SMS de solidarité : « Ménage-toi. » Parce que ça lui a rappelé des souvenirs, assez mauvais. Dray voudrait boucler la boucle, redevenir « Juju de Villetaneuse ». « Oui, je me gauchise à mort. Je redeviens moi-même. »

Dray a bientôt 65 ans. Il n'a plus de responsabilité. Il n'est plus rien. Politiquement s'entend. Il est juste conseiller régional d'Île-de-France. Encore récemment, il a voulu tenter sa chance pour prendre le parti. On l'a suivi un dimanche soir, en plein hiver, avec sa bande de militants dans le XIXe. Ils étaient nombreux, c'était assez impressionnant. Ils y croyaient tous au retour de « Juju ». Une dernière chance de prospérité politique. Dray paraissait très conquérant. Mais c'était vain. Dray le sait bien, mais il ne peut s'empêcher de reproduire ses propres casse-tête à l'infini, comme s'il persistait à être un survivant mélancolique de lui-même. Parce qu'il n'avait évidemment aucune chance. Il ne s'est même pas présenté et Olivier Faure est devenu Premier secrétaire.

À ce point de l'histoire, on lui a suggéré qu'après tout il n'y avait peut-être rien d'autre à faire qu'à se laisser flotter sur une jolie vague de souvenirs. Une sacrée vague, quand même. Qu'il pouvait en profiter, qu'il avait assez travaillé, non ? Dray a levé un sourcil : « Mais vous voulez que je fasse quoi ? Que je me lève le matin, que je boive un café en lisant la presse, avant de faire un petit commentaire sur Facebook et faire la sieste ? Que j'ouvre un magasin de montres ? Cambadélis a dit récemment qu'il ferait de la politique jusque dans sa tombe. Il a raison, c'est toute notre vie. On n'est pas des macronistes, nous. On ne fait pas un tour par la politique, pour revenir à la banque. J'aime être au cœur du truc. C'est ma troisième vie qui commence, elle devrait être plus courte que les deux autres. Une vie de trotskiste, une vie de socialiste. Finalement, vous faites un livre autour d'une vie militante sans fin. »

… Et Dray est reparti en Smart qu'il avait garée à la hussarde. Son voyage n'avait aucune raison de finir. Au fond de lui, il sent qu'il roule toujours dans la bonne direction. Il rêve encore de tenter quelque chose. Il pourrait tenter des vies entières.

Remerciements

Ils nous ont parlé, on les remercie.

Nous avons vu Julien Dray une vingtaine de fois. Il a accepté de nous raconter les péripéties de sa vie politique. Il n'a pas relu ses citations. Nous le remercions d'avoir joué le jeu avec nous.

Fadela Amara : militante à SOS Racisme ; présidente de Ni putes ni soumises : secrétaire d'État à la politique de la ville sous la présidence de Nicolas Sarkozy ; inspectrice à l'Igas. Rencontre Dray dans les années 1980 à SOS Racisme.

François Baroin : porte-parole du candidat Jacques Chirac lors de l'élection présidentielle de 1995 ; député-maire de Troyes, ministre du Budget du gouvernement Fillon ; président de l'Association des maires de France. Découvre Dray à l'Assemblée nationale en 1993.

Alain Bauer : figure du syndicalisme étudiant à la fac de Tolbiac ; président du Grand Orient de France ; criminologue. Rencontre Dray à l'occasion de l'unification des syndicats étudiants de gauche au début des années 1980.

Pierre Bédier : député des Yvelines ; maire de Mantes-la-Jolie ; président du conseil départemental des Yvelines. Négocie souvent avec Dray à la fin des années 1990 au conseil régional d'Île-de-France.

Jacky Benazerah : avocat de Dray et un de ses meilleurs amis. Rencontre Dray dans les années 1980 en jouant au squash.

Éric Benzekri : attaché parlementaire du député Dray ; membre de la Gauche socialiste (GS) ; scénariste de *Baron noir*.

Jean-Christophe Cambadélis : leader étudiant de l'OCI ; président de l'Unef-Id ; député socialiste ; Premier secrétaire du PS. Rival de Dray lors des mouvements étudiants des années 1970.

Pierre Charon : conseiller pour les relations avec la presse du maire de Paris Jacques Chirac ; conseiller à la présidence de la République pendant la présidence de Nicolas Sarkozy ; sénateur Les Républicains. Rencontre Dray à la fin des années 1980.

Paulette Decraene : secrétaire particulière de François Mitterrand à l'Élysée. Intermédiaire bienveillante entre le président de la République et Dray.

Jacques Driencourt : producteur de cinéma. Un des meilleurs amis de Dray. Le rencontre à la fac de Villetaneuse dans les années 1970.

Serge Faubert : membre de la LCR ; co-fondateur de SOS Racisme ; journaliste à Le Média. Rencontre Dray à la LCR.

Olivier Faure : directeur adjoint du cabinet du Premier secrétaire du PS François Hollande ; député ; Premier secrétaire du PS. Côtoie Dray quotidiennement à Solférino au début des années 2000.

Gérard Filoche : membre du bureau politique de la LCR ; membre du Parti socialiste ; inspecteur du travail. Accueille Dray à la LCR au sein de la tendance qu'il anime.

Nathalie Fortis : militante de la Gauche socialiste ; chargée de communication de SOS Racisme ; conseillère en charge de la communication dans le cabinet de Jean-Baptiste Lemoyne, secrétaire d'État du gouvernement Édouard Philippe. Rencontre Dray à la Gauche socialiste au début des années 1990.

Éric Ghebali : co-dirigeant de SOS Racisme ; président de l'Union des étudiants juifs de France ; directeur du développement à l'international chez Suez. Rencontre Dray à la création de SOS Racisme.

Philippe Grangeon : militant à Lutte ouvrière puis à la Ligue communiste révolutionnaire, conseiller de Nicole Notat à la CFDT, directeur de la communication de Capgemini, conseiller spécial d'Emmanuel Macron à l'Élysée. Rencontre Dray à la fin des années 1970 à la LCR.

François Hollande : membre du cabinet de Max Gallo, porte-parole du gouvernement de Pierre Mauroy ; député de Corrèze ; Premier secrétaire du Parti socialiste ; président de la République. Rencontre Dray en 1984 au moment de la création de SOS Racisme.

Jean-Paul Huchon : directeur de cabinet du Premier ministre Michel Rocard, président du conseil régional d'Île-de-France. Travaille avec Dray, vice-président à la Culture.

Thierry Keller : militant à la Gauche socialiste ; directeur financier de SOS Racisme ; rédacteur en chef d'*Usbek & Rica*. Rencontre Dray au Parti socialiste.

Jack Lang : ministre de la Culture, président de l'Institut du monde arabe (IMA). Fait la connaissance de Dray lors de la préparation du concert de SOS Racisme à la Concorde, en 1985.

Stéphane Le Foll : directeur de cabinet du Premier secrétaire du PS François Hollande ; député ; ministre de l'Agriculture. Fréquente Dray assidûment dans les années 2000 à Solférino, rival en amitié de Dray à l'égard de Hollande.

Marie-Noëlle Lienemann : maire d'Athis-Mons ; députée ; sénatrice. Dirige la Gauche socialiste avec Mélenchon et Dray.

Pierre Mazeaud : député gaulliste ; président du Conseil constitutionnel ; alpiniste célèbre ; proche de Jacques Chirac. Se lie d'amitié avec Dray lors du premier mandat de député de Dray, en 1988.

Jean-Pierre Mignard : avocat proche du couple Royal-Hollande, puis avocat proche d'Emmanuel Macron. Travaille avec Julien Dray pendant la campagne présidentielle de Ségolène Royal en 2007.

Bernard Pignerol : co-fondateur de SOS Racisme ; conseiller d'État ; conseiller diplomatique de Bertrand Delanoë à la mairie de Paris ; conseiller politique de Jean-Luc Mélenchon au sein de la France insoumise. Rencontre Dray à la LCR dans les années 1970.

Laurence Rossignol : co-fondatrice de SOS Racisme ; sénatrice ; ministre pendant la présidence de François Hollande. Rencontre Dray à la LCR.

François Sabado : membre du bureau politique de la LCR et mentor politique de Dray dans les années 1970.

Thaima Samman : permanente à SOS Racisme ; leader étudiante du mouvement de 1986 contre la loi Devaquet ; avocate. Rencontre Dray aux premières heures de SOS Racisme.

Bernard Squarcini : commissaire de police ; directeur central du renseignement intérieur ; consultant. Se lie d'amitié avec Dray aux débuts des années 1990 dans le cadre de ses fonctions aux Renseignements généraux.

Fodé Sylla : membre du Parti communiste ; président de SOS Racisme, ambassadeur itinérant du Sénégal. Rencontre Dray à SOS Racisme.

Isabelle Thomas : leader du mouvement de 1986, vice-présidente de l'Unef, député européenne. Rencontre Dray alors qu'elle est étudiante à la fac de Villetaneuse dans les années 1980.

Robert Zarader : consultant politique proche de François Hollande puis d'Emmanuel Macron. Rencontre Dray sur les bancs de l'amphi de la fac de Villetaneuse.

Nous remercions aussi tous ceux qui nous ont parlé et que nous n'avons pu citer.

Nous remercions, enfin, Gérard Davet et Fabrice Lhomme pour leur soutien et leurs conseils avisés tout au long de notre enquête.

Bibliographie sélective

Nous avons lu :

La dizaine de livres de Julien Dray, de *SOS génération* (Ramsay, 1987) à *La Faute politique de Jean-Luc Mélenchon* (Le Cherche midi, 2014).

La Femme fatale de Raphaëlle Bacqué et Ariane Chemin (Albin Michel, 2007).

L'Ambigu monsieur Macron de Marc Endeweld (Flammarion, 2015).

Le Choix de l'insoumission, entretien biographique avec Marc Endeweld de Jean-Luc Mélenchon (Seuil, 2016).

La Fabrique du Président de Cécile Amar (Fayard, 2017).

Le Sorcier de l'Élysée de François Bazin (Plon, 2009).

Claude Chirac. Enquête sur la fille de l'ombre de Laurent Léger (Flammarion, 2007).

L'Anniversaire. Mensonges, lâchages et lynchages entre camarades d'Yves Azéroual (Éditions du moment, 2012).

La bande dessinée *Ségo, François, papa et moi* d'Olivier Faure (Hachette littératures, 2007).

Nous nous sommes documentés avec :

Les saisons 1 et 2 de la série *Baron noir*, créée par Éric Benzekri et Jean-Baptiste Delafon.

L'article « Le plus vertigineux dans Baron noir, c'est que tout était vrai » de Claude Askolovitch, publié sur Slate.fr le 1er mars 2016.

L'article « L'heure est grave pour Julien Dray » de Louis-Marie Horeau, dans *Le Canard enchaîné* le 24 décembre 2009.

Le rapport Tracfin publié sur le site internet de *L'Est Républicain* le 14 janvier 2009.

L'article « L'enquête de la brigade financière accable Julien Dray » de Fabrice Lhomme, publié sur Mediapart le 24 juillet 2009.

L'article « Les mauvais comptes de Julien Dray » de Gérard Davet, dans *Le Monde* du 24 juillet 2009.

L'article « Le dernier repas de la présidence Hollande » de Solenn de Royer, dans *Le Monde* du 9 avril 2018.

L'article « Qui est vraiment Jean-Luc Mélenchon ? » d'Ariane Chemin, dans *M le magazine du Monde* le 26 mai 2017.

Table des matières

Prologue. « Bon anniversaire Juju ! » 7

SAISON 1. Le pygmalion de Macron 21
Macron en prime time 23
Le coup de foudre 27
Coach « Juju » 29
Courte échelle pour Bercy 32
« Juju » à Bercy 35
Le bouclier Dray 40
Macron humilié 44
Le séminaire 46
Rupture à la Mutualité 49

SAISON 2. Le Baron noir de Mitterrand 55
À l'Élysée, sans cravate 57
« Juju de Villetaneuse » 60
Sur l'autoroute… une idée… son plus gros coup 66
Le coup du SOS 71
5 francs le badge 75
Le sismographe 79
Le printemps de décembre 1986 83
Sous-marin élyséen 86
Ministre pendant… douze heures 92
21 octobre 1988. La date de naissance du Baron noir 96
Rendez-vous à la cabine téléphonique 99
Lunettes noires pour le Baron noir 103

SAISON 3. La Gueule de raie de Méchant con ... 105
À l'abri derrière une camionnette ... 107
Ils vont au baston ... 111
Une université populaire à lui tout seul ... 114
Malek, Éric et Delphine ... 116
Vingt kilos plus loin ... 122
Bientôt seul ... 126
Le Pasqua de gauche ... 128
Au bord de la piscine ... 131
L'été meurtrier ... 135
Enterrement de gauche ... 139

SAISON 4. Le chaperon de Royal ... 143
La photo embarrassante ... 145
Hollande prépare le café ... 148
Bourrage de pifs et coup de bluff ... 154
Dray devant la Maison-Blanche ... 157
Le coup passa si près ... 162

SAISON 5. « Juju » et ses potes de droite ... 167
Pierre, son coach de droite ... 169
Une envie trop pressante ... 173
Le relais de Chirac ... 175
Petits marchandages entre amis ... 180
Ministre de l'Intérieur de Sarkozy ... 184

SAISON 6. Mister Juju et docteur Dray ... 189
Cinq jours avant Noël ... 191
Le collectionneur ... 192
Le système du couscous ... 197
Une affaire politique ? ... 201
Bananes, comté et Coca-Cola ... 206
Happy end ... 209
La boîte noire du Baron noir ... 212
Pierre Bergé et la définition de l'amitié ... 218

SAISON 7. Le cocu de Hollande 223
Mon meilleur pote est président 225
« C'est ton tour » 228
Embourgeoisement 230
La haine de Valérie 234
Le dîner à la con 240
Anne d'Autriche et Buckingham 245
La bataille de Kobané 250
Hollande renonce 253
À la Boule rouge 258
Tentative d'analyse de l'amitié en politique 261

Épilogue 265
Remerciements 269
Bibliographie sélective 273
ÉPISODE BONUS. Titus dans le métro 279

ÉPISODE BONUS

Titus dans le métro

Ça défile ; station de métro Concorde, dans une voiture de deuxième classe, sur une banquette en bois. Sous des dehors de jeune banlieusard parfaitement respectable, Titus cache un honteux – ou délicieux, c'est selon – secret. Pour le garder bien caché, ce secret, il se répète encore une fois les consignes en farfouillant dans ses poches : J'ai bien mon demi-citron pour les lacrymos, un billet de dix francs – pour ne pas se faire embarquer pour vagabondage, ce serait trop ballot –, ma carte d'identité, le numéro de l'avocat à prévenir en cas d'arrestation, Me Jouffa. Jusqu'ici, tout baigne.

Station Assemblée nationale. Titus, dans le métro, file sur la ligne 12, direction Porte de Versailles, tout au fond du XVe arrondissement de Paris. Titus vient de loin, de Noisy-le-Sec, banlieue nord-est, au creux de nulle part. Voyage initiatique avalé en mobylette, puis en train et métro. Titus agrippe son gros sac en plastique. Il y a planqué son casque de scooter. Pas de barre de fer. Il n'a que 15 ans. Simple militant, pour l'instant. Encore trop jeune pour faire partie du service d'ordre de la Ligue communiste, le groupuscule trotskiste d'Alain Krivine qui doit faire accoucher, dans la douleur, c'est inévitable, le paradis des travailleurs. Ce SO-là, il est mythique, une armée en marche, une réputation qui vrombit comme les rotors d'un escadron d'hélicoptères.

Station Solférino. Titus a son gros cœur qui palpite. Il transpire, mélange d'angoisse et d'excitation qui annonce un événement insolite. Car c'est le Grand Soir de Titus. Son premier Grand Soir. Titus attend ce moment depuis toujours.

Station Notre-Dame-des-Champs. Surtout ne pas oublier : ne pas rejoindre directement le lieu de l'affrontement, mais respecter des rendez-vous secondaires, pour rester à couvert et n'affluer, en nombre, qu'au dernier moment. Effet de surprise garanti. Les flics n'y verront que du feu.

Station Volontaires. Titus est très déterminé. Il y a quelques heures, un référent de la Ligue communiste l'a contacté au lycée. Le tuyau est de première bourre : même interdite par la préfecture, la manif d'Ordre nouveau et du GUD aura bien lieu ce soir, ce 8 mars 1971, au Palais des sports. La Ligue communiste ne peut pas laisser des groupuscules d'extrême droite, peste brune, se pavaner sur le pavé parisien. Les grands chefs, Alain Krivine, Daniel Bensaïd et Henri Weber, le responsable du SO, ont délivré leurs consignes.

Station Convention. Titus est prêt. Sur le grand boulevard extérieur, devant l'entrée du Palais des sports, on va montrer les muscles et se bastonner avec les fachos. Et aussi se coltiner les flics, si jamais ils chargent.

Station Porte de Versailles. La cavalcade dans les couloirs, la sortie à l'air libre. Le rassemblement avec les autres sous-groupes dans une rue adjacente. Puis, le champ de bataille. Les fachos, les flics et les copains de la Ligue. Les avancées groupées façon tortues romaines, les insultes, les touche-touche en guise d'intimidations, les gaz lacrymos, les matraques qui pleuvent et les vraies bastons... L'épilogue, quand Titus revient au lycée, à Noisy-le-Sec, le lendemain. Deux légères ecchymoses en guise de trophées, le prestige de la bagarre et les autres qui le regardent vraiment autrement. C'est comme s'il était passé à travers les flammes.

Parce que jusqu'ici, pour Titus, l'école... il n'y a pas beaucoup d'amis. Titus est pied-noir. Les quelques juifs séfarades qui rasent les murs du lycée sont mal à l'aise. Pas toujours bien acceptés. Il y a des bagarres. Alors on s'organise, on s'attend à la sortie pour éviter que ça chauffe trop. Titus a débarqué en banlieue parisienne en 1965, à 10 ans. Il est né le 5 mars 1955, à Oran, en Algérie. Titus est un fils d'instituteurs de gauche et un enfant de la guerre d'Algérie. Le père de Titus devient militant aux Jeunesses socialistes en 1936 et croit à une indépendance heureuse. Mais à Oran, Titus, son frère et ses parents habitent en face de la préfecture où il y a des cantonnements de CRS. Des commandos de l'OAS montent régulièrement sur le toit de l'immeuble de Titus pour tirer sur les CRS. Qui répondent. Un soir, une bombe plastic explose trop tôt. Et Titus a failli y passer.

La guerre est terminée, la famille s'embarque, direction l'exil, Marseille, puis un minuscule studio à Paris, puis une HLM en banlieue. À présent, Titus est à Noisy, et bientôt, il va vouloir changer le cours du monde. Pour cela, il faut que la belle Sylvia Farnedi devienne sa prof de français, en classe de seconde, au lycée Brément, un grand bâtiment construit à la va-vite pour contenir l'inflation des effectifs scolaires, des barres d'immeubles tout autour et un troquet, un seul, le Merlan.

À l'époque, apercevoir un bout de sein, c'est toute une histoire. Alors quand on porte un nom de cinéma, qu'on est du genre pétroleuse et très sexy, qu'on vient au lycée en manteau de fourrure, en mini-Cooper et la cigarette au bec… Titus, l'œil rond, suit les cours de Sylvia Farnedi. Mais Farnedi n'est pas qu'un physique, elle organise aussi des débats comme celui-ci, sur le principe d'égalité. Titus aime bien prendre la parole et il peut parler longtemps. Les copains le croisent dans l'arrière-salle du Merlan, plongé dans la lecture des journaux. Titus devient addict à l'actu.

Avec deux camarades, Djamila Kabbaj, une beurette – mais le terme n'existe pas encore –, et Jacques Paprocki, d'origine grecque, Titus le juif pied-noir a pris en main le ciné-club. Après les projections, on discute politique. On débat sur l'anarchie, la société idéale, le marxisme, Mai 68 qu'on a suivi à la radio parce que les événements, c'est surtout un truc de Parisiens et que Noisy-le-Sec est à des années-lumière du Boul' Mich'… Titus, encore au stade protozoaire du militantisme acharné, s'enhardit. Titus ne sera ni anarchiste ni social-démocrate. Il sera d'extrême gauche. Les leaders trotskistes, ce sont les boys bands de l'époque. Le truc le plus cool de la terre.

Pendant les vacances de Noël, Titus s'est enfermé dans sa chambre pour lire les trois tomes du *Trotsky* d'Isaac Deutscher. La référence. C'est Farnedi qui les lui a prêtés. Il fait ses premières nuits blanches. Les parents de Titus sont un peu inquiets devant son fanatisme : « C'est pas Krivine qui te nourrira plus tard ; tu verras… » Titus va bientôt redoubler sa terminale, mais avec tout ce qui se passe à cette époque, c'est comme si ses sens s'éveillaient un à un. Farnedi a vu que Titus commençait à s'agiter fortement, comme une mouche dans une bouteille. Titus fait campagne et gagne sa première bataille électorale. Il prend la direction du foyer au lycée qui était tenu par les cocos. Titus, Djamila et Jacques ont une salle et un peu de pognon, c'est Byzance. Titus, le pied-noir mal à l'aise, devient le « taulier » du lycée. Il vend des pains au chocolat le matin, affiche les journaux du jour pendant la récré de 10 heures et transforme le foyer en agora après les cours, parfois jusqu'à tard le soir. Farnedi se dit que Titus ferait une bonne recrue. Farnedi a un mari, ce qui est dommage pour Titus, mais ce mari présente l'avantage d'être un dirigeant important de la Ligue communiste et a pris comme pseudo « Très peur ». Alors, Farnedi teste Titus. Elle lui passe la retranscription des quatre premiers congrès de l'Internationale communiste. Farnedi le prévient : tu sais, pour intégrer la Ligue, c'est compliqué. Le militantisme est un sacerdoce. Il faut d'abord adhérer à un cercle rouge, un tout petit groupuscule local, où l'on va te former politiquement et tester tes convictions. En fait, un cercle rouge a deux côtés. Le cercle « face » est ouvert à tout le monde. Le « pile », c'est la vraie organisation. Pour intégrer le pile, les militants votent. Tu deviens alors stagiaire, puis militant… Plus tard… Peut-être… Et si tu deviens titulaire d'un comité rouge, tu peux te choisir ton pseudo.

Moi, ce sera Titus.

Titus n'est surtout pas découragé. Il est plutôt d'une énergie bouillonnante. Il a foi dans le futur paradis ouvrier. Mais Titus, déjà, est un malin. Il devine qu'il y a toujours un moyen de contourner, de prendre un raccourci. Il décrète qu'il ne se soumettra pas à ce parcours du militant, il exige un traitement de faveur. Pour griller les étapes, Titus va donner de sacrés gages de militantisme. Il n'a qu'un mot à la bouche : « Grève, grève, grève. » Et là, c'est la bonne, Titus a réussi à faire débrayer le collège. Pour obtenir la libération de l'élève de maths sup parisien Gilles Guiot en 1971, injustement condamné à trois mois de prison pour violences sur deux policiers au cours d'une manifestation. Titus organise une AG dans la cour. À 10 heures. Il n'a pas beaucoup dormi pour préparer son allocution. C'est la première fois qu'il prend la parole. Ils sont cinq cents à l'attendre. Titus ne lit pas trop son texte, il pare au plus pressé, et c'est une révélation. « Ce qui vient de se passer est dégueulasse ! D'ailleurs, même le proviseur de Chaptal, le lycée de Guiot, le dit… » Titus a les amygdales en loques, mais la grève est votée. Trois jours de grève fomentés par Titus ! Du jamais vu au lycée. Titus manigance ses premières inventions agit-prop. Pour faire prendre la mayonnaise d'une manif, il invente des trucs un peu loufoques. Il achète des kilos de bonbons qu'il balance dans la cour en gueulant : « Vive la juste cause du peuple vietnamien ! », « Vietnam vaincra ! » Alors même les sixièmes embrayent : « Vietnam vaincra ! » Le 19 avril 1972, il concevra la manif motorisée. Cent cinquante lycéens, sur des mobylettes, drapeaux viets au vent dans les rues de Bondy et de Noisy. Mais Titus découvre aussi la fragilité du mouvement de masse. Un jour, avec les copains, il décide de boycotter la composition de maths. Ouais, on est d'accord ! On te suit, Titus ! La cour est noire de monde. La proviseure sort, menaçante, et tout le monde rentre sagement pour l'interro. Ils sont trois à rester dehors. Titus, Djamila et Jacques. Zéro pointé.

En un an, Titus est repéré par la direction de la LCR. Le ciel s'ouvre, il devient officiellement militant à la Ligue communiste. Titus se voit rapidement assigner une mission d'envergure : créer une cellule rouge dans son lycée. Un camp de base qui doit irriguer la banlieue nord-est. Noisy, Villemonble, Le Raincy, Montfermeil, Bondy... Il enrôle très vite une trentaine de fidèles. Il assiste à ses premières réunions « nationales » au siège de la Ligue, impasse Guéménée, à la lisière de la place de la Nation, où Henri Weber et Alain Krivine fomentent la Révolution. Une lutte va forcément entraîner une autre lutte... L'Espagne de l'après-Franco, le Chili d'Allende, le Portugal de l'après-Salazar... En France, il ne se passe pas une semaine sans grève. La LCR a une cote d'enfer. Titus croise même Michel Piccoli qui passe en voisin au local de la LCR et apporte des chèques de soutien à la lutte.

Impasse Guéménée, on se croise aux formations, aux réunions de cellule, aux réunions de comité... Titus rencontre Michel Field et Christophe Aguiton. Même âge, même talent d'agitateur. Titus est formé par Michel Recanati, moine-soldat rouge, héros du film de Romain Goupil *Mourir à 30 ans*, adepte de la gymnastique marxiste-léniniste « provocation-répression-mobilisation », et par

Gérard Filoche qui donne des cours sur toutes les révolutions. On apprend à Titus à penser, pas à réciter.

Henri Weber, le camarade théoricien de la Ligue, l'a placé également sous l'aile du camarade François Sabado, pseudo « Arafat », responsable de l'aile jeunesse du groupuscule, et a prévenu Krivine : « Ce petit, il a la ligne de masse. » Le plus beau compliment que l'on puisse faire à un révolutionnaire débutant. Titus a la ligne de masse : il renifle les mouvements sociaux, sent naître les contestations, sait comment les attiser et les radicaliser à coups d'agit-prop. Titus a du culot, il est tempétueux, tonitruant et très attachant. Titus a les cheveux en pétard, une bonne bouille et il lui manque un bout de dent de devant. On le remarque. Il suffit de croiser son regard pour s'apercevoir que ce type a quelque chose de différent. Il a une pêche d'enfer, il peut soulever une AG à lui tout seul. Quand la petite équipe plonge, au printemps 1973, dans la bataille contre la loi Debré qui entend supprimer les sursis militaires, le plus gros mouvement depuis Mai 68, Titus se fait remarquer. Mais pas comme Michel Field qui balance un « Monsieur le ministre, vous êtes un rigolo » à Fontanet, le ministre de l'Éducation, devant les caméras. Titus devient plutôt ce qu'il sera toujours. L'homme de l'ombre.

Au plus fort du mouvement contre la loi Debré, Titus est dans la délégation qui pose les conditions de la manif unitaire avec Georges Séguy, *líder máximo* de la CGT. Il négocie pied à pied pour que les lycéens, porteurs du mouvement, soient en tête de cortège. Les syndicats ne sont pas très chauds, les étudiants encore moins. Des jours et des nuits de négociations, rue Lafayette. Pour la première fois, la centrale reconnaît le poids du secteur étudiant gauchiste.

Titus n'y est pas pour rien. Mais quand il revient impasse Guéménée, Titus ne peut s'empêcher de bomber le torse : « J'avais Séguy à ma botte ! » Et tout le monde s'esclaffe. « Titus, tu exagères peut-être un peu, non ? » Krivine le regarde même bizarrement. Il regarde Titus comme s'il était un petit vendeur du Sentier, ramenard, embobineur et pas fiable. Titus devient ce qu'il sera toujours. Une pièce rapportée qui n'aura jamais son brevet de respectabilité trotskiste. Un mépris dont il souffrira, à jamais.

Titus, c'est le nom d'un petit lion qui passait à la télé, au temps de l'ORTF, et qui faisait beaucoup rigoler Dray, quand il était gosse.

Composition et mise en pages
Nord Compo à Villeneuve-d'Ascq

CET OUVRAGE
A ÉTÉ ACHEVÉ D'IMPRIMER
SUR ROTO-PAGE
PAR L'IMPRIMERIE FLOCH À MAYENNE
EN AOÛT 2019

PAPIER À BASE DE
FIBRES CERTIFIÉES

Fayard s'engage pour
l'environnement en réduisant
l'empreinte carbone de ses livres.
Celle de cet exemplaire est de :
1,2 kg éq. CO_2
Rendez-vous sur
www.fayard-durable.fr

N° d'impression : 94784
15-3234-3/01
Imprimé en France